本书是教育部人文社会科学研究青年基金项目

（项目批准号：19YJC751018）的研究成果

刘堃 著

中国当代小说在美国的译介与研究

中国社会科学出版社

图书在版编目（CIP）数据

中国当代小说在美国的译介与研究／刘堃著．—北京：中国社会科学出版社，
2019.9

ISBN 978 - 7 - 5203 - 5467 - 7

Ⅰ.①中…　Ⅱ.①刘…　Ⅲ.①小说—英语—翻译—研究报告—中国—当代
Ⅳ.①H315.9

中国版本图书馆 CIP 数据核字（2019）第 245456 号

出 版 人　赵剑英
责任编辑　郝玉明
责任校对　张爱华
责任印制　王　超

出　　　版　中国社会科学出版社
社　　　址　北京鼓楼西大街甲 158 号
邮　　　编　100720
网　　　址　http://www.csspw.cn
发 行 部　010 - 84083685
门 市 部　010 - 84029450
经　　　销　新华书店及其他书店

印　　　刷　北京明恒达印务有限公司
装　　　订　廊坊市广阳区广增装订厂
版　　　次　2019 年 9 月第 1 版
印　　　次　2019 年 9 月第 1 次印刷

开　　　本　710×1000　1/16
印　　　张　16.5
插　　　页　2
字　　　数　243 千字
定　　　价　89.00 元

自　序

　　中国当代小说作为中国文学的重要表现形式，已成为我国文学在美国译介数量最多、受众面最广的文学载体。德国著名翻译家卡尔·戴得尤斯（Karl Dedecius）曾说："一个民族的文学是一扇窗户，通过这扇窗户，一个民族的人能够向外观望其他国家的人，其他国家的人也可以通过这扇窗户瞥见这个民族的生活世界。"① 中国当代小说反映了中华人民共和国成立以来中国社会的发展变迁及在不同历史阶段的文化状态、精神面貌，是了解中国文化的一个重要窗口。

　　自中华人民共和国成立以来，中国当代小说在美国的译介已走过了近 70 个春秋，越来越多的新时期作家、作品走进美国读者和研究者的视线，加之近些年来中美双方政府机构的支持、出版市场的推崇，使得中国当代小说在美国的译介与研究成果颇为丰硕。尽管已有一些美国学者和中国学者对此已展开了一定的研究，但由于语言的不同、文化的差异、地理的阻隔等因素影响，中国当代小说在美国的译介、接受与研究情况，一直没有得到系统而深入的分析与研究。本书以笔者在国外学习期间收集的大量第一手英文文献资料为基础，重点探讨了中华人民共和国成立以来的当代小说在美国的译介成果、研究视角的传播与接受情况，既有对传播历程的梳理，也有对中国作家在美国译介研究的个案探讨，并从跨文化接受的制约性因素入手展开了深层次的剖析，走近了不同于中国的美国研究途径，使中国本土文学研究获得了国外资料的补充和异质文

---

　　① Karl Dedecius, *On Translaiting*：*Theory and Practice*, Frankfurt/M.：Suhrkamp Verlag, 1986, p. 13.

化思维的启发。此外，中国因与美国迥然相异的文化，对此展开的研究成为我们反观自我的一个"他者"、一面"镜子"。在中美文学的交流碰撞中进一步梳理我国当代小说创作和研究的主体性，站在西方文学的维度上来观照中国当代小说的译介，助推我国当代文学创作与研究的发展与繁荣。

本书运用译介学和接受学相关理论对我国当代小说在美国的译介、读者接受过程和路径进行梳理，以此分析美国读者和研究者对中国当代文学乃至文化的态度、误读及其原因，从中折射出符合译入语语言文化要求的译介规律，为研究中国当代文学海外传播提供理论和实证分析。本书主要由六部分构成。第一部分梳理中国当代小说在美国的译介者与研究机构。第二部分概述中国当代小说在美国的译介与研究情况。第三部分分析中国当代小说在美国的译介与中国形象建构。第四部分剖析影响中国当代小说在美国译介与研究的因素。第五部分以在国内外具有广泛影响力的小说作家为研究个案来分析中国当代小说在美国的译介与研究。第六部分展望中国当代小说的译介走向。

通过对中国当代小说在美国译介与研究相关的第一手研究资料、访谈记录和统计数据的整合梳理、比较分析和归纳演绎，期待本书能为中国文学的海外研究做一些积淀，为全球化时代中国当代小说走向世界、树立中华文化自信、增强中国文学的国际影响力提供学术和应用的借鉴，为更好地将中国当代文学和文化成果推向世界贡献绵薄之力。

目　　录

绪　论

第一节　写作缘由

中国当代文学是始于中华人民共和国成立以来的新性质的文学形态，是发生在特定的社会主义历史语境中的文学，包括小说、戏剧、散文、诗歌等，是中国文学发展史上的一座丰碑。中国当代小说是指 1949 年至今的小说。[①] 中国当代小说横跨两个世纪，是中国当代文学中重要的组成部分，占据着主导地位，当代小说作家可谓群星闪耀，如鲁迅、茅盾、老舍、沈从文、巴金、张爱玲、余华、莫言、王安忆、刘震玄、残雪、毕飞宇和苏童等。他们以细腻精确的笔法，呈现给读者五彩缤纷的生活画面，作品中旨趣深远的人生哲理和社会意义，吸引着中外学者的研究目光。

中国当代小说承载着博大精深的中国文化，正在逐步扩大着在世界文学场域的影响。中国当代小说既积极参与了世界文化的现代化进程，又保持着自己显著的特点。中国当代小说在美国的译介成为中国文化扩大在世界文学舞台影响力的最有效的途径。我们将中国当代小说置于中美文学对比的视域中时，为我们提供了一种极为难得的观察中国当代小说的新整体视野。进入 21 世纪以来，中美文化交流进入了一个崭新的历史时期。中国当代小说能否为美国文化所接受，取决于能否为对方所理解，能否吸引打动对方，能否为对方带去一定的价值，而这一切都离不

---

① 参见裴合作主编《中国现当代文学》，吉林大学出版社 2009 年版。

开对译介活动的研究。① 然而，中美文化交流却一直处于不平衡、不对等的状态。中国当代小说在美国的译介和接受现状也不尽如人意，美国学界和民众对上述当代小说作家及其作品的了解远非理想状态。《人民日报》海外版 2009 年 8 月 14 日曾报道："近年来中国对美的文化交流和传播大量'入超'，文化赤字较大。以出版业为例，我国出版业进出口贸易一直呈逆差状态。在美国的书店，经常看到介绍气功、菜谱的中国图书，而体现中国文化价值的文学译著却如凤毛麟角。以小说作品为例，目前，中国当代作家的作品在美国读者中的影响并不乐观，由于中译外的滞后，许多优秀的文学作品无法译成地道的外文，难以出版。"② 在美国传播的中国当代小说作品的"中译外"远远大于"外译中"已成为一个不争的事实，此种严重的不对称状况的形成原因也较为复杂。"针对接受空间来看，美国经济状况对于出版业的负面影响、该国受众的接受取向与中国文学的隔阂，无疑是无法回避的障碍。此外，相关专业翻译人员的匮乏，如同葛浩文那样资深且颇为投入的译者并不多见，因而翻译特别是高水平相应译本的明显缺乏使译介工作因无法满足日益增长的有关需求，而成为一把双刃剑，本应是中国现当代小说走向世界的桥梁，但却成为屏障，进而影响相应文本的国际化进程。再有就是研究对象的选取过窄，多囿于鲁迅、张爱玲及沈从文等热点作家，明显缺乏对于中国现当代小说的全面考察与整体研究，且总体而言体现出重现代轻当代、重内部考察轻外部观照等诸种褊狭。"③ 由此可见，我们只有正视中美文学在输入与输出之间呈现出的不平衡，理性地看待中美语言、文化和思维之间的差异，克服中美文化交流中的障碍，深入思考和研究中美文学关系，才能寻找到沟通中美文化的共同的文学规律。鉴于此，本书拟把中国当代小说在美国的译介与接受作为研究对象，深入思考以下问题：有哪些当代小说作品被翻译出版到美国？中国当代小说在美国的接受情况究竟如

---

① 参见 Susan Bassnett & Andre Lefevere, *Translation*, *History and Culture*, Shanghai: Shanghai Foreign Language Education Press, 2004。

② 李蓓、卢荣荣：《中国文化走出去急需迈过翻译坎》，《人民日报海外版》2009 年 8 月 14 日，第 4 版。

③ 胡燕春：《中国现当代小说在美国的传播与研究》，《黑龙江社会科学》2011 年第 5 期。

何？美国学者对这些小说作家作品的研究状况如何？美国有哪些重要学术期刊和著作在关注着中国当代小说？中国当代小说在美国的译介如何影响着中国海外形象的建构？成功跨越文化边界的中国当代小说作家们在美国传播与接受的情形又如何？哪些因素制约和决定了中国当代小说在美国的读者接受？我们将对上述这一系列的问题进行考察、探寻与思考，从而对中国当代小说在美国文学格局中的地位形成比较清醒的认识，至此才有可能进一步反思中国当代小说在海外传播中存在的问题，以期为中国当代文学在不同文化间的碰撞、沟通、融合的文本行旅提供借鉴。

第二节 研究现状

我国对当代小说作品在美国的译介研究虽然起步较晚，但持续至今已对在美国传播较广的中国小说作家、译者开展了多方面和较深入的研究，但对其译介的整体状貌、背后意识形态的主推、接受演变等较少有人进行"点""面"结合的系统研究。大致来说，国内已有研究分为四类。

第一，当代小说与中国文学的对外传播。王宁（2018）① 将中国现当代小说置于世界文学的大背景下，认为中国现当代小说是中国语境下的"全球本土化"的产物，从而使得中国现当代文学史上涌现出许多蜚声世界的一流小说作家，为世界文学宝库增添了中国元素；姜智芹（2017）② 认为译者的身份构成、价值理念对中华人民共和国成立以来 17 年与"文化大革命"时期、新时期两个时段中国当代小说在英语世界的传播渠道、传播实绩有着重要的影响；曹丹红、许钧（2016）③ 认为当代小说的对外译介是文学价值的传播与文学性的再现过程，应遵循译介活动的普遍规

---

① 参见王宁《中国现当代小说与世界文学》，《中国文学评论》2018 年第 4 期。

② 参见姜智芹《英语世界中国当代小说的译介与研究》，《国际汉学》2017 年第 12 期。

③ 参见曹丹红、许钧《中国文学对外译介的若干思考》，《小说评论》2016 年第 1 期。

律，小说译介的最终目标是文学价值的传播；刘江凯（2014）① 在世界文学的视野里分析和讨论中国当代小说海外接受的历史发展与基本现状，认为中国当代小说的海外接受是一种跨语境研究，侧重从社会、文化语境的角度来理解不同时代、地域、民族文化、风俗习惯、文化传统等对同一小说文本接受的区别；王侃（2012）② 认为制度性的语言过滤、基于冷战思维逻辑的选择性翻译、以"先进"自命的文学评价标准相互作用，影响着中国当代小说在北美和英语世界的传播。

第二，当代小说"走出去"的译介模式研究。季进、王晓伟（2018）③ 将贾平凹《高兴》英译本的译介模式与特点与其早期小说作品《废都》和《带灯》做比较，以此阐明中国当代小说海外译介的可能取向是以目的语读者为依归、以归化为主的翻译模式，潜移默化地影响与形塑着西方读者对中国当代文学的想象与认知；宋庆伟（2018）④ 以莫言小说英译和传播为个案，提出"和谐达致"的译介模式和循序渐进的翻译策略，旨在为中国文学外译探究合理的翻译模式和策略，以期达到最优化的译介和传播效果；林玲（2017）⑤ 从传播学的角度出发，以译介学理论为支撑，以《三体》《兄弟》等中国当代小说英译作品的海外出版发行为例，从译介主体、译介内容、译介途径、译介受众和译介效果五个方面探讨中国文学如何成功地"走出去"，实现中国文学在西方强势文化中的传播与发展；耿强（2014）⑥ 以"熊猫丛书"这一政府翻译项目为研究对象，从整体考察丛书在美国文化系统中的接受过程，分析其译介效果，意在揭示丛书在译本传播阶段存在的问题；吕敏宏（2011）⑦ 认为中

---

① 参见刘江凯《跨语境的叙述——中国当代小说的海外接受》，《山西大学学报》（哲学社会科学版）2014 年第 1 期。

② 参见王侃《中国当代小说在北美的译介与批评》，《文学评论》2012 年第 9 期。

③ 参见季进、王晓伟《论当代文学海外译介的可能与未来》，《当代作家评论》2018 年第 11 期。

④ 参见宋庆伟《莫言小说译介对中国文学"走出去"的启示——以译者模式策略为研究个案》，《山东社会科学》2018 年第 11 期。

⑤ 参见林玲《中国文学"走出去"的译介模式研究》，《出版广角》2017 年第 9 期。

⑥ 参见耿强《中国文学走出去政府译介模式效果探讨——以"熊猫丛书"为个案》，《中国比较文学》2014 年第 1 期。

⑦ 参见吕敏宏《中国现当代小说在英语世界传播的背景、现状及译介模式》，《小说评论》2011 年第 9 期。

国文学（包括现当代小说）的海外译介传播可分为本土译介模式、海外华人译介模式和汉学家译介模式，并对各译介模式利弊展开分析。

第三，当代小说的译者翻译综述及翻译策略研究。一方面，国内学者对长期致力于当代小说的翻译家如葛浩文、蓝诗玲等译者的翻译观、译者风格等方面展开研究，主要有蒋梦莹、汪宝荣（2018）① 以中国当代小说在英语世界翻译场域的历史演变进程对译者行为、出版策略的动态影响进行研究；以布尔迪厄的社会学场域和惯习作为理论工具，王洪涛（2018）②、李德凤（2018）③、吕奇（2017）④ 对蓝诗玲、张丹丹（2018）⑤、王汝蕙（2018）⑥、冯全功（2017）⑦ 对葛浩文在翻译惯习体现出的译本选择、译者思想和翻译风格、用词特点等展开研究。另一方面，对当代小说翻译策略的研究，可分为两类，其一是以某部当代小说译本为依托，探讨文化差异下的翻译研究问题，主要有陈保红（2018）⑧、孟祥春（2015）⑨、曹顺庆（2015）⑩；其二是从英汉语言对比的角度来探讨当代小说汉英翻译的转换技巧及机制，主要有汪宝荣（2017）⑪、刘庚（2016）⑫、谢丽欣（2015）⑬。

---

① 参见蒋梦莹、汪宝荣《试论英语世界当代中国小说翻译场域的历史演变》，《外国语文研究》2018 年第 6 期。

② 参见王洪涛《布迪厄社会学理论视角下蓝诗玲的译者惯习研究》，《外语教学》2018 年第 2 期。

③ 参见李德凤《蓝诗玲翻译风格库助研究》，《外语教学》2018 年第 1 期。

④ 参见吕奇《汉学家蓝诗玲翻译风格研究计量可视化分析》，《外语与翻译》2017 年第 12 期。

⑤ 参见张丹丹《葛浩文中国文学英译脉络及表征扫描》，《中国翻译》2018 年第 7 期。

⑥ 参见王汝蕙《葛浩文的目的论与文化翻译策略》，《当代作家评论》2018 年第 3 期。

⑦ 参见冯全功《葛浩文翻译策略的历时演变研究》，《外国语》2017 年第 11 期。

⑧ 参见陈保红《方言土语英译研究——以〈蛙〉和〈红高粱家族〉为个案》，《上海翻译》2018 年第 6 期。

⑨ 参见孟祥春《Glocal Chimerican 葛浩文英译研究》，《外国语》2015 年第 7 期。

⑩ 参见曹顺庆《翻译与变异——与葛浩文教授的交谈及关于翻译与变异的思考》，《清华大学学报》（哲学社会科学版）2015 年第 1 期。

⑪ 参见汪宝荣《寻求文化荣耀的译者姿态——〈浮生六记〉林译本文化翻译策略新解》，《外语学刊》2017 年第 11 期。

⑫ 参见刘庚《汉语熟语的转喻迁移及其英译策略——以〈生死疲劳〉的葛浩文英译为例》，《外语教学》2016 年第 9 期。

⑬ 参见谢丽欣《葛浩文翻译研究：问题与前景》，《外语与翻译》2015 年第 9 期。

第四，经典小说作家、作品的译介研究。主要包括朱静宇（2012）①对王蒙小说在海外译介特征及中国形象建构的影响研究，吴赟、蒋梦莹（2015）②、孙会军（2015）③对残雪小说在中美接受的差异及原因研究，曾玲玲（2017）④、袁淼叙（2017）⑤对余华小说译介中的编辑行为、译介策略进行研究，还有少部分学者对贾平凹、王安忆、阎连科、毕飞宇等作品的英译也展开了一定的研究。其中对诺贝尔文学奖作家莫言开展的译介研究最为广泛，主要有张森（2016）⑥、鲍晓英（2015）⑦、谢天振（2014）⑧等。

美国对中国当代小说译本的研究者多是知名高校致力于文学相关研究的学者、汉学家及西方汉学界知名的现当代中国文学评论家、翻译家。这些学者对中国当代小说在美国的译介与接受研究大致可分为两类。

第一，对中国当代小说在美国的译介与影响研究。其一，通过描述译本评价某个时间段的中国文学概貌。主要有杜博妮的（Bonnie S. McDougall）与雷金庆合作著述的《二十世纪中国文学》（1997）⑨对30多年来的中国文学英译的经验进行了总结和评论；齐邦媛和王德威（David Der-wei Wang）编写的《二十世纪下半期中国文学评述》（2000）⑩对20世纪90年代中国文学作品在海外的传播情况进行了简要概述等。其二，通过某个译本在美国的传播和接受着重对译文内容和语言进行评述。主要有欧阳桢（Eugene Chen Eoyang）的《透明之眼：对翻译、中国文学

---

① 参见朱静宇《域外风景：王蒙作品在海外》，《中国比较文学》2012 年第 7 期。

② 参见吴赟、蒋梦莹《中国当代文学对外传播模式研究——以残雪小说译介为个案》，《外语教学》2015 年第 11 期。

③ 参见孙会军《残雪小说在英语世界的译介与接受》，《燕山大学学报》（哲学社会科学版）2015 年第 9 期。

④ 参见曾玲玲《余华作品英语译介中的编辑行为研究》，《出版科学》2017 年第 10 期。

⑤ 参见袁淼叙《余华在俄罗斯的译介与阐释》，《小说评论》2017 年第 7 期。

⑥ 参见张森《葛译〈生死疲劳〉中的误译现象与中国文学译介策略》，《河北大学学报》（哲学社会科学版）2016 年第 9 期。

⑦ 参见鲍晓英《从莫言英译作品译介效果看中国文学"走出去"》，《中国翻译》2015 年第 1 期。

⑧ 参见谢天振《中国文学走出去：问题与实质》，《中国比较文学》2014 年第 1 期。

⑨ 参见 Bonnie S. McDougall and Kam Louie, *The Literature of China in Twentieth Century*, New York：Columbia University Press，1997。

⑩ 参见 Qi Bangyuan and David Der-wei Wang, *Chinese Literature in the Second Half of a Modern Century：A Critical Survey*, Bloominton and Indianapolis：Indiana Univeristy Press，2000。

和比较失学的反思》①（1993）着重探索中国文学英译的方法、途径、手段和存在的问题等；杜博妮的《虚构的作者，想象的读者：二十世纪中国现代文学》（2003）②，从文学的生产、批评和接受三个方面对中国现当代文学进行了深入细致的分析和研究。其三，对当代作家作品在海外传播要素的影响分析。主要有王晶编选的《中国先锋小说选》（1998）③ 对残雪、余华、莫言等多位中国先锋小说代表作家作品对海外译介的渠道、译介的影响、译者身份等方面进行了评述。

第二，对中国当代小说艺术创作手法与文本的研究。研究主要从四个方面展开。其一，把改革开放初期的当代小说看作中国政治与社会的"寓言"，试图从中去指认中国（Cai Rong，1997④；Nell Pach，2014⑤；Sara Rutkowski，2016⑥）。其二，认为中国当代小说是对中国现实主义的超越，与西方现代主义作品具有相似的特征，表现了人类共同的心理特征（Daniel J. Bauer，1991⑦；Tani Barlow，1993⑧；Michel Hockx，1999⑨；Bonnie S. McDougall，2011⑩）。其三，认为中国当代小说展现了一个充满

---

① 参见 Eugene Chen Eoyang, *The Transparent Eye：Relfection on Translation*, *Chinese Literature and Comparative Poetics*, Honolulu：Unviersity of Hawaii Press，1993。

② 参见 Bonnie S. McDougall, *Fictional Authors*, *Imaginary Audiences：Modern Chinese Literature in the Twentieth Century*, Hongkong：Chinese Unviersity Press，2003。

③ 参见 Wang Jing, *China's Avant-Grade Fiction：An Anthology*, Durham，NC：Duke University Press，1998。

④ 参见 Cai Rong, "In the Madding Crowd：Self and Other in Can Xue's Fiction", *China Information* 11, No. 4, Spring 1997。

⑤ 参见 Nell Pach, "The Magic Virtual Realism of Can Xue's The Last Lover", Music & Literature, No. 10, 2014。

⑥ 参见 Sara Rutkowski, "Between Histories：Chinese Avent-grade Writing of the Late 1980s and 1990s", *Modern Fiction Studies*, Vol. 62, 2016。

⑦ 参见 Daniel J. Bauer, "Review of Old Floating Cloud：Two Novellasby Can Xue", *New York Times*, No. 12, 1991。

⑧ 参见 Tani Barlow, *In Gender Politics in Modern China：Writing and Feminism*, Durham，NC：Duke University Press，1993。

⑨ 参见 Michel Hockx, *The Literary Field of Twentieth-Century China*, Honolulu：University of Hawaii Press，1999。

⑩ 参见 Bonnie S. McDougall, *Translation Zones in Modern China：Authoritarian Command Versus Gift Exchange*, New York：Cambria Press，2011。

幻想而又真实的臆想世界，表现了人类内心世界的丰富性（Anne Wedell-Wedellsborg，1994①；Li Yinghong，1998②；Zhang Xudong，2008③）。其四，将中国当代小说作品与其他国家的作家作品进行文本比较，有将残雪与法国女作家 Hélène Cixous 的写作风格进行对照（Andrea Bachner，2005)④，也有将余华与福克纳作品中美学与政治相互影响的文化史进行对照（Michael Standaert，2014)⑤ 等。

由上述国内外研究现状的梳理可见，中国当代小说在美国的译介与研究正在逐步升温，越来越多的汉学家及研究者将关注重点投向其文本的翻译、传播与读者接受。在提升文化自信，推动中国文化"走出去"的国家战略下，中国当代小说的域外研究为我国当代文学的海外传播提供了风向标。虽然上述研究成果为后续研究提供了重要的学术资源，但其对中国当代小说在美国的译介与读者接受研究尚属于起步阶段。一方面，学者们对中国当代小说的英译本研究已持续十余年，但因其英译本数量多且形式多样、译介方式多元化，目前对于中国当代小说在美国近40 年的译介和接受历程还缺乏系统的梳理和分析；另一方面，国内外学者们对中国当代小说在美国的翻译和传播已取得了一定的研究成果，但研究者的视角多局限于从单一视角对单个小说作家作品的译者、研究者、翻译策略、艺术创作手法等方面进行研究，而未将其与其他译者译作置于中美文化场域进行多角度的、整体性的接受考察。因此，本书将针对这一系列问题展开全面而深入的探究。

---

① 参见 Anne Wedell-Wedellsborg，"Ambiguous Subjectivity：Reading Can Xue"，*Modern Chinese Literature* 8，No. 1，1994。

② 参见 Li Yinghong，*Nihilist Vision through Literary Subversion in Mainland Chinese Avant-garde Fiction：Two Cases：Nihilism of the Indifferent as Exemplified by Yu Hua and Nihilism of the Absurd as Exemplified by Can Xue*，PhD thesis，University of Wisconsin，1998。

③ 参见 Zhang Xudong，*Postsocialism and Cultural Politics：The Last Decade of China's Twentieth Century*，Durham：Duke University Press，2008。

④ 参见 Andrea Bachner，"New Spaces for Literature：Can Xue and Helene Cixous on Writing"，*Comparative Literature Studies* 42，No. 3，2005。

⑤ 参见 Michael Standaert，"Interview with Yu Hua"，*MCLC Jornal*，Auguest 2003。

第三节 研究意义

中华人民共和国成立最初的 17 年间，在国家外事部门及国家外文出版机构的推动下，我国开始主动输出自己的意识形态并以文学作为对外输出的主要力量，但由于受当时文艺政策和路线的影响，这一时期译介到美国的小说作品大多都与政治主题密切相关。随后十几年由于受到"文化大革命"的影响，文化的对外输出完全受控于主流政治意识形态，这一时期对外译介的小说作品主题有着趋同的政治化、集中化特征，且对外译介的数量较少。改革开放以来，随着我国与美国的正式建交，迎来了中美文化交流的崭新历史时期，中国当代小说作为中国文学的重要表现形式成为中美文化交流的重要纽带，为传播中国文化、宣扬中国新形象发挥了重要的作用。进入 21 世纪以来，随着我国中华文化"走出去"的战略实施及政府部门推出的一系列对外翻译出版计划和工程，如"中国图书对外推广计划""中国当代文学精品译介工程"等的助力，中国当代小说已成为我国文学在美国译介数量最多、受众面最广的文学载体，是我国提升文化软实力、扩大对外文化交流和提升国际话语权的重要渠道，同时也是美国民众在了解中国、解决两国经济及文化交流上产生的诸多问题的现实需要。然而，由于我国与美国相比相对弱势的文化话语权，使得中国当代小说在美国的译介和接受现状在一定程度上不尽如人意，美国学界和民众对中国当代小说作家及其作品还需深入与全面地了解。

有鉴于此，本书拟将中国当代小说在美国的译介与研究作为研究对象，以期为中国文学在海外的传播发挥重要的理论和实践价值。

其一，通过运用译介学和接受学相关理论对中国当代小说在美国的译介、接受的过程和路径进行梳理，以此分析美国读者和研究者对中国当代文学乃至文化的态度、误读及其原因，从中折射出符合译入语语言文化要求的译介规律，为研究中国的当代文学海外传播提供理论和实证分析；其二，采取历时与共时相结合的研究方式，全面考察中国当代小说在美国翻译三次高潮背后外在与内在的影响译作传播的因素，从而更好地把握中西方文化系统的接受异同;其三,采用以点入面的方式,以残雪、余华、莫言三位分属不同创作风格且在国内外都具有广泛社会影响力的英译小说作品为个案,系统分析这些作品相关译者和研究者的不同文化翻译观、文化策略及各自译作在美国接受的共性与差异,为中国当代小说在海外的传播提供一定的典型意义与关照价值;其四,将中国当代小说置于国内外对比的宏大视域中,从中关注美国对中国文学的研究趋向,以"他者"的眼光更加客观、清醒地认识"自我",进而丰富和扩衍中国文化和中国当代文学的研究内容,让中国当代小说焕发新的光芒;其五,为全球化时代中国文学走向世界,树立中华文化自信,增强中国文学的国际影响力,更多更好地向国外译介中国文学作品,树立中国文学乃至当代中国的世界新形象,提供学术与应用双重层面上的借鉴。

本书采用了文献研究、跨学科研究、比较研究、探索研究等多种研究方法。通过收集国内外高校图书馆馆藏和网络资源,挖掘中国当代小说在美国的馆藏量、发行量、报纸杂志报道评论量等数据,从而较全面地掌握相关的翻译研究资料。从比较文学、传播学、接受美学等多学科领域的理论知识对研究对象进行综合分析,客观地得出当代小说在译介和读者接受中的特点和规律。通过对比分析残雪、余华、莫言三位当代作家的作品在美国不同的译介与接受的特点,发掘出美国主要译者、研究者的共性、个性及读者的接受差异,从中探求中国文学走向世界、提升国际影响力的可行性建议。通过分析中美接受环境的变迁、历史文化、民族心态、审美习惯等因素与小说作品接受的关系,从中探求中国文学走向世界、提升国际影响力的可行性建议。

第四节 研究背景

中国当代小说从中华人民共和国成立初期走出国门至今已有 70 多年的历史,不仅涉及国内小说界的创作状况,而且与国内政治体制、经济发展的变化及中外文化交流的状况都有着紧密的关联。除上述这些必要的影响因素之外,本书还在很大程度上与美国当代的政治、经济、文化,特别是美国汉学的发展和成就密切相关。美国汉学既是中国文学在海外译介的基石，同时也拓展了中国文学在海外的学术空间，这对于中国当代小说在美国的研究方法、研究格局都有着较大的影响。因此，以美国汉学的演进与发展概况为研究背景，从宏观上梳理、分析中国文学在其中的不同发展阶段的演进及新时期美国现代汉学新发展对中国当代小说海外研究的影响，希望以此为本书的后续研究做一个铺垫。

一 美国汉学视域下中国文学的研究演进

汉学，顾名思义，就是研究中国和与中国有关的事物。汉学的英文是"Sinology"，"sino"这一前缀原指秦朝，后来泛指"中国"。后缀"logy"指的是科学家们的研究。汉学是研究中国学术文化的学科，是以"中国"为主要研究对象的艺术与科学相结合的学科。具体来说，它包括语言学、文学、文化、历史、考古学、人类学、哲学、艺术等，是东方学的重要组成部分。美国是西方汉学发展得最快的国家，尤其是第二次世界大战以来，有着显著的发展特征。① 18 世纪末，美国独立战争后经济迅速增长，在与其他西方国家文化认同一致性的背景下，美国在其自身国家利益的驱动下开始向外扩张。19 世纪，美国与中国签署了一系列不平等条约，如 1844 年签订的《望厦条约》、1858 年签订的《天津条约》、1868 年签订的《柏林盖姆条约》等。这些不平等条约加快了美国对华贸易投资的不断扩大，与此同时也迫使着美国政府和商人了解中国、认识中国。这一时期，美国对中国的兴趣甚至超过其开发本国边疆的兴趣。② 与欧洲各国汉学研究相比，虽然美国的汉学起步较晚，但是美国汉学在其经济扩张的迫切需要的驱使下得到了快速的发展。因此，美国汉学在很大程度上，从一开始就脱离了西方传统汉学的轨迹，注重考虑美国自身的政治、经济利益。该特点一直被中外学者认为是与其他国家汉学研究截然不同的特征。③

---

① 参见莫东寅《汉学发达史》，上海书店出版社 1989 年版。

② 参见中国社会科学院情报研究所编《外国研究中国》（第一辑），商务印书馆 1978 年版。

③ 参见仇华飞《论美国早期汉学研究》，《史学月刊》2000 年第 1 期。

美国对中国语言文学最初的研究者以传教士为主。裨治文（Elijah Coleman Bridgman）被认为是美国来华传教士的奠基人。自 1830 年，他在中国居住了 30 多年。裨治文对中国的认识与研究的独到之处，可在其创办、编辑的《中国丛报》（Chinese Repository）的活动中找到其思想的渊源。该刊物创办于 1832 年 5 月，又称《澳门月刊》，1851 年 8 月停刊。在将近 20 年的时间里，总共出版了 20 卷。《中国丛报》的目标读者是西方人，旨在介绍中国的传统文化。裨治文作为该刊物的主编和主要撰稿人，发表了 350 多篇文章，其中评介中国语言文学的文章达到 93 篇。裨治文怀着让越来越多的西方人了解中国的初衷，使刊物的版面形式、栏目内容不断地向多元化发展，其中在中国语言文学方面着重对中国文学名著、儒家文化及道家哲学等都发表了详细的介绍和深刻评论。另外，《中国丛报》还刊发了有关如何学习汉语的文章，促进了中国和其他国家之间的语言传播和相互交流。裨治文在华的 30 多年间，努力学习汉语，潜心研究中国传统文化，不断丰富和拓展《中国丛报》的研究内涵，使其发挥了"开文学之路，除两地之坑堑"① 的作用，为促进中美两国的文化交流、推动早期美国汉学发展发挥了重要的建设性作用。1876 年，美国耶鲁大学首次设立了中国语言文学讲座教授，美国传教士卫三畏（Samuel Wells Williams，1812—1884）成为第一位中国语言文学教授，也是最早来华的美国传教士之一。卫三畏撰写的《中国总论》（The Middle Kindom）于 1848 年首次出版，成为当时美国研究中国最早、最权威的著作。该著作系统描述了中国的政治、经济、外交、文化、历史、地理、教育、艺术和宗教，被称为"一门区域研究课程的教学大纲"，是"数代美国人认识中国的英文范本"。②《中国总论》共 23 章，其中有关中国文学和文字结构的共两个章节，全方位地介绍了中国现代文学及语言文字。该著作后来成为美国汉学研究的教科书，也是美国人学习汉语的范本。1876 年，在卫三畏的主持下，耶鲁大学首先开设了中文课程，建立了第

---

① 欧阳跃峰：《康輶纪行》，中华书局出版社 2014 年版，第 24 页。
② 卫斐列：《卫三畏的生平与书信：一位来华传教士的心路历程》，顾钧、江莉译，广西师范大学出版社 2003 年版，第 69 页。

一个汉语教学研究室和第一个东方图书馆。之后，哈佛大学、哥伦比亚大学、加利福尼亚大学等世界著名大学也相继效仿，陆续建立了汉学图书馆和研究中心。卫三畏为美国汉学所做的努力，不但促进了美国现代语言学会、美国历史学会及美国亚洲协会等汉学组织的建立，也推动着美国汉学的发展，使之走上职业化、专业化的轨道。

第一次世界大战后，卡耐基基金会、洛克菲勒基金会和福特基金会相继成立，这些基金会支持美国高等学校开展东亚地区研究，特别是对中国地区的研究，从此建立了以美国专业学者为主的中国语言文学研究。1928 年，哈佛大学和燕京大学合作成立哈佛燕京学社（Harvard-Yenching Institute）。该学社总部设在哈佛大学，致力于发展亚洲地区的高等教育和以文化为主的人文学和社会科学，重点专注于中国的语言学、文学、艺术、考古学、历史、哲学和宗教史等，并创办了《哈佛亚洲研究》期刊。该期刊中有关中国文学研究的文章集结成哈佛大学的另外一部著名出版物《中国文学论集》，这在一定程度上显示出美国汉学对中国文学的研究走向。20 世纪 20 年代中期，太平洋关系学会（Institute of Pacific Relations）的建立，标志着美国传统汉学开始向现代汉学的转型。① 该学会的主要出版物《太平洋事务》《远东文摘》是美国最早大量登载有关中国文学研究评论文章的期刊。20 世纪中叶后，有着"头号中国通"美誉的哈佛大学终身教授费正清（John King Fairbank）在 1941 年创建了远东学会（The Far Eastern Association），该学会在 1956 年更名为亚洲研究学会（The Association for Asian Studies）。美国远东学会的成立标志着美国传统汉学向现代汉学转型的结束。② 费正清作为中美两国文化交流的研究者、倡导者和翻译者，对两国的相互关系产生了巨大的影响。

二 美国现代汉学对中国当代小说研究的新变化

随着中美建交和中国在国际社会中地位的不断提高，美国的现代汉

---

① 参见侯且岸《从学术史看汉学、中国学应有的学科定位》，载任继愈《国际汉学》，大象出版社 2004 年版。

② 参见侯且岸《当代美国的"显学"——美国现代中国学研究》，人民出版社 1996 年版。

学研究得到了迅速的发展，越来越多的学者们将汉学作为研究对象。目前，现代汉学研究已成为美国学术界普遍关注的一个重要领域。这为美国汉学发展带来新的发展机遇的同时，也对中国文学重要构成的中国当代小说的研究带来新变化，主要表现在：研究条件的变化、汉学家身份的变化、研究范围的变化、研究学科地位的变化及研究机构的变化。①

第一，研究条件的便利化。中国迎来了改革开放的新时代，美国汉学家有了更多的在中国访问、学习、工作、与中国小说作家进行学术交流的机会，因此能够得到较多的第一手资料来开展学习研究。"接触"中国为美国汉学者们对中国当代小说的研究提供了最大的便利。近些年，中美两国启动多项文化合作研究项目，如新汉学计划、中美人文交流项目等，为两国开展更深入的学术交流和合作研究提供平台。另外，现代科学技术的发展，尤其是因特网的开发利用，使海内外学术信息的传播和学者之间的交流、合作变得越来越频繁便捷，这为美国的中国当代小说研究提供了便利的条件。

第二，研究群体的扩大化。本章第一部分阐述了中国文学在美国汉学发展的特征之一就是汉学家的身份转变，从旅游汉学家到传教士汉学家，再发展到当代的专业汉学家。如今，在美国现代汉学研究领域涌现出了大量的专门致力于中国当代小说研究的学者，如菲利普·库恩（Philip Kuhn）、乔纳森·斯宾塞（Jonathan Spence）、保罗·科恩（Paul Cohen）、伊丽莎白·佩里（Elizabeth Perry）、伊斯拉·沃格尔（Ezra Vogel）、雷蒙·迈尔斯（Ramon Myers）。这些专业的汉学工作者主要来自哈佛大学或耶鲁大学。另外，致力于中国当代小说研究的美国女性汉学家的数量正在逐步增加，一方面代表了女性学术地位的提高，另一方面也是美国汉学研究队伍不断被丰富、推进的一个显著特征。

第三，汉学研究范畴的广泛化。研究视角几乎涵盖了中国当代小说的方方面面，在类别上涵盖了长、中、短篇小说；在年代上跨越了70多年的发展，既有中华人民共和国成立后以工农兵、知识分子为主的小说题材，也有改革开放以来伤痕文学、寻根文学、先锋文学等多元的小说

---

① 参见王荣华《多元视野下的中国》，学林出版社2006年版。

作品。新世纪以来，美国汉学家对中国当代小说的译介与研究日趋活跃，不少汉学家有着研究者和翻译者的双重身份，已成为中国当代小说海外传播中不可忽视的重要力量。这些学者们在与中国当代小说的对话、批评与争论中，获得了更宽阔的研究视野和更精细深入的实证分析，为中国当代文学的海外传播及理论的构建作出卓越贡献。

第四，学科地位的明确化。美国汉学对中国文学的研究发展经历了一个漫长的过程。在这一过程中，美国汉学逐步发展成一门专门的学科，为不同文学场域之间的对话提供了场所。活跃在中国当代小说研究领域的美国汉学家，既有来自于美国大学体系内的译介者和研究者，也有大学体系外的民间研究者和自由翻译者。研究者们不同的学术背景为中国当代小说的研究提供了不同的视角，共同促进了这一领域的繁荣发展。

第五，研究机构的多元化。目前，美国已建立了大量的汉学研究中心、研究机构，主要以中国文学研究为重点的知名研究机构有隶属于哈佛大学的哈佛燕京学社和东亚研究中心。此外，还有加州大学伯克利分校（University of California at Berkeley）、加州大学洛杉矶分校（University of California at Los Angeles）、加州大学圣地亚哥分校（University of California at San Diego）、耶鲁大学（Yale University）、哥伦比亚大学（Columbia University）、普林斯顿大学（Princeton University）、康奈尔大学（Cornell University）、西雅图华盛顿大学（Seattle Washington University）和斯坦福大学（Stanford University）等。值得一提的是美国俄亥俄州立大学的中国研究中心以其广泛的数据库系统而闻名，为中国文学的海外研究提供了丰富的文献信息资源。此外，还有一些重要的汉学研究协会，如美国亚洲协会、美国学术委员会、美国汉学研究会、中美关系协会等也对中国当代小说在美国的汉学研究的发展起到了重要的促进作用。

综上所述，20 世纪 80 年代后，美国汉学对中国当代小说研究热潮的表现是多方面的，如研究条件的便利、研究者群体的扩大、研究范畴的拓展、研究地位的提升、研究机构的多元等。随着中国国际影响力的日益提升及中美文化交流的日益增进，有着独特文化视角和远景思维的美国汉学家对中国当代小说研究的热潮也将得到进一步的深化。

第 一 章

中国当代小说在美国的译介者与研究机构

从 1949 年中华人民共和国成立开始，中国当代小说已走过了 70 多年的发展历程，记录了中国社会发展的历史变迁，是世界了解中国的一个重要窗口，一直以来吸引着美国汉学家、译者及从事比较文学、文化研究的学者们的关注。这些文本不仅是知识分子们"远去与归来""迂回与进入"思维途径的一个重要入口，同时还满足了普通民众对于异域东方的好奇与想象，因而受到了美国学界内外的关注与研究。① 中国当代小说在美国的译介与研究主要通过两种渠道：第一种主要以大学体系内设置的东亚语言文化研究系、亚洲语言文学系等相关学科的汉学研究机构为平台，借助大学图书馆的丰富馆藏，多数以学者们的学术兴趣为导向，通过撰写学术著作、编译文学选集、创办期刊等形式来开展；第二种主要是以大学体系外的民间汉学机构为依托，以商业出版社的经济效益及读者需求为导向，大多是出于对中国文学偏好的自由翻译者来完成的。本章将从大学体系内外两条推介中国当代小说的主线进行梳理，对中国当代小说在美国的主要译介者与研究机构进行考察和分析。

第一节　大学体系内的译介者与研究机构

中国当代小说在美国的翻译和研究，在很大程度上应归功于美国大

---

① 参见［法］弗朗索瓦·于连《（经由中国）从外部反思欧洲——远西对话》，张放译，大象出版社 2005 年版。

学及其研究机构为汉学研究搭建的良好学术平台和提供的丰富资源。汉学研究者们分散在这些美国各大知名高等院校之中，为美国的汉学研究的发展作出了重要贡献。美国汉学研究有着近百年的学术积淀，美国各大高校成为汉学研究的主力军，相继建立了中国研究的机构和学科。大多数的美国高等院校将汉学研究笼统地纳入了区域研究体系中，如这些美国知名的高校建立了东亚研究系、东亚语言文学系、东亚语言文化研究系、东亚语言文明系、亚洲研究系等，这些研究系致力于东亚及亚洲的语言、文学、政治、宗教、社会等方面的研究与人才培养，这些专业系部下面大多又设立了中国研究机构及资料研究中心。美国高等院校的这种划分将汉学研究置于更广泛的学科之中，由仅对中国研究的语言、文字、哲学和历史扩大到亚洲文化和历史的大背景之中，改变了以往将汉学作为孤立学科的局面，这与汉学近些年来的发展呈现出的全球化趋势不谋而合。美国当代汉学研究正是依托美国这些知名高校的学术资源与平台，为中国当代小说的海外研究和传播提供了良好的载体和渠道。

一　大学汉学机构与汉学学者

在美国众多的知名高校中，对中国当代小说的翻译及研究起到重要推动的研究机构，首当其冲的是美国的哈佛大学。哈佛是最早开办当代中国研究的学校，由终身致力于汉学研究的美国费正清教授创立了哈佛东亚研究中心，将西方汉学研究模式从东方主义向中国中心观转变，他的思想深刻地影响了美国乃至全球的汉学发展。经历了半个世纪的发展，哈佛大学目前的中国研究已具有相当大的规模，结出了丰硕的成果，出版了一系列相关的学术期刊，主要有《中国资料》（*Paper on China*）、《哈佛东亚研究》（*Harvard East Asia Studies*）、《哈佛东亚系列》（*Harvard East Asia Series*）等，并培养出一大批优秀的研究者，为美国各大高校的汉学的发展输送了研究人才，对当代美国的汉学研究起到了重要的奠基作用。

美国密歇根大学亚洲语言文化系下设的中国研究中心（Center for Chinese Studies at Michigan）是美国中国学研究颇具影响的研究中心，是

"美国最杰出的研究和了解传统与现代中国的人文和资源中心之一"①。该中心创办了致力于中国现当代文学与文化研究的刊物《中国现代文学与文化》（*Modern Chinese Literature and Culture*），被收录进美国艺术与人文科学领域重要的期刊文摘索引数据库"艺术与人文引文索引"。该刊物以较高的学术标准，刊发了大量的中国现当代文学翻译作品及评论文章，其中也包括了中国当代小说的节选或评论文摘，对中国现当代文学及文化予以批判的解读，帮助西方民众更深入地了解中国现代文学及文化形态等问题，同时也为中国当代文学的翻译和研究成果提供了更多的出版机会。翻译了余华、叶兆言、张大春等多个中国当代小说作品的美国汉学家白睿文（Michael Berry）负责该刊物的翻译工作，在能够准确地把握刊物的翻译质量的前提下，其对中国当代文学的谙熟进一步提高了刊物的办刊质量并推动了中国文学的海外传播。该研究中心的威廉·巴克斯特（William Baxter）、林书福（Shuen-fu Lin）、大卫·罗尔斯顿（David Rolston）、肯尼思·德沃斯金（Kenneth DeWoskin）、色·凯乐（Se Kile）等研究者的研究范畴都集中在中国当代文学上。其中大卫·罗尔斯顿教授还参与了《西游记》的英语翻译工作，并出版了有关中国当代小说的研究著作《中国本土小说批判传统的影响》（*The Influence of Chinese Native Fiction Criticism Tradition*）、《中国传统小说和小说评论：阅读和写作之间的距离》（*Traditional Chinese Fiction and Fiction Commentary：Reading and Writing Between the Lines*）。

美国加利福尼亚大学（简称加州大学），是一个由 10 所公立大学组成的大学行政系统，被誉为"世界最具影响力的公立大学行政系统"。绝大多数的公立大学都开设了与中国文化相关的东亚语言文化或文学系，这些系部基本都下设了与中国文学相关的研究中心。这些研究中心既互相独立又紧密联系，共同组成了享誉全美且有着较大影响力的汉学研究机构。每个研究中心都拥有图书馆和电子资料库，这些学术资源通过校级之间的共享系统，形成了美国最大的中国文献研究中心。另外，加州大学既在 1872 年创立了美国最早致力于中国当代文学翻译研究的加州大

---

① 顾宁：《中国通和美国对中国的政策》，《美国研究通讯》2001 年第 2 期。

学亚洲语言文化系（Asian Language and Cultures in University of Califor-nia），又涌现出对美国汉学研究作出重要贡献的学者，主要有加州大学洛杉矶分校亚洲语言和文化系（Asian Languages and Culture in University of California ［Los Angeles］）的李欧梵（Leo On-fa Lee）、胡志德教授，加州大学圣塔巴巴拉分校的东亚语言文化研究系（East Asian Languages and Culture Studies in University of California ［Santa Barbara］）的白睿文（Mi-chael Berry）教授及加州大学圣地亚哥分校东亚语言文化研究系（Asian Languages and Culture in University of California ［San Diego］）中国研究中心主任、文学系张英进教授等。这些学者们撰写了多部对美国汉学研究产生重要影响的著作，如李欧梵教授参编的、被视为国外研究中国历史的权威著作《剑桥中国史》（*The Cambridge History of China*）、张英进教授的《多中心世界中的中国：中国比较文学论文集》（*China in a Polycen-tric World：Essays in Chinese Comparative Literatnre*），其中也不乏一些有关中国当代小说翻译研究的著作，如胡志德教授的《现代中国短篇小说阅读》（*Reading Short Stories in Modern China*）、李欧梵教授的《二十世纪中国小说选》（*Twentieth-century Chinese Stories*）等。

此外，美国一些高校的汉学研究机构还通过建立网站、文化交流活动来促进中国当代文学的海外传播。美国俄亥俄州大学的东亚语言文学系（East Asian Languages and Literatures in Ohio State University）专门从事中国小说和文学批评研究的邓腾克（Kirk Denton）创立的中国现代文学与文化资源中心的数据库（MCLC Resource Center）被堪称收录了世界上最全的中国当代文学作品英译本书目，收录了王蒙、张贤亮、张洁、贾平凹、莫言、残雪、马原、格非等大量中国当代作家作品。另外，该网站开辟了专门用于讨论中国当代文学的学术论坛（MCLC List），还有着丰富的现当代中国文学、影视媒体资源、视觉艺术、教育、文化的英文书目资源。美国爱荷华大学亚洲与斯拉夫语言文学系（Asian and Slavic Language and Literature in University of Iowa）于 1967 年在美籍华裔作家聂华苓和她的丈夫美国中西部著名本土诗人保罗·安格尔（Paul Engle）的主持下，创办了"国际写作计划"（International Writing Program），后期该项目得到美国国务院的资助。该项目邀请世界各地的优秀作家在当年的 9 月至 12 月来爱荷华大学交流学习，不但给外国作家提供了解美国文学动态的交流平台，也给外国作家提供了一定的时间与空间进行文艺创作，这同时也将世界各国文学带入了美国的大学课堂。自项目设立以来，已有来自 150 多个国家的 1400 多名不同种族、不同文化的作家参与到项目中，其中邀请的中国当代小说作家跨越了两个世纪，数量达到 70 余位，包括老中青数代人，这些作家的创作作品足以构成一部缩略版的中国当代小说史。从 1980 年中国小说作家王蒙首次受邀参与到此项目开始，之后每一年都有中国作家加入其中，主要的小说作家有丁玲（1981 年）、刘宾雁（1982 年）、王安忆（1983 年）、冯骥才（1985 年）、汪曾祺（1987 年）、北岛（1988 年）、残雪（1992 年）、刘索拉（1993 年）、苏童（2001 年）、莫言（2004 年）、迟子建（2005 年）、胡旭东（2008 年）、格非（2009 年）、金仁顺（2010 年）、张悦然（2011 年）、王家新（2013 年）、池莉（2014 年）、毕飞宇（2017 年）、冯进（2017 年）、蔡天新（2018 年），等等。张新颖在《谈话录》中用较多的篇幅谈到该项目对王安忆创作的重大影响，称这是王安忆写作生涯中的一个“关节口”①。王安忆参加该写作计划后，在给聂华苓的信中也写道：“这次去美国，对于我的创作，对于我的人生，都是非常非常重要的。世界很大，而我们的互动空间和时间都那么有限……我实在从心里感谢有这么一个机会，不仅可以认识美国，还可以认识西欧、东欧、亚洲。”② 王蒙在参加“国际写作计划”期间对美国及其他民族社会和文学有了更深入的了解，使他的艺术想象和创作能力得到不断提高，在此期间完成了其著名的中篇小说《杂色》。此外，参与到此项目中的苏童、余华、迟子建等都对此项目给予肯定并从中有所收获。因此，爱荷华大学亚洲与斯拉夫语言文学系的“国际写作计划”不仅开拓了中国作家的写作视野，也促使着当代汉语写作成为一种“国际化”趋势，为中西方文化交流打开了一扇重要的窗口。

美国大学体系内的汉学学者按照母语的类别可以分为两类。一类是

---

① 参见张新颖、王安忆《谈话录》，广西师范大学出版社 2008 年版。
② 聂华苓：《三生影像》，生活·读书·新知三联书店 2008 年版，第 415 页。

母语为非汉语的研究型学者；另一类是母语为汉语的研究型学者。母语为非汉语的大学研究型学者是在美国从事中国当代文学译介的中坚力量，他们对中国关注的焦点从最初的中国历史、中国古典文学等传统文学研究领域逐步向中国现当代文学及电影研究转向。这些研究者们大多在美国知名大学的中国文学专业获得了博士学位，如毕业于哈佛大学的林培瑞（Perry Link）、白亚仁（Alian H. Barr），毕业于哥伦比亚大学的何谷理（Robert E. Hegel）、白睿文，毕业于斯坦福大学的胡志德（Theodore Huters），毕业于印第安纳大学的葛浩文等，这些学者们良好的学术背景和学术积淀为他们后期开展的研究奠定了坚实的基础。在这些知名高校深造毕业后，他们又成为美国高等院校的汉学权威，从而反哺美国的汉学发展。这些学者们以其资深的学术修养及对中英文的熟练运用，再加之个人在美国汉学界的知名度及对西方读者审美视野、阅读需求的深入体察，使其所翻译的中国当代文学译作得到美国读者的较高认可，他们对中国当代文学打开美国读者市场发挥了重要作用。

美国大学体系内汉语为母语的研究型学者是中国当代小说在美国翻译研究的生力军。这些学者大多是在国内完成本科教育或硕士教育，最终在海外知名高等院校取得文学或语言学博士学位。这些学者在博士毕业后继续留在美国知名高等院校中与东亚语言或文学研究相关系部任教，有曾任教于美国夏威夷大学、威斯康星大学的刘绍铭，任教于哈佛大学、普林斯顿大学、印第安纳大学、芝加哥大学等多所高校的李欧梵，任教于美国哈佛大学的王德威，任教于美国伯克利加州大学的赵毅衡，任教于美国斯坦福大学的王斑，等等。这些学者在美国知名高等院校主要从事有关中国文化、文学的研究，以其对中国当代文学作品的文学性及社会、历史意义的深入了解，撰写了大量的著作、论文，翻译出版了中国现当代重要文学作品，编写了大量经典的中国当代文学史及文学选集，很多作品都已成为海外读者了解中国的重要窗口，他们的辛勤耕耘为中国文学在海外的研究贡献了重要力量。

二 译作、选集与自办刊物

美国大学体系内的汉学机构及这些汉学机构中的学者们所出版的著

作、选集，以及汉学机构自办刊物都可视为汉学研究成果的最直接体现。

美国圣母大学讲座教授、著名汉学家葛浩文先生，翻译了30余位中国当代作家的60多篇小说作品。目前葛浩文先生被誉为英文世界地位最高的中国文学翻译家，也是有史以来翻译中国当代小说最多的翻译作家。① 他的著作及译作获得了多个国际文学奖项，同时也是2012年诺贝尔文学奖得主莫言作品的英文译者。美国波莫纳学院亚洲语言文学系白亚仁教授翻译了余华20世纪90年代的大部分小说作品，有《在细雨中呼喊》《黄昏里的男孩》《第七天》《十个词汇里的中国》等，能够灵活运用译介策略，较准确地把握小说文本翻译中的中西方文化差异。美国蒙特利国际研究学院翻译及口译研究院陶忘机（John Balcom）教授翻译了大量科幻类小说作品，此外还参与编写了《中国当代文学的翻译》（*Translating Modern Chinese Literature*）一书。美国查塔姆大学的金凯筠（Karen Kingsbury）教授因致力于张爱玲的小说作品的翻译而享誉文坛，同时也成为张爱玲的小说作品走进美国的引路人。

此外，美国大学体系内的汉学学者们所编写的中国当代小说文学选集为海外读者了解中国现当代文学提供了一个"文学拼盘"，也是中国当代小说在美国经典化的重要方式之一。曾任教多所美国知名高等院校的刘绍铭教授与葛浩文主编的第一部综合性英译选集《哥伦比亚中国现当代文学作品选集》（*The Columbia Anthology of Modern Chinese Literature*），代表了英语世界对中国当代小说的接受态度与选聘标准，为中国当代小说的海外传播提供了重要的参考价值。同样在美国多所高等院校任教过的李欧梵教授，以其丰富的阅历先后编译了《中国现代中短篇小说选》（*Modern Chinese Stories and Novellas*）、《二十世纪中国小说选》（*Twentieth-century Chinese Stories*）等。

美国高等院校汉学机构主办的与中国当代小说翻译和研究相关的期刊中，以美国俄克拉荷马大学创办的《今日世界文学》（*World Literature Today*）、美国丹佛大学创办的《当代中国》（*Journal of Contemporary Chi-*

---

① 参见葛浩文《中国文学为什么走不出去》，2016年7月，界面，https://www.jiemian.com/article/650474.html。

na）、美国约翰霍普金斯大学的《二十世纪中国》（*Twentieth Century China*）、美国杜克大学创办的《位置》（*Positions*）、美国密歇根大学创办的《中国现代文学与文化》（*Modern Chinese Literature and Culture*）等刊物最具影响力。其中值得一提的是美国俄克拉荷马大学学者坦普尔·豪斯（Temple House）于 1927 年创办的《今日世界文学》是美国历史最悠久的文学期刊，历经近百年的办刊历程，仍然是中国现当代文学海外研究领域的领先学术期刊。该刊物被诺贝尔文学奖评奖委员会誉为"世界上编辑质量最高、承载信息量最大的文学期刊"之一，是"了解世界文学的极佳途径"①。该刊从创刊初期就对中国文学予以关注，但对中国当代小说的关注始于 1979 年秋季号上刊登的葛浩文的《中国当代文学与〈文艺报〉》，认为正值中国掀起改革开放浪潮之时，《文艺报》的复刊预示着中国文学将呈现出蓬勃发展的新态势。该刊对中国当代小说的关注主要体现在两个方面：第一，该刊专门设立了中国当代小说译介与研究的专刊、专辑与专栏，发表了大量的研究型文章，如《走向世界：中国当代小说的转折点》（"Walking Toward the World：A Turning Point in Contemporary Chinese Fiction"）、《余华小说的颠覆性》（"Yu Hua：Fiction as Subversion"）等，成为国外传播中国当代小说的领袖；第二，该刊在 2010 年与北京师范大学共同创立了《今日世界文学》的中文版《今日中国文学》（*Chinese Literature Today*），该刊每年两期，以英文版的形式在美国出版发行。该刊借《今日世界文学》的东风刊登了大量优秀中国当代小说作家的作品，如莫言、残雪、余华、阎连科、毕飞宇、苏童、格非、韩少功等，以及致力于中国当代文学研究的汉学家，如葛浩文、白睿文、白亚仁、王斑、王德威等。该刊按照其创刊宗旨"希望通过出版优秀的中国文学作品，尤其是中国当代最佳小说的掠影让读者相信中国小说无疑已经迈入世界小说的行列，并且引起了英语世界的译介热忱"② 引导海外读者对中国文学的阅读兴趣，推动着中国当代小说的海外受众。

---

① 姜智芹：《〈今日世界文学〉与当代小说在英语世界的传播》，《外国语文》2017 年第 8 期。

② Michael S. Duck，"Walking Toward the World：A Turning Point in Contemporary Chinese Fiction"，*World Literature Today*，Vol. 3，No. 6，1991.

表 1—1   美国大学体系内与中国当代文学相关的汉学研究机构基本情况表

机构名称	科研重点	藏书
美国亚利桑那大学东亚研究系（East Asian Studies in University of Arizona）	主要进行中日文学、历史、语言学、亚洲人文和宗教及亚裔美国人研究。近年来，出版了一系列有关亚洲研究学术书籍，如《晚清时期农民起义》（Peasant Rebellions of the Late Ming Dynasty）、《忽必烈汗时代的中国戏剧》（Chinese Theater in the Days of Kublai Khan）、《中国：明代重要书目和传统》（China：A Critical Bibliography and the Traditional Chinese State in Ming Times）等	约10万本中文书籍，UA图书馆在美国所有图书馆中排名第17位
美国布朗大学东亚研究系（East Asian Studies in Brown University）	致力于东亚地区社科方向的区域研究及人文方向的语言学研究	藏书15余万册，期刊300多种。哈佛大学著名汉学家贾德纳教授（Prof. Charles S. Gardner）捐赠的约3万册中文藏书，在此基础上建立了"贾德纳文库"特藏
加州伯克利大学东语系（East Asian Studies in University of California[Berkeley]）	美国东亚研究的首要机构之一，重点关注亚洲的政治、经济、文学、外交，为亚洲研究提供了独特的学术视角。其中成立于1957年的中国研究中心（Center for Chinese Studies）侧重于中国文化与社会研究，出版有关中国研究的专著73部，其中与中国文学研究相关的有25部，有《林语堂的跨文化遗产：批评视角》（The Cross-Cultural Legacy of Lin Yutang）、《中国现代文学发展史》（History of Modern Chinese Literature）等，此外还有1961年建刊的《亚洲调查》（The Survey of Asia）	收藏了超过90万册中国、日本和韩国的书籍，有关中国书籍10万册，还有缩微胶片及150种期刊

续表

机构名称	科研重点	藏书
加州大学欧文分校东亚语言文学系（Asian Languages and Literatures in University of California〔Irvine〕）	致力于东亚文学和文化的研究，以中文、日文及东亚文化研究为主，文学研究侧重对历史、社会和文化维度的研究	藏书 10 万册及期刊 200 种，语言包括中文、日文、韩文
加州大学亚洲语言文化系（Asian Language and Cultures in University of California）	美国最早致力于亚洲研究的学术部门之一。它的历史可以追溯到 1872 年，翻译出版了诸多中国文学作品，如余华的《许三观卖血记》（Chronicle of a Blood Merchant）、《追忆流芳：李波诗歌及其批判接受》（Tracking the Banished Immortal: The Poetry of Li Bo and Its Critical Reception）等。下设中国文化研究中心（Center for Chinese Studies），为研究中国文学及有关中国研究的各个方面提供各种形式的支持，并且收藏了大量罕见的中国电影	藏书 8 万册及期刊 110 种，语言包括中文、日文、韩文
加州大学圣塔巴巴拉分校的东亚语言文化研究系（East Asian Languages and Culture Studies in University of California〔Santa Barbara〕）	致力于研究中国、日本和韩国文化，是圣巴巴拉地区有关东亚教育和文化意识的重要研究中心。开设了中国语言、比较文学等课程，并提供了有关中国文学、戏剧、社会、宗教、哲学、历史等研究的丰富网络资源	藏书 20 万册及期刊近 200 种
芝加哥大学的东亚语言文明系（East Asian Language and Civilizations in University of Chicago）	以最前沿的创新人文方法来研究中国、日本和韩国的历史和现在，鼓励跨学科和跨地区的探究路径来研究东亚的政治、文化、经济和社会。出版了中国的部分古籍研究丛书，有西方汉学对中国出土文献进行研究的《西观汉记》（Chinese Annals in the Western Observatory）、《桃花扇》（The Peach Blossom Fan）及部分现代作品，有刘禾的《书写与物性在中国》（Writing and Materiality in China）、洪武的《当代中国艺术》（Contemporary Chinese Art）等	藏书 4 万册及期刊 80 种

续表

机构名称	科研重点	藏书
科罗拉多大学波尔得分校的亚洲语言文明系（Asian Language and Civilizations in University of Colorado [Boulder]）	该系成立于 1982 年，通过对现代语言和文学的研究对亚洲区域文学和文化历史展开学习研究。亚洲语言文明系下设科罗拉多大学亚洲研究中心（Center for Chinese Studies）	藏书 9 万册及期刊 100 余种
康奈尔大学亚洲研究系（Asian Studies in Cornell University）	最初关注中国语言和历史，近些年广泛支持跨越亚洲大陆的综合研究。康奈尔东亚系列（Cornell East Asia Series），该系列涵盖了历史、文化和社会主题及中国当代文学作品的翻译。自 1973 年成立以来，已出版 170 卷，其中 130 多种出版物和大约 20 多种书籍可以通过康奈尔大学图书馆免费获得数字资源	藏书 18 万册及期刊 100 余种
美国哥伦比亚大学东亚语言文化系（East Asian Language and Cultures in Columbia University）	被誉为研究东亚历史、文学、文化、宗教和语言的国际领导者。下设东亚研究所（Institute for Asian Studies），致力于从学术角度研究东亚历史、文学和当代问题，重视科研成果的学术价值	北美地区历史最悠久、规模最大的东亚图书馆之一，拥有超 100 万册中文、日文、韩文、藏文、蒙古文、满文和西文资料，近 7500 种期刊，以及 55 余种报纸
哈佛大学东亚语言文明系（East Asian Language and Civilizations in Harvard University）	下设哈佛大学亚洲中心（Asia Center），以跨国、跨地区的视角来开展包括亚洲文学在内的亚洲研究，促进跨越文化和学科界的教学、协作和创新研究	亚洲中心收藏 20 万册中国书籍及近 100 种期刊
夏威夷大学马诺阿分校的东亚语言文学系（East Asian Language and Literature in University of Hawaii [Manoa]）	下设的夏威夷大学的东亚资料中心（National Resource Center East-Asian）是美国教育部授予的第一个东亚研究国家资源中心。在此基础上，1985 年成立的夏威夷大学中国研究中心（Center for Chinese Studies）为中国文学的海外研究提供了重要的学术平台和资源	藏书 25 万册及期刊 100 余种

续表

机构名称	科研重点	藏书
爱荷华大学亚洲与斯拉夫语言文学系（Asian and Slavic Language and Literature in University of Iowa）	主要对中国、日本、韩国、俄罗斯的历史、文化和经济等重要领域展开研究。1967年，创立了"国际写作计划"，为新时期当代作家提供了较好的推广平台	藏书9万册及期刊60余种
印第安纳大学东亚语言文化系（East Asian Language and Cultures in Indiana University）	主要研究东亚语言、文明和社会的各个方面。下设印第安纳大学中国研究中心（Chinese Research Center），着重对中国的语言、文学和文化展开研究	藏书8万余册及开放期刊40多种
堪萨斯大学东亚语言文化系（East Asian Language and Cultures in University of Kansas）	致力于东亚各国文学、艺术学、社会学、人类学、政治学、商业和经济学的跨学科研究	藏书8万册及期刊50余种
密歇根大学亚洲语言文化系（Asian Languages and Cultures in University of Michigan）	致力于亚洲文化、历史、宗教和文学研究。下设密歇根中国研究中心（The Center for Chinese Studies）	藏书6万余册及期刊60余种
俄亥俄州立大学东亚语言文学系（East Asian Languages and Literatures in Ohio State University）	主要对中国、日本和韩国的早期文本、民俗学、语言教育学、现代文化、表演、诗歌、翻译与跨文化展开研究。下设俄亥俄州立大学的东亚研究中心（East Asian Studies Center）、俄亥俄州立大学中国研究院（Institute for Chinese Studies），创办了《中国现代文学与文化》（Modern Chinese Literature and Culture）杂志	藏书近20万余册及期刊100余种
俄勒冈大学东亚语言文学系（East Asian Language and Literature in University of Oregon）	是美国历史最悠久的跨学科亚洲研究项目，成立于1942年，主要从事东亚文学、文化和语言学研究，并与北京大学、北京语言文化大学、南京大学建立了合作研究关系	藏书近6万余册及期刊50余种

续表

机构名称	科研重点	藏书
宾夕法尼亚州立大学东亚研究系（East Asian Studies in Pennsylvania State University）	下设宾夕法尼亚大学的中国研究中心（Center for Chinese Studies）	藏书近9万余册及期刊60余种
斯坦福大学的亚洲研究系（Asian Studies in Stanford University）	斯坦福大学的东亚研究中心（Center for East Asian Studies），致力于汉语及俄罗斯语言的文学、文化史及文学理论和批评的研究	藏书20余万册及期刊100余种
华盛顿大学的亚洲语言文学系（Asian Languages and Literatures in University of Washington）	主要对东亚、东南亚、中亚和南亚语言和文学进行研究，重点是对这些语言在其所服务的文化中的作用及文本和文学进行分析。下设华盛顿大学的中国研究中心（Chinese Studies Center）	藏书10余万册及期刊100余种
耶鲁大学的东亚语言文学系（East Asian Languages and Literatures in Yale University）	主要通过中日两种语言的教学及两国文学研究支持东亚文化的人文研究。下设耶鲁大学东亚研究会（Yale Council on East Asian Studies）、语言研究中心（Center for Language Study）	东亚图书馆是美国东亚研究资料的主要收藏中心之一，藏书30余万册及期刊200余种

资料来源：根据公开资料搜集、整理。

表1—2　　　　美国大学体系内与中国当代文学相关的、非汉语母语的研究型学者的基本情况

汉学学者（出生年份）	毕业院校及专业	主要工作经历	研究重点及对中国当代小说的主要贡献
葛浩文（Howard Glodblatt）（1939）	印第安纳大学中国文学博士	美国圣母大学讲座教授	被称为"中国当代文学首席翻译家"，翻译了30余位中国当代作家的60多篇小说作品，获得亚洲曼氏文学奖、美孚飞马奖等，同时也是2012年诺贝尔文学奖得主莫言作品的英文译者。著有《萧红传》，主编

续表

汉学学者 （出生年份）	毕业院校 及专业	主要工作经历	研究重点 及对中国当代小说的主要贡献
葛浩文 （Howard Glodblatt） （1939）	印第安纳大学中国文学博士	美国圣母大学讲座教授	《哥伦比亚中国现当代文学作品选集》（The Columbia Anthology of Modern Chinese Literature）、《毛主席会不高兴的：今日中国小说》（Chairman Mao Would Not Be Amused: Fiction from Today's China），代表译作有《萧红小说选》（Selected Stories of Xiao Hong）、《红高粱》（Red Sorghum: A Novel of China）、《生死疲劳》（Life and Death Are Wearing Me Out: A Novel）、《狼图腾》（Wolf Totem）等
何谷理 （Robert E. Hegel） （1941）	哥伦比亚大学中国与日本文学博士	华盛顿大学东亚语言文学系中国文学教授	主攻中国古典小说，推进中国现代文学研究的形成开放，主要著作有《17世纪中国长篇小说》（The Novel in Seventeenth-Century China）、《中国文学中的自我》（Expressions of Self in Chinese Literature）
林培瑞 （Perry Link） （1944）	哈佛大学文学博士	普林斯顿大学教授、加州大学河滨分校讲座教授	主要研究中国现当代文学、20世纪初的中国通俗小说、毛泽东时代以后的中国文学，是美国汉学家中与中国社会联系最密切的一位"中国通"，著有《鸳鸯蝴蝶派：20世纪初中国城市的通俗小说》（Mandarin Ducks and Butterflies: Popular Fiction in Early Twentieth-Century）、《玫瑰与荆棘：中国小说百花齐放的第二次开花》（Roses And Thorns: The Second Blooming of The Hundred Flowers in Chinese Fiction, 1979–1980）

续表

汉学学者 （出生年份）	毕业院校 及专业	主要工作经历	研究重点 及对中国当代小说的主要贡献
胡志德 （Theodore Huters） （1947）	斯坦福大学中国文学博士	加州大学洛杉矶分校亚洲语言和文化系教授，现任香港中文大学翻译研究中心《译丛》主编	主要研究中国现代文学与文化史，特别为海外钱锺书作品研究作出了卓越贡献，著有传记《钱锺书》（*Qian Zhongshu*）、《中国革命文学集》（*Collection of Chinese revolutionary literature*）、《现代中国短篇小说阅读》（*Reading Short Stories in Modern China*），翻译了北岛的《蓝房子》（*Blue House*）、汪晖的《中国新秩序：社会、政治与经济转型》（*China's New Order：Society，Politics，and Economy in Translation*）等
金介甫 （Jefferey C. Kinkley） （1948）	哈佛大学文学博士	纽约圣约翰大学历史教授	主要从事沈从文作品研究，被誉为"国外沈从文研究第一人"，著有《沈从文传》（*The Odyssey of Shen Congwen*）一书，主要翻译的新时期小说作品有沈从文的《边城》、李锐的《选贼》（*Electing a Thief*）、陆文夫的《万元户》（*Wealthy Farmer*）、郑万隆的（*Mother Lode*）作品等
白亚仁 （Alian H. Barr） （1955）	牛津大学文学博士	美国波莫纳学院亚洲语言文学系教授	主要研究蒲松龄及其《聊斋志异》（*Strange Stories from a Scholar's Studio*），翻译了余华在20世纪90年代的大部分小说作品，有《黄昏里的男孩》（*Boy in The Twilight*）、《在细雨里呼喊》（*Cries in the Drizzle*）、《活着》（*To Live*）等

续表

汉学学者 （出生年份）	毕业院校 及专业	主要工作经历	研究重点 及对中国当代小说的主要贡献
陶忘机 （John Balcom） （1956）	美国明德学院文学博士	蒙特利国际研究学院翻译及口译研究院教授，曾任美国文学翻译家协会（American Literary Translators Association）主席	获2012年科幻类小说翻译大奖，主要翻译台湾科幻小说、诗歌、儿童文学，以及大陆作家曹乃谦的长篇小说《到黑夜想你没办法》（*I Can't Think of You Until the Night*）、李锐的长篇小说《无风之树》（*The Windless Tree*）、金宇澄《繁花》（*Flowers*）等
金凯筠 （Karen Kingsbury） （1963）	美国明德学院文学博士	曾在中国生活、执教近20年，目前在美国查塔姆大学国际关系学院任教授	致力于张爱玲作品的翻译研究而享誉文坛，译作《倾城之恋》（*Love in A Fallen City*）被收入企鹅经典丛书，这是继鲁迅、钱锺书之后第三位被收录的现当代中国作家，还翻译了张爱玲的小说《金锁记》（*The Golden Cangue*）、《红玫瑰与白玫瑰》*Red Rose, White Rose*）、《封锁》（*Sealed off*）等
文棣 （Wendy Larson） （1965）	加州大学伯克利分校文学博士	俄勒冈大学波特兰分校副校长、东亚语言与文学系教授	从事中国现当代文学、电影和哲学研究，主要出版的著作有《文学权威与中国现代作家：矛盾与自传》（*Literary Authority and the Modern Chinese Writer：Ambivalence and Autobiography*）、《现代中国的女性与写作》（*Women and Writing in Modern China*），还翻译了王蒙的小说《布礼》（*Bolshevik Salute：A Modernist Chinese Novel*）

汉学学者 （出生年份）	毕业院校 及专业	主要工作经历	研究重点 及对中国当代小说的主要贡献
白睿文 （Michael Berry） （1974）	哥伦比亚大学中国现代文学与电影博士	加州大学圣塔巴巴拉分校东亚教授	主要研究领域为中国当代文学、电影、翻译学和流行文化。著有《光影言语：当代华语片导演访谈录》（Speaking in Images：Interview with Contemporary Chinese Filmmakers）、《贾樟柯的故乡三部曲》（Jia Zhangke's Hometown Trilogy）等，译作主要有王安忆的《长恨歌》（The Song of Everlasting Sorrow：A Novel of Shanghai）、余华的《活着》（To Live）、叶兆言的《一九三七年的爱情》（Nanjing 1937：A Love Story）、张大春的《野孩子》（Wild Kids）等

资料来源：根据公开资料搜集、整理。

**表1—3   美国大学体系内与中国当代文学相关的、
汉语母语的研究型学者的基本情况**

汉学学者 （出生年份）	毕业院校 及专业	主要工作经历	研究重点 及对中国当代小说的主要贡献
夏志清 （Chih-Tsing Hsia） （1921）	耶鲁大学英文博士	纽约哥伦比亚大学东亚语言文化系中文教授，曾任教于纽约州立学院	著有被称为"中国现代小说批评拓荒巨著"的《中国现代小说史》（A History of Modern Chinese Fiction），向英语世界最早介绍了中国文学并将中国现代文学研究带入西方高等院校，还著有《中国古典小说》（Chinese Classical Novel）、《夏志清论中国文学》（C. T. Hisa on Chinese Literature）等

续表

汉学学者 （出生年份）	毕业院校 及专业	主要工作 经历	研究重点 及对中国当代小说的主要贡献
刘绍铭 （Lau Joseph S. M.） （1934）	印第安纳 大学比较 文学博士	曾任教于夏 威夷大学、 美国威斯康 星大学、香 港中文大学、 香港岭南大 学、新加坡 大学	主要致力于中西比较文学及翻译学，主编多部英译中国小说选，其中与葛浩文主编的《哥伦比亚中国现当代文学作品选集》（*The Columbia Anthology of Modern Chinese Literature*）是中国现代文学在英语世界传播的权威载体，也成为西方大学进行中国文学教学的典范教材
李欧梵 （Leo Ou-fa Lee） （1942）	哈佛大学 历史及东 亚语言学 博士	香港中文大 学讲座教授， 先后任教于 普林斯顿大 学、印第安 纳大学、芝 加哥大学、 加州大学洛 杉矶校区、 哈佛大学	在美国被誉为"中国现代文学研究的代表性人物"，也是美国汉学界屈指可数的重量级学者。在 20 世纪 80 年代，最早用现代性理论来考察中国现当代文学，对中国现当代文学的海外发展起到重要的推动作用。主要研究领域包括中国现代文学及文化研究、现代小说和中国电影，主要著有《中国现代作家的浪漫一代》（*The Romantic Generation of Modern Chinese Writers*）、《铁屋中的呐喊》（*Voice in the Iron House*）、《中西文学的徊想》（*Literary Musings in Chinese and Western Literatures*）等，并与刘绍铭、夏志清等学者编译了《中国现代中短篇小说选》（*Modern Chinese Stories and Novellas*）、《二十世纪中国小说选》（*Twentieth-century Chinese Stories*）
赵毅衡 （Zhao Yiheng） （1943）	美国加州 伯克利大 学文学博 士	曾任职于美 国伯克利加 州大学东亚 文学系、英 国伦敦大学 东方学院	中国文学的研究成果颇为丰厚，长期从事比较文学与文化学研究，著有十余部英语著作与论文，其中涉及中国新时期文学的著述和论文有：《迷舟：中国先锋小说选》（*The Lost Boat：Avant-Garde Fiction from China*）、

汉学学者 （出生年份）	毕业院校 及专业	主要工作 经历	研究重点 及对中国当代小说的主要贡献
赵毅衡 （Zhao Yiheng） （1943）	美国加州伯克利大学文学博士	曾任职于美国伯克利加州大学东亚文学系、英国伦敦大学东方学院	《再度语义化的凯旋——余华论》（*The Triumph of Re-Semantization：On Yu Hua*）、《马原：中国的虚构者》（*Ma Yuan：The Chinese Fabricator*）等
王德威 （Derwei David Wang） （1954）	威斯康星大学比较文学系博士	美国哈佛大学东亚语言与文学系教授，曾任教于台湾大学、哥伦比亚大学	被誉为自夏志清教授之后，海外中国现当代文学研究的第一人，著有十多本重要的相关专著，有《当代小说二十家》（*Into the Millennium：20 Contemporary Chinese Fiction Writers*）、《狂奔：新一代中国作家》（*Running Wild：New Chinese Writers*），编译了一系列中国当代小说、文学选集，主要有《哈佛当代中国系列》（*Harvard Contemporary China Series*）、《20世纪下半期中国现代文学评述》（*Chinese Literature in the Second Half of a Modern Century*）等
钟雪萍 （Zhong Xueping） （1956）	美国爱荷华大学比较文学系博士	现任教于美国塔夫茨大学德、俄及亚洲语言文学系	主要研究现当代中国文学文化及社会史、中西文学和文化批评理论与思想史等，用中英文出版了大量的著作和论文，主要的英文著作有《被围困的男性气质？20世纪末中国文学的现代性和男性主体》（*Masulinity Besieged？Issues of Modernity and Male Subjectivity in Chinese Literature of the Late Twentieth Century*），以女性主义理论为指导，系统分析了当代小说作家张贤亮、韩少功、余华、王朔、莫言等作品中的男性主体与中国文学现代性之间的关系，形成了以性别研究为特色的中国文学研究，对海外关注新时期中国文学的性别研究提供了较高的文学价值

续表

汉学学者 （出生年份）	毕业院校 及专业	主要工作 经历	研究重点 及对中国当代小说的主要贡献
张英进 （Zhang Yingjin） （1957）	美国斯坦福大学比较文学博士，密歇根大学中国研究中心博士后	美国加州大学圣地亚哥分校中国研究中心主任、文学系教授，曾任美国的中国比较文学学会主席、福布莱特基金会中国研究员、美国芝加哥大学客座教授	主要从事中国文学、比较文学译介电影与媒体研究。荣获印地安纳大学杰出青年教授奖及美国国家人文基金会等机构的研究项目奖，编著有英文著作14部，有《中国现代文学与电影中的城市：空间、时间与性别的建构》（*The City in Modern Chinese Literature & Film：Configurations of Space，Time and Gender*）、《多中心世界中的中国：中国比较文学论文集》（*China in a Polycentric World：Essays in Chinese Comparative Literatare*）等，还著有中文著作10部
王斑 （Wang Ban） （1957）	加州大学比较文学博士	美国斯坦福大学东亚语言与比较文学系教授，曾在纽约州立大学石溪分校、哈佛大学、美国麻省理工学院、罗格斯大学任教	研究领域涉及中国文化、中西文学、美学及国际政治，两次获得美国人文基金会（National Endowment for The Humanities 学术）研究奖励。撰写了较为重要的一部美学论著《历史的崇高形象：20世纪中国的美学与政治》（*The Sublime Figure of History：Aesthetics and Politics in Twentieth Century China*），该书以"崇高"为切入点，沿中西比较的路径，描述了美学与政治的纠葛，对当代小说作家张爱玲、余华、残雪都进行了条分缕析的论述。此外，还著有《中美小说中的叙事视角与反讽》（*Narrative Perspective and Irony in Chinese and American Fiction*）等中英文专著近十部，还与张旭东合译了本雅明的《启迪》（*Illuminations*）

汉学学者 (出生年份)	毕业院校 及专业	主要工作 经历	研究重点 及对中国当代小说的主要贡献
刘禾 (Liu He) (1957)	哈佛大学 比较文学 博士	美国哥伦比亚大学比较文学与社会研究所所长，东亚系终身人文讲席教授。曾任美国伯克利加州大学比较文学系和东亚系跨系教授及讲席教授	作为新翻译理论的创始人之一，主要学术贡献集中在跨文化交往史、新翻译理论、中国现当代文学研究等领域。曾获美国古根海姆（Guggenheim）奖、全美人文研究所（National Humanities Center）年度奖等。著有大量的英文专著和论文，主要有《跨语际实践》（*Translingual Practice*）、《书写与物性在中国》（*Writing and Materiality in China*）等，其中部分英文著作已被译成多种文字全球发行
王晶 (Wang Jing) (1958)	宾夕法尼亚大学语言学博士	麻省理工学院外国语言文学系教授，曾在杜克大学任教十多年	撰写多部著作，其中《高雅文化热：邓小平时代中国的政治、美学和意识形态》（*High Culture Fever：Politics, Aesthetics and Ideology in Deng's China*）是与中国当代文学关系较为密切的一部著作，其中对格非独特话语形式的实验小说和王朔现象都有所提及，另外还编选了英文版的《中国先锋小说选》（*China's Avant-Grade Fiction：An Anthology*），收入了7位先锋作家的14篇小说作品
蔡荣 (Cai Rong) (1964)	华盛顿大学中国文学与比较文学博士	美国埃默里大学俄国与东亚语言文化系教授，曾在美国科尔比学院、伊利诺州立大学任教	研究方向是中国现当代文学、电影、社会和性别研究，曾获美国国会富布莱特研究基金，所撰写的最重要的学术论著是《中国当代文学中的主体危机》（*The Subject in Crisis in Contemporary Chinese Literature*），该著作以20世纪70年代末至90年代初的中国文学为研究对象，从主体性的理论探讨入手，揭示出新时期中欧文学对自我的多重建构。此外，还在中美的著名期刊和专辑中发表论文多篇

续表

汉学学者 （出生年份）	毕业院校 及专业	主要工作 经历	研究重点 及对中国当代小说的主要贡献
张旭东 （Zhang Xudong） （1965）	美国杜克大学文学系博士	纽约大学比较文学和东亚研究系教授、东亚系系主任	出版中英文的有关文化研究、文艺理论、现代主义及后现代主义研究等方面的专著多部，有《改革时代的中欧现代主义：文化热、先锋小说和现中国电影》（*Chinese Modernism in the Era of Reforms: Cultural Fever, Avant-Grade Fiction, and New Chinese Cinema*）、《后社会主义和文化政治：20世纪中国的最后十年》（*Postsocialism and Cultural Politics: The Last Decade of China's Twentieth Century*），还翻译了多部文学作品，形成了以后社会主义为特色的研究领域
吕彤邻 （Lv Tonglin） （1966）	普林斯顿大学比较文学专业博士	现任加拿大蒙特利尔大学比较文学系教授，曾在数所美国大学教授中国文化、比较文学及文化理论	以中国文化研究为主，著有多部著作，在所撰写的论文集《20世纪中国文学和社会中的性别与性》（*Gender and Sexuality in Twentieth-century Chinese Literature and Society*）中探讨了刘恒的《伏羲伏羲》、莫言的《红高粱家族》中的男性气质和女性意识的建构，蒋子丹《等待黄昏》、王安忆《弟兄们》中的女性关系，《厌女症、文化虚无主义和对立政治：当代中国实验小说》（*Misogymy, Cultural Nihilism & Oppositional Politics: Contemporary Chinese Experimental Fiction*）一书以个案研究的方式，探讨了残雪创作中的妄想症、苏童《一九三四年的逃亡》《妻妾成群》《罂粟之家》中的女性意识和男性气质

续表

汉学学者 （出生年份）	毕业院校 及专业	主要工作 经历	研究重点 及对中国当代小说的主要贡献
黄亦冰 （Huang Yibing） （1968）	加州大学洛杉矶分校文学博士	康涅狄格学院副教授	主要研究中国现当代文学、电影和大众文化，中西方后现代主义比较，著作有 2007 年出版的《中国当代文学：从文革到未来》（*Contemporary Chinese Literature: From the Culture Revolution to the Future*），从 "文革" 时期到当代文学作品的回顾评述来修正中国文学在海外的现代性

第二节　大学体系外的译介者与研究机构

除美国大学体系内的译介者和研究机构外，美国还有不少的民间汉学研究机构和自由翻译者。这些民间汉学机构一方面为中美文化交流提供了良好的平台，通过开展读书会、文学论坛、学术讲座等多样化的文化活动为中国当代小说作家与美国作家、汉学研究者进行面对面的交流创造条件；另一方面也为美国大学研究机构及译者们提供了一定的经济资助，主要是通过与出版社的合作出版计划、提供出版资金等形式来资助一定数量的文学作品的翻译出版。因此，美国大学体系外的研究机构及译者们作为以国家赞助为主体的中国文学国际传播战略的有益补充，为中国当代小说在海外的译介和研究发挥了不可忽视的重要作用。

一　民间汉学机构

目前，美国大学体系外支持中国文学海外传播的民间汉学机构，主要有三家。

1. 美国国家艺术基金会（The National Endowment for the Arts，简称 NEA）。该协会成立于 1965 年，是一个独立的联邦机构。美国国家艺术基金会的成立标志着美国联邦政府正式介入艺术并对艺术领域实施了一系列的扶持方案，目的是通过提供各种艺术交流平台和资金资助来激发艺术的创造性。自 1981 年以来，该基金会设立了翻译基金奖为文学翻译提供支持，资助金额为 1.25 万至 2.5 万美元，这成为拓展国家视野的重要方式之一，同时也使得那些才华横溢的作家和翻译人员的成果得到肯定。2016 年，译者杰弗里·杨（Jeffrey Yang）英译北岛的《城门开》（*City Gate Open up*）获得了该项目 2.5 万美元的翻译基金资助，这可被视为对译者杰出贡献的全面支持与认可。

2. 美国笔会中心（PEN American Center，简称 PEN）。该中心是一个民间的非营利组织，1922 年成立于美国纽约，同时也是美国最大的文化组织之一。美国笔会中心致力于支持文学创作的自由，为出版商、编辑、翻译、代理人、民间社会活动家及对文学感兴趣的其他人士等提供专业资源。该中心设立了美国笔会中心翻译基金奖（PEN Translation Prize），每年颁发一次，以表彰英译书籍的翻译工作者。该奖项会提供数额不等的奖金给申请的翻译者，3000 元至 6000 元美金不等，对所评选的翻译作品不限选材与题材，但获得资助的翻译作品多以小说单行本为主。

3. 纸托邦（Paper Republic）。纸托邦是由艾瑞克·亚伯拉罕森（Eric Abrahamson）2007 年建立，最初旨在为翻译工作者提供交流的网络论坛创建的网站，经过近些年的快速发展，该网站已经发展成翻译出版中国当代文学作品的重要网络平台。据统计，该网站提供了 140 位译员的资料库及部分译作样品、347 位中国现当代作家资料库、182 部中文标题的中国现当代小说信息库、268 部已经英译出版了的中文小说信息库、中国 41 家及英语国家 120 家主要出版社信息库等。[①] 该网站的数据库中几乎收录了改革开放后中国当代文学畅销作家作品的全部目录，具体包括作者和译者的个人信息、作品在英语国家的翻译出版情况、获奖情况及相关的文学翻译评论等。与此同时，当下英语世界的主要汉学研究者及翻译家的译作也都汇聚于此，如葛浩文、杜博妮、白亚仁等。纸托邦为中国出版方制定执行书籍推广方案，参与包括杂志、书籍在内的出版项目，策划中外文学交流活动，定期向欧美出版社推送中国图书出版资讯。[②]

---

① 参见王详兵《海外民间翻译力量与中国当代文学的国际传播——以民间网络翻译组织 Paper Reupublic 为例》，《中国翻译》2015 年第 5 期。

② 参见陈雪莲、汪奥娜《"纸托邦"创始人：中国文学淡泊名利才能更好地走向世界》，2015 年 10 月，参考消息，http://ihl.cankaoxiaoxi.com/2015/1021/972115.shtml。

二 出版社

美国权威的商业出版机构作为美国出版行业的重要组成部分,不但能较准确地把握作品的翻译质量,使翻译内容能够充分满足读者的阅读需求,而且还能彰显出出版作品较高的文学价值,积极引导了美国民众的阅读兴趣,在推广中国当代小说作品上起到了非常关键的作用。相对于美国的大学出版社以促进教学和科研为目的、侧重出版数量不多的中国文学作品及研究型著作的非营利性出版机构而言,美国商业出版社更倾向于热销文学作品的出版发行,以达到取得较好的经济效益的目的。除美国大学体系内的出版社外,以下着重列举几家出版中国当代小说作品的美国商业出版社。

1. 企鹅出版集团(Penguin Group)。创建于 1935 年的企鹅出版集团是世界最大的大众图书出版商之一,其美国分支机构是美国最负盛名的出版社之一。企鹅出版集团中国公司成立于 2005 年,助推我国当代的一些畅销小说如莫言的《蛙》《红高粱》,姜戎的《狼图腾》,麦家的《解密》等作品陆续在英语世界打开销售渠道。它是美国商业化出版社中最早大规模出版中国当代小说作品的出版社。

2. 兰登书屋(The Random House Publishing Group)。成立于 1927 年的兰登书屋,总部设在美国纽约市,每年出版的新书有 1.1 万种。隶属于兰登书屋的万神殿出版社、美国 FSG 出版社及双日出版社都对中国当代小说在海外的翻译出版发挥了有力的推动作用。万神殿出版社拥有余华、张欣欣、莫言、马建等多个中国当代小说作家的版权,其中以余华的小说作品英译出版最多。同样隶属于兰登书屋的双日出版社在 2014 年推出的郭小橹的《我是中国》,助推其成为"2014 年世界影响力最大的中国当代文学译作"。

3. 格罗夫出版社(Grove Press)。创建于 1947 年的格罗夫出版社是美国杰出的中小型独立出版商之一。出版了大量文学作家的优质文学作品,如 2007 年分别获得布克国际文学奖的基兰·德赛(Kiran Desai)的《失落的继承》(*The Inheritance of Loss*)、安妮·恩莱特(Anne Enright)的《团聚》(*The Gathering*)等。2015 年,该出版社推出了文学网站 Literary Hub,为文学作品开辟了一个更为广阔的线上销售渠道。该出版社早在 20 世纪就开始关注中国文学的翻译出版，出版了美国加州大学伯克利分校汉学家白芝（Cyril Birch）的《中国文学选集》，近些年又出版了《中国当代短篇小说选》及当代小说作家阎连科、张悦然、张洁等的部分作品。

4. 哈伯·柯林斯出版集团（Harper Collins Publishers）。1817 年创建于美国纽约的哈伯·柯林斯出版集团，作为全球最大的英文书籍出版商之一，经过百余年的发展，已成为世界上第一家建立全球数字书库的出版商，主要在文学类、经济类、儿童类图书方面有着较大的影响。2006年，翻译出版了"当代中国文学经典"系列，随后的五年里又推出了 50 部中国当代文学精品。

5. M. E. 夏普出版社（M. E. Sharpe）。成立于 1958 年，总部位于美国纽约的 M. E. 夏普出版社，主要致力于人文和社会科学书籍的出版发行。在 20 世纪 60 年代，该出版社将翻译项目从最初的俄语翻译向欧洲语言、中文和日文扩展，逐步重视亚洲与东欧研究的著作及译本。M. E. 夏普出版社曾经翻译出版了贾平凹、北岛、阿来、李锐等中国当代小说作家作品。

三 自由翻译者

近些年来，随着中国对外开放及文化"走出去"战略的实施，中国当代小说作品得到了越来越多的学者及自由译者的关注，主要有四位代表性人物。

1. 沙博理（Sidney Shapiro），1915 年出生于美国纽约，是第一位获得中华人民共和国国籍的外国人，同时也是极少数获得中国国籍的美裔翻译家。沙博理毕业于美国圣约翰大学法律系，后来在哥伦比亚大学、耶鲁大学学习中文，2010 年获中国翻译协会颁发的"中国翻译文化终身成就奖"、2014 年获第八届"中华图书特殊贡献奖"等多项殊荣。沙博理在中华人民共和国成立初期曾任对外文化联络局英文翻译，后来担任我国第一本也是唯一一本对外译介中国当代文学艺术刊物《中国文学》的翻译编辑。沙博理从 1952 年开始发表译作，翻译了 20 余部中国文学作品，主要有《新儿女英雄传》《水浒传》《林海雪原》等。另外，还著有《一个美国人在中国》《我的中国》《马海德传》等。

2. 金婉婷（Diana B. Kingsbury），毕业于加州大学圣克鲁兹分校，美国编辑、译者。曾在 20 世纪 80 年代作为亚洲志愿者来到中国，此后开始编写和翻译中国当代女性小说作品。在其编著的短篇小说选《我希望我是一只狼：中国当代女性文学的新声音》（*I Wish I Were a Wolf*：*The New Voice in Chinese Women's Literature*）中翻译收录了马中行的《我希望我是狼》、王安忆的《弟兄们》、白峰溪的《风雨故人来》、铁凝的《遭遇礼拜八》等 7 部小说作品。该选集以美国女性的视角来解读中国当代女性作家的小说作品，一方面让英语国家的读者对中国文学有了进一步的了解；另一方面转变了西方读者对 20 世纪中国女性地位和女性文学的传统固化观念。

3. 艾瑞克·亚伯拉罕森，1978 年出生于美国的西雅图，毕业于华盛顿州立大学，毕业后来到中国成为中央民族大学的交换生。亚伯拉罕森对中国语言的热爱激发了他对中国文学作品的翻译兴趣，先后翻译了中国当代作家苏童、阿乙、毕飞宇、王小波、徐则臣等的小说作品，并于 2009 年获得了美国笔会中心颁发的文学翻译奖、2015 年获得第九届中华图书特殊贡献奖等荣誉。值得一提的是 2007 年亚伯拉罕森创建了中国文学对外推广的重要网站——纸托邦。

4. 莫楷（Canaan Morse），1982 年出生于美国东北部的缅因州，毕业于美国科尔比学院。莫楷的父母曾于 20 世纪 70 年代在哈佛进修过中文，莫楷受父母的影响和引导，从小便对中国语言文化产生了学习兴趣。后来莫楷多次来到中国参加汉语培训项目，如美国各大高等院校联合汉语 ACC 项目（Associated Colleges in China）、国际联合汉语培训项目 IUP（Inter-University Program for Chinese Studies）等。莫楷任《人民文学》英文版《路灯》（*Pathlight*）杂志的编辑，对中国文学的翻译和研究既有着丰富的翻译经验，又有着深刻的认知。他曾翻译过中国唐代的《太平广记》，也翻译了一些中国当代文学作品，如王朔的中篇小说《空中小姐》、短篇小说《动物凶猛》等，并于 2014 年获得苏珊·桑塔格国际翻译奖（Susan Sontag International Prize for Translation）这一殊荣。

第三节　两个体系的独立运作与交叉互动

中国当代小说在美国的翻译和研究主要通过"学院"和"民间"两

个体系的不同译介渠道完成。前者主要是以美国知名大学体系译介研究机构里的汉学研究者们为主体，这些研究者们大多都接受过良好的高等专业教育，形成了扎实的理论基础和完整的知识体系。他们充分利用研究机构为中国当代小说的译介研究所搭建的良好学术平台和丰富学术资源，以个人学术兴趣、国家主流意识为导向，通过撰写学术著作、编译文学选集、创办期刊等形式，在不断的研究探索中形成了个人独到的学术观点。后者主要是以大学体系外的民间的汉学研究机构为依托，通过开展形式多样的文化交流活动和出版资助计划，为译者们提供更为广阔的研究平台，这其中也不乏一些对中国文学翻译研究有着偏好的自由译者们。可见，中国当代小说在美国的两个主要研究体系由不同的依托平台及研究者构成，即使对于相同的翻译研究对象都可能呈现出不同的评审态度和标准，以对中国当代女性小说作家卫慧创作的作品有着截然不同的研究角度和评论立场为例。在学院体系中，部分学者认为卫慧的写作是女性作家在以自己的身体作为话语之源，他们把作品的女性书写视为男权文化引导下对女性成长的扭曲，是对女性欲望压制的体现，意识功能已超出了文学本体固有的范围，无法给美国读者带来反思自我缺失的借鉴。而美国民间体系中，一些商业出版社，如罗宾逊出版公司认为卫慧的创作是中国当代文学的另类现象，将获得好的销售业绩，值得下力气去出版推广。这些商业出版社投入大量的资金为作品宣传举办读书会、签名会等活动，并邀请在中国生活了 30 多年的美国翻译家徐穆实（Bruce Humes）担任文本翻译，而且还在封面设计上下足功夫，采用被西方视为具有中国女子特色的丹凤眼图片、"中国新锐女作家"等夺人眼球的宣传语等来吸引读者的阅读兴趣。由此可见，由于受到诸多内外因素的影响，两个不同体系的译介渠道对于同一个翻译对象有着截然不同的认知和评价。

中国当代小说在美国的翻译研究主体方面有着"学院"和"民间"两个相对独立的体系，在翻译行为的互补和翻译人员的流动方面又有着一定的交叉互动。首先，"学院"与"民间"两个渠道互为补充既体现在为读者获得文学信息提供了更为广阔的渠道，又体现在两个截然不同的译者主体在翻译风格上互相促进。中国当代小说在美国的读者主要由高等院校的知识群体和大众读者构成，因此美国大学丰富的馆藏资源、学术期刊及商业出版社的实体或网络书店、媒体报道等都成为美国读者获得中国当代文学信息的主要来源。美国不同层面的读者群体在对图书资源的选择过程中，"学院"和"民间"两种传播渠道互为补充，为读者提供了更多的选择。"学院"和"民间"不同体系的译者由于受到不同的教育程度、所服务的主体意识、个人兴趣爱好等诸多因素的影响，有着截然不同的译者风格。两个不同渠道的译者主体在文学作品翻译中各自发挥所长，为美国读者呈现更为准确、全面的文学译作。另外，"学院"和"民间"两个体系在翻译人员的流动方面也有着一定的交叉互动。近些年，美国高等院校的汉学研究机构培养了大量致力于中国文学翻译研究的优秀人才，他们或选择毕业后继续留在研究机构从事汉学研究，或选择成为自由译者，或选择成为商业出版社的专职翻译，或选择跨行业从事中文与其他学科交叉运行的行业。虽然这些人才被分散于与之行业相关的不同工作岗位，但他们又因为共同的兴趣爱好，以汉学研究为聚集点，彼此在行业之间又有着一定的人员流动，比如美国大学汉学研究机构的研究者被聘请成为一些商业出版社的译者，对出版社的一些重要的文学作品进行翻译质量把关，以保证文学作品在准确传达文学思想的同时还能够迎合读者的阅读兴趣，这些优质的文学译作在为出版社赢得效益和声誉的同时，出版社又以多样的合作方式来支持美国大学汉学研究机构的发展。因此，中国当代小说在美国翻译和研究的"学院"和"民间"两大体系，并非两条从不交叉的平行线。两者独立运作，互相交叉，共同促进中国当代小说在海外的翻译与研究的发展。

第 二 章

中国当代小说在美国
译介与研究的整体论述

中国当代小说研究作为美国汉学研究的范畴之一，直到 20 世纪 50 年代才真正起步。在此之前，虽然也有过一些学者对中国当代小说展开过零星的研究，但由于受到当时中美两国的外交关系、传播渠道、接受语境、文化心态等诸多因素的影响，这一时期美国对中国当代小说的译介研究较为有限。直到 1961 年，夏志清教授的《中国现代小说史》（*A History of Modern Chinese Fiction*）问世，才真正拉开了美国对中国现代文学研究的帷幕。该书是公认的经典之作，它真正开辟了美国汉学研究的一个新领域，为美国做同类研究的后来学者们扫除了障碍。① 在此之前，美国汉学界对中国文学的关注更多的是对中国古典文学的研究，而为数不多的对中国当代文学的关注又多是附庸在对中国社会经济政治形势的整体战略观察上，其中还常伴随着美国对异域东方的猎奇、窥探与想象。此后出现了一批对中国现当代文学研究起到奠基作用的汉学家，如夏济安（T. A. Hsia）、李欧梵、刘绍明、林明晖（Julia Lin）、耿德华（Edward Gunn）、王德威等，在这些学者们的共同努力下，使得中国现当代文学在美国真正地步入了研究的殿堂，但当时对此研究仍然是零星学者的辛勤耕耘。直至 20 世纪 80 年代，美国的中国现当代文学研究开始迅速发展，逐渐成为美国汉学中的"显学"之一，并涌现出一批知名的现代汉学家，如葛浩文、金介甫、白睿文等。这些成就卓著的美国

---

① 参见陈波《文学批评家夏志清去世，曾慧眼识得张爱玲价值》，2013 年 12 月，新浪网，http://cul.sohu.com/20131231/n392706629.shtml。

本土学者与华裔学者共同构成了的美国汉学家研究群体，他们重新整合了 20 世纪至今问世的中国当代小说资源，对中国当代小说进行了历时与共时相结合的多维阐释，为中国文学的海外传播提供了不同的方法论关照。下文将从中国当代小说的翻译与研究两项工作、自我与他者两个接受主体来描述和分析中国当代文学在美国的译介与研究的整体情况。

第一节　中国当代小说在美国的主要翻译阶段

依据中国当代小说在美国不同译介时期所经历的不同的发展过程，可将中国当代小说在美国的译介史分为三个阶段，分别是改革开放之初的相对沉寂期（1978—1989 年）、20 世纪末的拓展期（1990—1999 年）和 21 世纪以来的鼎盛期（2000 年至今）。下文所涉及的书目资料主要来源于联合国教科文组织的世界翻译出版目录（World Bibliography of Translation）、美国亚洲研究协会的亚洲研究文献目录（Bibliography of Asian Studies）及美国俄亥俄州大学的中国现代文学与文化资源中心（MCLC Resource Center）的数据库、纸托邦，综合以上数据来源进行对比，从而避免只凭借一个来源可能发生的错漏，更全面准确地梳理每一时期中国当代小说在美国的翻译传播状况。

一　改革开放之初的相对沉寂期

1978 年 12 月，党的十一届三中全会顺利召开，中国确立了实行对内改革、对外开放的伟大政策，给中国文学走向世界提供了更为开阔的发展空间。随后 1979 年迎来了中美建交，标志着中美经历了从中华人民共和国成立到 20 世纪 70 年代在军事、政治、经济及文化等方面严重的对抗时期，到之后 80 年代末相对缓和的合作时期。中美两国意识形态还存在着一定的差异，给我国当代小说在美国的出版带来一定的困难。这一时期的中国当代小说在美国的翻译出版不仅出版数量较少、影响范围不够大、翻译工作者较少，而且还要面对出版渠道受阻、译介效果不理想等诸多问题。因此，这一时期可视为中国当代小说在美国翻译传播的沉寂期。

改革开放之初我国当代小说的创作，以党的十一届三中全会为里程碑，继承了中国小说悠久而深厚的历史传统，以中华人民共和国成立后时代的变化为主题，小说作品在反映生活的广度与深度及创作的数量、质量上较改革开放之前都有了较大的提升，进入了文学创作的复苏和发展的新阶段。这一时期中美关系逐步正常化，美国文学场域正式向中国敞开大门，中国当代小说在美国的译介和传播也出现了前所未有的转化和创新。改革开放初期中国当代小说主要是通过中国官方的主动对外推介，以政府机构外文出版社、英文版《中国文学》期刊以及"熊猫丛书"组织的翻译出版为主。

（一）外文出版机构

我国的外文出版社成立于 1952 年，是由成立于 1949 年的中央人民政府新闻总署国际新闻局改组而来的。外文出版社的成立是中华人民共和国对外翻译进入新时期的标志，我国对外翻译模式从近代开始至 20 世纪 40 年代末，从以个体翻译为主导向以政府机构翻译为主导转变。外文出版社专门从事对外书刊的宣传，编译出版外文版书刊，旨在"加强外国文字宣传，而文学作品的对外翻译成为国家对外宣传的重要组成部分"①。受政治因素及国际关系的影响，英美等西方资本主义国家以其在经济、文化上的国际强势地位成为我国当时文化对外输入的主要目标国。因此，这一时期外文出版社对外翻译的中国文学作品绝大多数都是英文版本，其他小语种的文学作品大都是从英译本转译而成的。据统计，这一时期外文出版社翻译出版的 171 部文学作品单行本中，古典文学作品有 17 部，现代作品有 20 部，而当代文学作品则有 134 部，占近 78.36%，可见这一时期中国文学对外翻译的重点是当代文学。② 在这 171 部文学作品中，按体裁大致又可以分为小说、戏剧、革命回忆录（自传）、诗歌、寓言、杂文、散文、儿童文学、民间文学。其中小说有 69 部，占文学作品总数的 40.35%。在这 69 部小说中，古典小说作品有 6 部，现代小说作品有

---

① 戴延年、陈日浓：《中国外文局五十年大事记》（一），新星出版社 1999 年版，第 23 页。
② 参见倪秀华《建国十七年外文出版社英译中国文学作品考察》，《中国翻译》2012 年第 5 期。

10 部，其余 53 部为当代小说作品，占小说总数的 76.81%。① 由此可见，在改革开放初期的相对沉寂期，当代小说作品是外文出版社对外翻译出版的重点。

1979 年，邓小平在第四次中国文学艺术工作者代表大会（简称文代会）上提出了新时期的文艺政策作为改革开放初期指引文学发展的指导方针，小说的创作开始呈现出多样化题材，提倡不同形式和风格的自由发展，在艺术理论上提倡不同观点和学派的自由讨论，对主流意识形态和诗学逐渐从之前的集中、单一转向不同程度的分散、多元，但是这一时期是世界新旧格局交替时期，也是我国新旧体制和思潮的过渡时期，对外翻译的小说作品不可避免地还带有过往时代的痕迹，尤其是在 1979至 1980 年的争鸣与讨论期，革命战争小说和农村题材小说仍可在对外翻译中寻找到踪影，大多是以讴歌坚韧不拔、勇往直前的革命精神及新中国、新农民形象为主。这一时期在美国译介的革命战争题材的小说英译本主要有胡万春的小说集《长征的故事》、艾芜的短篇小说《人民志愿军的故事》、曲波的长篇小说《林海雪原》、梁斌的长篇小说《红日》、杨沫的长篇小说《青春之歌》，等等。农村题材小说英译本主要有柳青的长篇小说《铜墙铁壁》《创业史》，赵树理的短篇小说《登记》和中篇小说《李有才板话》，周立波的长篇小说《暴风骤雨》《山乡巨变》，康濯的短篇小说集《太阳初升的时候》，梁斌的长篇小说《红旗谱》，李准的短篇小说集《不能走那条路》等。② 这些对外译介的小说作品都体现了外文出版社向海外宣传和传播新中国的发展和成就、塑造社会主义东方大国的崭新形象，如作家梁斌在其长篇小说《红日》英译本的序言中期望外国读者"从《红日》一书对中国人民解放战争有所了解，并能意识到今天中国人民的光辉气象从何而来，并且多么来之不易，我将感到极大的快慰"③。杨沫在其长篇小说《青春之歌》英译本的"序言"里也提道："如果国外的朋友们能够从这本小说中了解一点中国革命的胜利是怎样得

---

① 参见倪秀华《建国十七年外文出版社英译中国文学作品考察》，《中国翻译》2012 年第 5 期。

② 参见吕敏宏《中国现当代小说在英语世界传播的背景、现状及译介模式》，《小说评论》2005 年第 5 期。

③ Wu Chiang, *Red Sun*, Beijing：Foreign Language Press, 1961, p. Ⅱ.

来的；了解一点中国人民——尤其是中国青年曾经怎样前仆后继地斗争过，那么我就非常高兴、非常感激了。"① 康濯的短篇小说集《太阳初升的时候》英译本 *When The Sun Comes Up* 收入了其6篇小说作品，"从各方面反映了农业互助合作运动和人民公社化时期中国地方农村所经历的巨大变化②，特别是农民生活情况和精神面貌的巨大变化"，旨在"歌颂党对农民的领导和关怀；歌颂那些辛勤劳动，关心集体利益、热心为群众服务的社会主义新人"。③

（二）英文版《中国文学》期刊

创刊于1951年，作为国内唯一一本对外译介中国当代文学艺术的官方外文刊物《中国文学》，既是中华人民共和国成立之后，也是改革开放之初相当长的时间内我国对外翻译新时期中国文学的专门国家级刊物。该刊物旨在体现中国人民在中国共产党的领导下为赢取革命胜利的事业所做出的英勇斗争，展现中国人民为建设社会主义新中国及为争取世界和平所做出的辛勤努力；阐述毛泽东文艺方针指导下形成的一系列文艺创作理论与经验；介绍中华人民共和国成立以来整理文学遗产所取得的成果，使国外读者重新认识与了解中国的文化传统。④ 一大批卓有影响力的作家、翻译家都为该刊物的创办与发展作出重大贡献，茅盾、叶君健、杨宪益、冯亦、王蒙、贺敬之、唐家龙、凌原等先后主持过英文版《中国文学》的编务工作。《中国文学》英文版在建刊初期的主要译者有杨宪益、戴乃迭（Gladys B. Tayler）夫妇、沙博理、唐笙、喻璠琴、林戊苏、熊振儒、胡志挥、王明杰、燕汉生、刘方、唐家龙、章思英、陈每燕和张永昭等。这些译者是中外文化交流桥梁的建造者，他们在努力寻找为主流意识形态服务的创刊方针与海外读者准确接收之间的平衡点，从而减少中外文化隔阂，让中国文化真正走进西方读者的内心。在这些译者中，尤需重点提及的是叶君健、戴乃迭夫妇及沙博理。叶君健曾任英国剑桥大学英王学院欧洲文学研究员，归国后任文化部外联局编译处处长、《中国文学》副主编。在西方任职的工作经历使他对

---

① Yang Mo, *The Song of Youth*, Beijing: Foreign Language Press, 1961, p. 1.

② Kang Cho, *When The Sun Comes Up*, Berping: Foreign Langucfe Pless, 1961, p. 65.

③ Ibid. .

④ 参见周东元、亓文公《中国外文局五十年史料选编》，新星出版社1999年版。

文化对外交流的视角更为开阔和前瞻,率先提出新中国的对外交流不应仅仅局限于文化互访,而应将中国传统文化、现当代文学中的优秀作品推广出去。他提出了"'精品'是指一部作品被翻译成另一种文字后,能在该文字中成为文化财富,成为该文字所属国的文学的组成部分,丰富该国的文学宝藏。从这个意义来讲,'翻译'就不单是一个'移植'问题了,它是再创造,是文学的再创造"① 的翻译思想。叶先生的"精品"翻译论在其译作中得到最好的验证,他翻译的《安徒生童话全集》为其赢得了世界上唯一的"丹麦国旗勋章"译者荣誉,同时他也将我国茅盾的长篇小说作品《农村三部曲》的《春蚕》《秋收》《残冬》部分翻译成英文刊登在《中国文学》推介到海外,与此同时他的翻译思想也是留给后来译者们的宝贵财富。接下来要提及的杨宪益与戴乃迭这对译坛伉俪在当代中国翻译界享有着极高的声誉,对翻译理论和实践及中国文学在海外的推介有着开创性的意义。杨宪益作为我国当代著名的翻译家、外国文学专家,曾担任《中国文学》英文版的编辑与翻译工作,后来出任该刊物的主编,该刊物也就成了杨宪益夫妇主要躬耕的园地。西方翻译理论的奠基人莫纳·贝克称赞道:"如果要列出一份中国文学优秀英文翻译家的名单,那么杨氏夫妇的名字绝对会居于榜首。他们是资深的英文翻译家。"② 在《中国文学》英文版的翻译编辑中离不开外国翻译工作者的支持,其中不得不提及的一位是美国著名翻译家沙博理先生,他获得了"中国翻译文化终身成就奖""影响世界华人终身成就奖"等荣誉。他曾与杨宪益夫妇一同担任刊物的翻译编辑,他运用娴熟的双语翻译了大量的中国文学作品并被陆续刊载在《中国文学》英文版中,有效地减少了翻译过程中的误读,其中翻译的小说作品主要有《新儿女英雄传》《家》《春蚕》《李有才板话》《保卫延安》《创业史》《林海雪原》《小城春秋》《孙犁小说选》等。《中国文学》英文版的翻译出版离不开这些优秀的翻译工作者的努力,他们为增进中外了解和交流作出了巨大的贡献。

进入 20 世纪 80 年代,为了进一步适应 1979 年年底第四次文代会

---

① 叶君健:《翻译也要出精品》,《中国翻译》1997 年第 1 期。

② Mona Baker, *Routledge Encyclopedia of Translations Studies*, London & New York: Routledge, 2000, p. 373.

的召开给文艺界带来的新方向及促进中国文化的对外传播，《中国文学》做出了相应的改进，主要表现在三个方面。第一，增设栏目。增设的"To Our Readers"栏目，主要包括译作的简介及栏目更新，其意图正如杨宪益在《〈中国文学〉三十年》中提出的："我们的读者分布于世界各地的各行各业，他们处于不同社会阶层，因此他们不可避免地对杂志有不同的需求。一些读者对文化底蕴浓厚的中国文学感兴趣并进行研究，另一些读者则希望《中国文学》的编辑人员能够使作品更容易为大众所接受。为提高国外读者的阅读兴趣，我们正在努力使我们译介的作品既有学术性又有普遍性，成为所有读者都喜欢的作品。我们相信，真正优秀的文学作品，是能够超越时空，散发出无穷的魅力的。"①第二，扩大了选材范围。多元的文学体裁被引入《中国文学》英文版中，增加了民间故事、回忆录、游记等，并扩大了刊登作家的范围，还首次将中国现当代女性作家的小说作品刊登在刊物中进行推广。这一时期对外译介的主要女性作家的小说作品有 1979 年张洁的《从森林里来的孩子》，1980 年丁玲的《杜晚香》、谌容的《人到中年》、茹志鹃的《草原上的小路》，1981 年王安忆的《小院琐记》，1982 年张抗抗的《空白》、航鹰的《金鹿儿》，1983 年王安忆的《舞台小世界》、航鹰的《明姑娘》和《前妻》，1984 年张洁的《条件尚未成熟》《祖母绿》、王安忆的《本次列车终点》，1987 年王安忆的《人人之间》、谌容的《减去十岁》、陈洁的《牌坊》，1988 年谌容的《一个不正常的女人》、程乃珊的《山青青、水粼粼》和《洪太太》、刘西鸿的《黑森林》、铁凝的《麦秸垛》、池莉的《烦恼人生》，1989 年王安忆的《话说老秉》、残雪的《山上小屋》《天堂里的对话》、铁凝的《六月的话题》、张抗抗的《北极光》、谌容的《送你一束夜来香》等。这些女性小说的创作一方面体现了新时期中国文学发展的勃勃生机，其对外译介使得西方了解在这个遥远东方国度的女性的真实生存状态；另一方面作为中国当代小说的一个重要分支，其在数量上呈现出的不断上升的趋势，在作家年龄上从 20 世纪 30 年代张洁、谌容跨越到 60 年代的王安忆、残雪等，这不但反映了不同时期中国社会的风貌，而且在一定程度上也代表了

---

① Yang Xianyi, "Thirty Years of 'Chinese Literature'", *Chinese Literature*, No. 10, 1981.

20 世纪末中国当代小说作品正在逐步获得越来越多海外读者的接受，不断扩大着进入海外市场的数量和范围，拓展了中国当代文学在世界的文化交流。第三，反映新时期文学思潮发展。改革开放后，中国的国门重新向世界敞开，各种西方现代派文学作品如潮水般涌入中国，大量的西方现代主义文学作品被大量的翻译和推介，对当时的文学创作产生了一定的影响。中国当代作家从这些西方文学作品的写作技巧和思想中汲取养分，在此基础上大胆创新，促进了各种文学思潮的兴起，如"伤痕文学""反思文学""寻根文学""先锋小说""新写实小说""新历史主义小说"等。与此同时，受新思潮影响，这一时期也涌现出了一批新时代作家，如现实主义作家谌容、从维熙、蒋子龙、高晓生、陈忠实、贾平凹等，以及先锋作家莫言、残雪、阿成、扎西达娃等，这些作家作品均得到了《中国文学》的对外推介，主要有 1980 年蒋子龙的《乔厂长上任记》、茹志鹃的《草原上的小路》、高晓声的《陈奂生上城》，1982 年谌容的《人到中年》、汪曾祺的《受戒》、邓友梅的《寻访"画儿韩"》、张弦的《被爱情遗忘的角落》、古华的《爬满青藤的木屋》，1985 年邓友梅的《烟壶》、张贤亮的《绿化树》、阿成的《棋王》，1986 年冯骥才的《神鞭》，1989 年莫言的《民间音乐》《大风》《白狗秋千架》和残雪的《天堂里的对话》，等等。①

改革开放初期，邓小平在文艺工作方针中强调"我们要继续坚持毛泽东提出的文艺为最广大人民群众、首先为工农兵服务的方向，坚持百花齐放、推陈出新、洋为中用、古为今用的方针，在艺术创作上提倡不同形式和风格的自由发展，在艺术理论上提倡不同观点和学派的自由讨论"②。因此，在改革开放初期的转型发展阶段，文艺创作以为工农兵为主的人民群众服务为指引，革命历史题材和农村农民题材的小说作品仍然占有一席之地。在这一时期《中国文学》英文版选取的革命历史题材小说主要包括四类：反映解放战争的小说，如杜鹏程的《保卫延安》、刘白羽的《火光在前》、茹志鹃的《百合花》、王愿坚的《七根火柴》等；

---

① 参见林文艺《英文版〈中国文学〉作品翻译选材要求及影响因素》，《龙岩学院学报》2011 年第 8 期。

② 中央文献研究室第四编研部编《新时期重要会议通览（1978—1998）》，中央文献出版社 1999 年版，第 25 页。

反映抗日战争的小说，如孙犁的《风云切记》、徐光耀的《平原烈火》、李英儒的《野火春风斗古城》、冯德英的《苦菜花》等；反映抗美援朝战争的小说，如魏巍的《朝鲜前线通讯》、柴川若的《志愿军与美军俘虏》、陆柱国的《上甘岭》等，以及反映国内革命战争题材的小说，如梁斌的《红旗谱》、高云览的《小城春秋》、欧阳山的《三家巷》等。杂志译介革命历史题材作品为读者还原了中国那个时期的历史事件，展现了中国人民在追求自由民主的革命征途上所展现出来的那种不屈不挠、不畏强暴，为真理和理想而献身的高尚品格和拼搏精神，展示了传奇的民族性与时代精神，塑造了新中国的形象。①《中国文学》英文版围绕着农村农民题材选取的当代小说侧重以下两个方面：一是展示不同类型的农民形象；二是展示农村政策的变化。《中国文学》英文版译介的农民形象作品主要包括以下五类：有《红旗谱》中朱老忠、《新儿女英雄传》中黑老蔡这类的农民英雄形象；有《阿Q正传》中阿Q、《风波》中七斤这类受封建社会迫害的农民形象；《祝福》中祥林嫂、《为奴隶的母亲》中春宝娘这类被压迫的女性农民形象；《春蚕》中老通宝、《创业史》中梁三老汉这类勤劳善良的农民形象；《小二黑结婚》中小二黑、《陈奂生上城》中陈奂生等新一代农民形象。《中国文学》英文版在展示农村政策变化的题材方面，主要包含以下三类：有《暴风骤雨》《太阳照在桑干河上》这类的农村土地改革运动题材；《三里湾》《山乡巨变》这类的农村合作化运动题材；以"陈奂生"系列的《陈奂生上城》《陈奂生转业》为典型的改革开放题材。由此可见，刊物的编译人员在服务主流意识形态的办刊方针下，在翻译选材上还是努力使所选小说作品尽可能地符合时代发展、满足西方读者的阅读兴趣，但是东西方的文化差异及翻译的再创造性和叛逆性及这一过程中受到文化等因素的影响，使得《中国文学》英文版在美国传播并引起广泛共鸣，其传播效果与期待的目标还相差一定的距离。随着我国改革开放愈加深入，在文学艺术领域许多新题材和主题得以拓展，文学的表现手法和体裁也愈发多样化，革命历史题材和农村农民题材的小说作品渐渐被淡化，逐步走出国内外读者的阅读视野。

　　虽然在此期间中美两国之间的文化交流还远未达到理想的效果，但

---

　　①　参见林文艺《建国十七年中国国家形象的塑造与传播——以〈中国文学〉英文版革命历史题材作品的选取为例》，《福建论坛》（人文社会科学）2012年第10期。

是美国还是有着为数不多的学术性出版机构对翻译的中国当代小说有着出版的兴趣。大部分的中国现当代文学都是汉学家为学术目的而翻译的。① 美国的一些学者尤其对毛泽东时代的文学表现出"令人惊奇的重视"②，这些学者们针对这一主题出版相关论文和著作。1978 年，由美国哈佛大学出版的美籍华裔学者蔡梅曦（Tsai Meishi）编辑的第一本毛泽东时期文学的著作《当代中国长篇和短篇小说（1949—1974）》③（*Contemporary Chinese Novels and Short Stories*，1949 – 1974：*An Annotated Bibliography*），该著作以注释本文献目录的形式将毛泽东时代的小说作品编入索引。1980 年，印第安纳大学出版社出版了由美籍华人学者许芥昱（Hsu Kai-yu）和丁望（Ting Wang）合编的长达 960 页的英译本《中华人民共和国文学》④（*Literature of the People's Republic*），该著作对毛泽东时代的诗歌和小说创作做了全面的介绍，成为该时期美国对华研究的重要教材资料。随后，美国华裔学者萧风霞（Helen Siu）和塞尔达·斯特恩（Zelda Stem）出版的《毛泽东的收获：中国新一代的声音》⑤（*Mao's Harvest*：*Voices from China's New Generation*），该著作收集了毛泽东时代中国作家发表的小说、散文和诗歌，选材都是有关第一代在社会主义下成长的中国人的故事，为西方民众了解 20 世纪 70 年代的中国提供了参考。此外，美国学者林培瑞编写了《顽固的杂草：文革后的中国文学》⑥（*Stubborn Weeds*：*Popular and Controversial Chinese Literature after The Cultural Revolution*）、《人妖之间及其他小说》⑦（*People or Monsters and Other Stories*）及

① 参见 E. Kneissl，"Chinese Fiction in English Translation：The Challenges of Reaching Larger Western Audiences"，*The Journal of the World Book Community*，Vol. 18，No. 4，2007。

② 金介甫，查明建译：《中国文学（一九四九— 一九九九）的英译本出版情况述评》，《当代作家评论》2006 年第 3 期。

③ 参见 Tsai Meishi，*Contemporary Chinese Novels and Short Stories*，*1949 – 1974*：*An Annotated Bibliography*，New York：Harvard University Press，1978。

④ 参见 Hsu Kai-yu and Ting Wang，*Literature of the People's Republic*，Briminton：Indiana University Press，1980。

⑤ 参见 F. Helen Siu and Zelda Stem，*Mao's Harvest*：*Voices from China's New Generation*，New York：Harvard University Press，1981。

⑥ 参见 Perry Link，*Stubborn Weeds*：*Popular and Controversial Chinese Literature after the Cultural Revolution*，Briminton：Indiana University Press，1983。

⑦ 参见 Perry Link，*People or Monsters and Other Stories*，Briminton：Indiana University Press，1983。

《玫瑰与荆棘：中国小说百花齐放的第二次开花》① （*Roses and Thorns：The Second Blooming of the Hundred Flowers in Chinese Fiction*），这三本选集主要收录了中国 70 年代后期比较畅销的中国当代小说作品，为美国民众了解中国社会提供了一定的启发和参考，同时也使得林培瑞成为美国评介后毛泽东时期小说作品的先锋。

（三）"熊猫丛书"

1981 年，时任《中国文学》主编的杨宪益先生受到闻名世界的"企鹅丛书"的启发，倡议主持出版了"熊猫丛书"，旨在出版一系列有特色的文学选本，希望中国文学尤其是现当代文学能借助这个平台走向世界。该丛书由中国外文出版发行事业局支持翻译出版，主要用英、法两种文字将我国优秀的文学作品翻译并介绍给国外读者，共出版图书 190 多种，发行到世界上 150 多个国家和地区，译载文学作品 3200 余篇，为中国当代文学走向世界开辟了一条新渠道。《中国文学》与"熊猫丛书"几乎很长时间内成为外国了解、研究中国文学的唯一窗口。② 据统计，这一时期"熊猫丛书"出版的文学作品共计 195 种，按体裁可以分为小说、诗歌、散文、戏剧、寓言和民间传说六类，其中小说有 145 种，占总数的 74%，这其中古典小说作品有 16 种，余下的 129 种均为中国现当代小说，占丛书出版总数的 66%。③ 由此可见，"熊猫丛书"在改革开放初期以中国现当代小说为对外译介的主要内容。

1981—2000 年，"熊猫丛书"由中国最大的专业性书刊进出口公司之一的中国国际图书贸易总公司负责海外的出版发行。该公司主要通过其在美国的分公司常青图书有限公司和美国图书经销商进行海外销售。其在美国的图书经销商是以美国最大的两家代理销售商且均是在美国专门代理有关中国图书的权威机构，分别是位于加利福尼亚的中国书刊公司（China Books & Periodicals Inc.）和波士顿的剑桥公司（Cheng & Tsui Company）。美国主流图书馆、报纸杂志作为"熊猫丛书"在海外传播的

---

① 参见 Perry Link，*Roses and Thorns：The Second Blooming of the Hundred Flowers in Chinese Fiction*，Berkeley：California University Press，1984。

② 参见孙晓青《〈中国文学〉与熊猫丛书》，《小康》2010 年第 1 期。

③ 参见耿强《中国文学走出去政府模式效果探讨——以〈熊猫丛书〉为个案》，《中国比较文学》2014 年第 1 期。

主要文化场域，前者主要对丛书的传播起到重要作用，而后者在此基础上还对丛书的文学价值进行评价，在一定程度上影响着丛书的海外接受度。通过这些权威文化机构对丛书的拥有量和登载量来对中国当代小说的海外影响力进行梳理和分析，以期呈现这一时期以"熊猫丛书"为传播载体的中国当代小说在美国的译介与研究的概貌。

图书馆系统拥有某本书的数量，代表了这本书在这个国家、地区影响力的大小，这种影响力包含了思想价值、学术水平及作者的知名度、出版机构品牌等各种因素的认定。① 根据美国不同图书馆的类型和服务对象，选择了以下三类具有一定代表性的图书馆馆藏情况进行考察，分别是由美国国会支持的全球最大的美国国会图书馆（Library of Congress）、美国最大的市立公共图书馆纽约公共图书馆（The New York Public Library）及美国高等院校支持的斯沃斯莫尔学院图书馆（Swarthmore College）。美国国会图书馆在 1981 至 1989 年共收藏"熊猫丛书"中的当代小说共 22种，具体书目如下：1981 年收录的《春天里的秋天及其他》《边城及其他》，1982 年收录的《萧红小说选》《孙犁小说选》《黑鳗》《中国当代七位女作家选》《三十年代小说选》《北京的传说》《正红旗下》《王蒙小说选》，1983 年收录的《赤橙黄绿青蓝紫》《芙蓉镇》，1984 年收录的《萧乾小说选》《五十年代小说选》《郁达夫作品选》，1985 年收录的《老舍小说选》《浮屠岭及其他》《丁玲小说选》，1986 年收录的《爱，是不能忘记的》，1987 年收录的《人到中年》，1988 年收录的《流逝》，1989年收录的《中国优秀短篇小说选：1949—1989》。② 美国纽约公共图书馆在 1981 至 1989 年共收藏"熊猫丛书"中的当地小说 24 种，分别是：1981 年收录的《春天里的秋天及其他》《边城及其他》，1982 年收录的《北京的传说》《黑鳗》《李广田散文选》《三十年代小说选》《中国当代七位女作家选》《孙犁小说选》，1983 年收录的《赤橙黄绿青蓝紫》《王蒙小说选》《当代优秀小说选》《芙蓉镇》，1984 年收录的《郁达夫作品选》《萧乾小说选》《浮屠岭及其他》，1985 年收录的《老舍小说选》

① 参见何明星《中国图书海外馆藏影响力研究报告》（2016 年版），《国家图书馆学刊》2016 年第 5 期。

② 以"Panda Books"为关键词，在美国国会图书馆官网 http：//www. loc. gov /index. html 检索得出上述结果。

《绿化树》《丁玲小说选》，1986 年收录的《北京人》，1987 年收录的
《叶圣陶作品选》《茅盾作品选》，1989 年收录的《蓝屋》《村仇》《箓竹
山房》。① 隶属于美国宾夕法尼亚州被"美国新闻与世界报道"评为全美
第三大文科学院的斯沃斯莫尔学院的图书馆，在 1981 至 1989 年共收藏
"熊猫丛书" 15 种，具体书目如下：1982 年收录的《中国当代七位女作
家选》《萧红小说选》，1983 年收录的《芙蓉镇》《王蒙小说选》，1985
年收录的《丁玲小说选》《浮屠岭及其他》《老舍小说选》《绿化树》《茹
志鹃小说选》，1986 年收录的《爱，是不能忘记的》《北京人》，1987 年
收录的《爱，是不能忘记的》，1988 年收录的《流逝》，1989 年收录的
《中国优秀短篇小说选：1949—1989》《蓝屋》。②

　　报纸杂志以出版周期短、刊载速度快、数量大，成为"熊猫丛书"
在美国传播的重要载体之一，1981 至 1898 年美国报纸杂志刊登的有关丛
书的评论文章统计如下：1984 年，《中国文学：随笔、文章、评论》
（ *Chinese Literature：Essays，Articles，Reviews* ）刊载了何谷理撰写的对丛书
整体进行评论的文章《熊猫丛书翻译系列》（ *The Panda Books Translation
Series* ）；1985 年，《亚洲研究》（ *The Journal of Asian Studies* ）刊载了李欧
梵对丛书整体翻译情况撰写的评论文章《中国当代文学翻译评论》（ *Con-
temporary Chinese Literature in Translation——A Review Article* ）；1985 年，
《中国季刊》（ *The China Quarterly* ）刊载了约翰·凯利（John Cayley）对
丛书中收录的《刘绍棠中篇小说选》撰写的书评文章（"Review of Catkin
Willow Flats"）；1986 年，《纽约时报书评》（ *New York Times Book Review* ）
刊载了林培瑞对丛书中收录的《老舍小说选》《丁玲小说选》《茹志鹃小
说选》《绿化树》《浮屠岭及其他》撰写的评论文章（"Book Review of
The Panda Books"）；1986 年、1987 年，《中国季刊》刊载了贝斯·麦基
洛普（Beth McKillop）分别对丛书中收录的《当代优秀小说选》和《萧
乾小说选》撰写的书评文章（"Review of Contemporary Chinese Short Sto-
ries & Review of Chestnuts and Other Stories"）；1986 年，《中国文学：随

---

　　① 以"Panda Books"为关键词，在美国纽约公共图书馆主页网络目录 http：//
www. nypl. org /检索得出上述结果。
　　② 以"Panda Books"为关键词，在美国斯沃斯莫尔学院图书馆主页网络目录 http：//
www. Swarthmore. edu /libraries. xml 检索得出上述结果。

笔、文章、评论》刊载了梅仪慈（Yi-tsi Mei Feuerwerker）对丛书中收录的《丁玲小说选》撰写的评论文章（"Review of Miss Sophie's Diary and Other Stories"）；1987 年，《纽约时报书评》（*New York Times Book Review*）刊载了李欧梵对丛书中收录的《爱，是不能忘记的》撰写的评论文章（"Under the Thumb of Man"）；同年，《中国文学：随笔、文章、评论》继续刊载何谷理对此文撰写的评论文章；在这一年，《中国季刊》刊载了弗朗西斯·伍德（Frances Wood）对丛书中收录的《丁玲小说选》《浮屠岭及其他》撰写的书评文章（"Review of Miss Sophie's Diary and Other Stories & Review of Pagoda Ridge and Other Stories"）；1988 年，《中国季刊》继续刊载了贝斯·麦基洛普（Beth McKillop）对丛书中收录的《爱，是不能忘记的》《北京人》《梦中的天地》《鼻烟壶及其他》撰写的评论文章（"Review of Love Must Not be Forgotten, Chinese Profiles, A World of Dreams, Snuff Bottles and Other Stories"）。

以上是对美国主流图书馆和报纸杂志对"熊猫丛书"译本在美国文化场域传播的基本情况的梳理。第一，丛书的传播渠道比较狭窄。丛书在美国的销售选择的是专门销售中国文学和文化方面的图书经销商，这些经销商虽然在代理中国图书销售方面有着一定的积累和影响，但是与20 世纪 80 年代畅销美国的连锁书店"博德士"（Borders）"邦诺"（Barnes & Noble）等相比，在读者数量及感召力等方面都有着较大的差距。另外，这些专门从事中国图书销售的经销商们将中国图书的销售市场主要集中在图书馆和专业性的学术期刊，这在一定程度上限制了丛书的销售市场范围，导致丛书的阅读群体固定，大部分读者群体来自大学里的师生，或者是对中国文学感兴趣的研究者。第二，登载的报纸杂志来源比较单一。上述书评刊登的四种刊物，有三种都是由大学主办的纯学术刊物，有印第安纳大学创办的《中国文学：随笔、文章、评论》、伦敦大学创办的《中国季刊》、剑桥大学创办的《亚洲研究》，还有一种是综合性的刊物《纽约时报书评》。由这些刊物的来源可见，其读者群相对固定且数量不多。因为不是在美国文学场域得到大众读者普及的期刊，所以相应的也不可能由此而产生较大的影响。第三，评论者多为海外汉学家。上述评论者大多数都是致力于研究中国现当代文学研究的汉学家，如李欧梵、林培瑞、何谷理。这些汉学家在中国现当代文学的研究领域堪称海外一流的学者，但对于西方读者来说，西方著名文学评论者的观点有着权威性和亲近感。著名海外汉学者夏志清对此曾指出"虽然中国文学英译本能得到汉学家的积极批评，但却吸引不了那些研究欧洲文学的著名学者和批评家，假如乔治·斯坦纳（George Steiner）、约翰·厄普代克（John Updike）和格尔·维戴尔（Gore Vidal）对英译中国文学感兴趣并给予评论，中国文学对此可谓感激不尽了"①。第四，评论的内容较为正面。评论者主要从翻译质量、选材、文学价值评判三个方面来展开。20 世纪 80 年代最有代表性的评论来自汉学家何谷理、李欧梵和林培瑞。何谷理对"熊猫丛书"在 1981 至 1985 年的译本进行了整体分析和评价，尤其对杨宪益夫妇及带领的翻译团队给予了高度的赞可，称"毫无疑问，杨宪益夫妇和他们的同事所做的努力将左右英语阅读世界怎样看待中国文学，尤其是 20 世纪的中国文学，当时美国大学课堂教学提供了一个很好的选择"②。李欧梵认为丛书除受到丛书编辑人员的兴趣影响之外，还在一定程度上受到主流意识的影响，对于丛书文本选材他发出评论，"鉴于中国当代文学的持续创造力，人们更渴望看到翻译一些艺术上更出色的作家和作品，如小说家高晓声、张辛欣、陈建功，剧作家高行健和沙叶新，年轻一代的诗人顾城、北岛、舒婷、杨炼等"③。李欧梵鼓励多选择新时期作家作品对外译介，认为这些作品将给海外读者带来一股清新的空气。林培瑞除对丛书翻译质量提出更高的期待外，对丛书中收录的 5 部小说作品《老舍小说选》《丁玲小说选》《茹志鹃小说选》《绿化树》《浮屠岭及其他》的文学价值展开了评论。他认为"老舍的译者科恩在传递老舍作品的风格上面有所损失，但却努力保留了原作意象上的新鲜感；丁玲作品中带有着强烈的个性叙事色彩，大胆而犀利地揭示出被革命外衣遮蔽的性别歧视问题；读懂茹志鹃的小说需要英美读者对相关的时代背景有着一定的了解，否则难于理解作者基于现实政治困境而对自己思想的清算与反思；张贤亮的《绿化树》和古华的《浮屠岭及其他》创作

---

① C. T. Hsia, "Classical Chinese Literature: Its Reception Today as a Product of Traditional Culture", *Chinese Literature: Essays, Articles, Reviews*, Vol. 10, No. 1/2, July, 1988.

② Robert E. Hegel, "The Panda Books Translation Series", Chinese Literature: Essays, Articles, *Chinese Literature: Essays, Articles, Reviews*, Vol. 10, No. 1/2, July, 1984.

③ Leo Ou-fa Lee, "Contemporary Chinese Literature in Translation-a Review Article", *The Journal of Asian Studies*, Vol. 44, No. 3, May 1985.

模式守旧并有着过多的政治上的描写，但古华的创作中充满了湘地风情"①。值得一提的是"熊猫丛书"首次以官方的形式将我国当代的女作家作品以作品选集的方式推介到海外，即早在 1983 年对外出版发行的《中国当代七位女作家选》。这既是源自于新时期新一代女性作家的大量涌现，又是因为这些新时期女性文学给中国当代小说带来了丰富多彩的体裁和内容。西方评论者认为，"这部文集中的故事间接地告诉读者关于女性在当代中国社会中占据的位置……这些小说的描述新鲜而生动，处理的问题也是人类共同面临的问题，如爱情、婚姻、工作及情感，且明显地表现出了女性的敏感，体现了中国当代文学创作中出现的新的人文主义和真正的个人主义，叙述真实，没有这个时期中国文学常见的政治俗套，读起来十分有益，给人一种新鲜感"②。"熊猫丛书"对于新时期中国女性文学的译介，解开了中国的神秘面纱，消解了西方读者固有观念中的中国社会以男权话语为中心的社会对女性的"误解"，体现了改革开放后新时代中国女性不断提升的自我主体意识，更加吸引着美国读者在阅读中了解中国社会。

二 20 世纪末的拓展期

这一时期主要是指从我国改革开放之后的 1990 至 1999 年，我们将这一时期视为我国当代小说在美国译介传播的拓展期。经历了改革开放初期中国当代文学海外传播的探索阶段，20 世纪末后 10 年的中国文学的对外发展虽然有着一定的曲折起伏，但从艺术实践到思想观念，总体上仍呈现出较繁荣的跳跃式发展历程。再加之中美两国经历了建交初期的磨合，这一时期两国外交关系的正常化使得两国在政治、经济、科技、文化等领域的交流日益活跃，美国民众期待着对这个遥远而神秘的东方古国有更近距离的接触和更深入的了解。当代小说作为中国文学的重要组成部分，仍是这一时期文化对外输出的主要力量，且翻译出版的数量较前一时期有了较大的增长。翻译选材比前一时期也发生了较大的变化，

---

① Perry Link： "Book Review of the Panda Books", *New York Times Book Review*, July 6th, 1986.

② I. Wettenhal, " Review of Seven Contemporary Chinese Women Writers ", *China Affairs*, No. 10, 1983.

反映中国新时代特色的当代小说作品成为西方了解中国文化的主要桥梁。这一时期的当代小说在某种程度上恰好满足了美国民众的阅读期待，填补了他们的中国经验的空白。

20 世纪 90 年代末，在中国外文出版发行事业局的领导下，由中国文学出版社负责的《中国文学》及"熊猫丛书"继续焕发着文化对外输出的活力。这一时期《中国文学》对外输出的工作重点是及时、大量地译载反映新时期中国人民现实生活的当代小说作品。《中国文学》进一步扩大了选材范围，不仅包括对成名作家作品的译介，还包括一些受读者欢迎但又未得到 20 世纪 80 年代主流文学界认可的小说作家作品。从《中国文学》的改进中可见，这一时期该期刊在选材上不但遵循主流意识形态，而且更加重视读者的阅读需求。期刊放宽了作品的选材，即便是最受推崇的作家，其成名作也并非绝对会被刊物作为译介对象，最好的例证就是，2000 年上海市作家协会通过问卷调查评选出的90 年代最有影响的 10 名作家和 10 部作品，都可以从《中国文学》中找到相关这些作家的译介，但是译介的作品却不是最具影响的。[①] 20 世纪末该期刊对外译介的既有反思文学的代表作家，如谌容、从维熙、蒋子龙、高晓声、陈忠实等，也有寻根文学的主力作家如阿城、扎西达娃、贾平凹、莫言、余华、残雪等，还有新写实和其他风格的畅销作家，如刘震云、池莉、刘醒龙、迟子建、毕淑敏、毕飞宇等。对外译介的精选当代小说作品有《乔厂长上任记》、《人到中年》、《大墙下的红玉兰》、《小镇上的将军》、《月食》、《黑旗》、《班主任》、《伤痕》、《蝴蝶》、《乡场上》、《被爱情遗忘的角落》、《草原上的小路》、《弦上的梦》、《活佛的故事》、《这是一片神奇的土地》、《许茂和他的女儿们》（节译）、《李自成》（节译）、《黄河东流去》（节译）、《蒲柳人家》、《爬满青藤的木屋》、《受戒》、《寻访"画儿韩"》、《迷人的海》、《神鞭》、《绿化树》《棋王》、《祖母绿》、《烟壶》、《美食家》、《陈奂生上城》、《芙蓉镇》、《爱，是不能忘记的》、《赤橙黄绿青蓝紫》、《风景》、《烦恼人生》、《凤凰琴》、《伏羲伏羲》、《系在皮绳扣上的魂》、《沙狐》、《哦，香雪》、

---

① 参见郑晔《国家机构赞助下〈中国文学〉的对外译介》，博士学位论文，上海外国语大学，2012 年。

《鞋》、《清水里的刀子》等。① 在出版内容上，《中国文学》开始注重与欧美发达国家展开文化交流，20 世纪 90 年代末推出了"国际汉学"（SI-NOLOGY）栏目，以期从海外汉学家的角度来审视中国的文学与文化，促进中国文学与文化的外译和传播研究。在出版形式上，从 1994 年开始《中国文学》转变发行方式，采用专题的形式对外译介，每一期的主题基本都按照时代发展需求进行设置，比如 1995 年秋季，以在北京召开的世界妇女大会为契机，该刊编辑出版了"女作家女艺术家专号"，译载了吴宗蕙的《各具特色的女性文学新作》、何国立的《艺术中的她们和她们的艺术》等；1995 年秋季，为纪念反法西斯胜利 50 周年，该刊编辑出版了"抗战文学作品专号"；还有为庆祝香港回归而特别设计的"香港文学专号"。这些出版主题契合时代发展的步伐，为海外读者呈现出更加清晰、集中的中国当代文学发展脉络。

　　这一时期"熊猫丛书"系列的文学体裁仍然主要是小说，出版对象以新时期当代作家作品为主，主要有茹志鹃、陆文夫、王蒙、蒋子龙、谌容、宗璞、张贤亮、张承志、梁晓声、邓友梅、古华、汪曾祺、高晓声、王安忆、冯骥才、贾平凹、张洁、韩少功、方方、池莉、铁凝、刘恒、扎西达娃、刘震云、周大新、阿成、刘醒龙、史铁生、程乃珊、陈建功等。② 此外，"熊猫丛书"对于反映中国文学新风貌的中国当代女性作家给予持续的关注，继续推出了大型系列女性文学选集《中国当代女作家作品选》（*Contemporary Chinese Women Writers*）。于 1991 年出版发行的《中国当代女作家作品选》共收录了我国 27 位新时期女作家的 35 篇小说作品，有茹志鹃的《百合花及其他》、谌容的《人到中年》、王安忆的《流逝》、池莉的《不谈爱情》、铁凝的《麦秸垛》、陆星儿的《达紫香悄悄地开了》、迟子建的《原野上的羊群》、程乃珊的《蓝屋》、张洁的《爱，是不能忘记的》、张辛欣和桑晔的《北京人》等。这部新时期女性文学选集得到了海外的格外瞩目，小说家及女性主义者瓦莱丽·麦娜（Valerie Miner）感叹道："我为中国女性作家面对国家写作和女性态度的诸多变化，而表现出的坚韧和勇气惊讶不已。我作为一名小说家投身于国际女性运动，而当我读到中国女性作家的小说时尤为激动，因为它们

---

① 参见徐慎贵《〈中国文学〉对外传播的历史贡献》，《对外大传播》2007 年第 8 期。
② 参见徐慎贵《中国文学出版社熊猫丛书简况》，《青山在》2005 年第 4 期。

体现了在政治意识和艺术卓越之间的平衡，在社会语境下描写个体的经验，并用一种生活实践的和文学化的方式表现种族、阶级和性别。"① 这些小说作品以女性作家独特的视角来书写中国现当代历史、社会和文化的发展，这些女性作品不但是我国改革开放后对文学创作不断向前推进的例证，而且较好的丰富了我国当代小说在海外翻译传播的素材，同时也给西方读者了解中国女性的生存状态打开了一扇窗口。

　　20 世纪末，《中国文学》和"熊猫丛书"的译者在前一时期的基础上，更加注重对优秀翻译工作者的吸纳，特别是对海外汉学家及专业译者的聘请。相对上一期间，这些海外译者们翻译的译本数量更多、译本选择的题材更为广泛，大部分的译者多为汉学家并在海外知名大学任职，他们更加关注的是现实主义创作手法的中国当代文学，所翻译的小说作品也被大量地刊载，如被誉为"介绍中国当代小说第一人"的美国著名汉学家葛浩文先生翻译了《萧红小说选》(*The Selected Stories of Xiao Hong*)、端木蕻良的《红夜》(*Red Night*)、刘恒的《黑的雪》(*Black Snow*)；获得国际文学奖"桐山奖"的美国知名作家兼译者宽大卫 (David Kwan) 翻译了孙力、余小惠的《都市风流》(*Metropolis*)，益希丹增的《幸存的人》(*The Defiant*)，凌力的《少年天子》(*Son of Heaven*) 及刘恒的《伏羲伏羲》；专注中国现当代文学作品英译的澳大利亚著名汉学家、英国爱丁堡大学中国研究系访问教授杜博妮翻译了郁达夫的一系列小说作品《沉沦》(*Sink*)、《在寒风里》(*In the Cold Wind*)、《茑萝行》(*Cypress vine line*) 等；科恩 (Don J. Cohn) 是一位在中国有着丰富阅历的美国汉学家，曾在哥伦比亚学习中文，他翻译了老舍的《正红旗下》(*Beneath the Red Banner*)、张辛欣和桑晔的《北京人》(*Beijing People*)；美国译者弗莱明 (Stephen Fleming) 翻译了张承志的《黑骏马》(*The Black Steed*) 等。可见，这一时期《中国文学》及"熊猫丛书"得到了更多海外学者们的翻译支持，这一方面表明我国政府对这些向海外输出文本的翻译质量的重视，已经意识到译本的翻译质量将对海外销售、读者接受等产生较大的影响，更加注重添加海外学者的翻译力量，从而与中国官方的翻译力量形成互补，共同促进中国文学的翻译发展；另一方

---

① 　Valerie Miner, "Review：China Imagined", *The Women's Review of Books*, No. 4, 1994.

面这些海外汉学家、译者们大部分来自美国及其他西方国家，他们有着较高的文学素养，能够熟练地运用英文写作的同时谙熟中国的文化与文字，他们在翻译过程中能够较好的把握西方民众阅读习惯的同时保留中国地域特色，对中国当代小说走进美国文化场域起到较好地引导和推介作用。这一时期大部分的普通民众读者对《中国文学》的翻译质量持满意态度，而在专业读者中则呈现出两种态度：一种是认为《中国文学》的译本翻译质量高，在文本转换的翻译技巧运用上优于以往及其他来源的译本，如戴乃迭翻译的谌容的《人到中年》、张贤亮的《绿化树》、张洁的《爱，是不能忘记的》和《沉重的翅膀》等作品以"熊猫丛书"形式陆续出版后，很快被美国主流报刊《纽约邮报》《巴尔的摩太阳报》《华盛顿新闻报》进行评介和转载。其中《纽约邮报》对戴乃迭翻译的《人到中年》给予高度评价"一个优秀的中国现代作家连同他杰出的作品通过戴乃迭坦率而流畅的译笔被推介到了世界文坛……戴乃迭在译作中较好的彰显了异质文化，使中国文化以一种独立的姿态屹立于世界文化之林"①。美国华裔学者李欧梵教授在《亚洲研究》（The Journal of Asian Studies）中发表了《当代中国文学翻译回顾》（Contemporary Chinese Literature in Translation-A Review Article）一文，在文中他肯定了《中国文学》是译介中国文学的先驱者，高度赞扬杨宪益夫妇和沙博理的译文。②另外，也有美国少数的中国当代文学译者和研究者对这些翻译成英文的中国文学作品颇有微词，其中美国汉学家金介甫虽然肯定"熊猫丛书"让一些中国作家获得了国际性的声誉，如古华、高晓声、陆文夫、谌容、邓友梅等，但他也指出，"20 世纪 90 年代初，'熊猫丛书'追赶潮流，选择翻译了新潮作家作品，但由于官文译本的制定，对译文的有意删削郑义和刘恒的作品以配合影视剧本的长度和情节上的简洁……葛浩文的译文挽救了刘恒这位青年作家在海外的声誉"③。这在一定程度上也反映了中国当代文学的对外翻译既要考虑翻译规范、翻译策

① Stephen Owen, "Gladys B. Tayler and Her Translation World", *New York Post*, Sep tember 26th, 1996.

② 参见 Leo Ou-fa Lee, "Contemporary Chinese Literature in Translation-A Review Article", *The Journal of Asian Studies*, Vol. 44, No. 3, 1990。

③ David Der-wei Wang and Jeanne Tai, *Running Wild*：*New Chinese Writers*, New York：Columbia University Press, 1994, p. 259.

略、翻译水平的问题，也要考虑西方读者的阅读习惯和中西方读者接受差异的影响。

在这一时期，除以官方作为主要对外译介的《中国文学》和"熊猫丛书"外，一些美国出版商们开始关注中国现当代文学的海外传播，中国文学一时间在美国图书市场渐渐"热"了起来。在这场热潮中，美国最大的几家知名大学出版社和权威商业出版社积极地参与了中国当代小说作品的海外翻译，纷纷以单行本或合集的形式出版这些翻译作品。这些小说作品通常由美国汉学家翻译，由美国出版机构出版发行，加快了中国当代小说在英语世界的传播速度。隶属于美国知名高等院校的出版社主要采取的是由出版社支持美国学者直接翻译相关小说作品，然后由大学出版社出版发行。这些较有影响力的美国高等院校出版社常常受益于隶属知名大学的品牌效应，有效地提升了其出版图书的品牌影响力。在改革开放之初，少数知名出版社就已将目光投向了一些较有影响力的中国当代小说作品上，如隶属有着悠久建校史的美国著名公立型研究大学印第安纳大学的印第安纳大学出版社，在 1980 年分别出版了由珍妮珍·凯莱（Jeanne Kelly）和茅国权（Nathan Mao）合译的钱锺书的《围城》，葛浩文和杨爱伦（Ellen Yeung）翻译的萧红的《呼兰河传》（*The Story of Hulan River*）；还有隶属于 1965 年建校，被誉为最有发展性大学的美国夏威夷大学的夏威夷大学出版社在 1979 年出版了由约翰·詹姆斯（Jean M. James）翻译的老舍的《骆驼祥子》（*Rickshaw*）。随着中国文学在海外影响力的逐步扩大，越来越多的海外出版社将目光投向中国市场，如成立于 1866 年的全球三大巨头出版社之一的麦克米伦出版有限公司的子公司美国亨利·霍尔特出版公司在 1997 年出版了残雪的短篇小说集《绣花鞋》，曾获得出版领域全球重要奖项——IFLA/Brill 开放获取奖并隶属于世界顶级的研究型大学美国杜克大学的杜克大学出版社在 1998 年出版了余华的中篇小说《一九八六年》，成立于 1936 年的美国纽约著名的综合性出版社新方向出版社在 1992 年出版了王安忆的中篇小说《锦绣谷之恋》等。此外，还有权威出版商如美国万神殿出版社，安佳出版社，维京出版社及知名大学出版社，如哈佛大学出版社、哥伦比亚大学出版社、西北大学出版社、耶鲁大学出版社、美国罗切斯特大学公开信出版社等，都为中国当代小说作家作品在海外的传播提供了有效的渠道。另外，在这一时期美国一些著名的商业出版社在对中国文学的海外推介中也发挥了不可忽视的作用，如美国第二大商业商西蒙和舒斯特公司（Simon & Schuster Ltd.）出版了老舍、茅盾、巴金和丁玲的小说作品，美国全球性出版公司约翰·威利父子公司（John Wiley & Son，Inc.）出版了北岛、王安忆和张洁等人的小说作品，世界最著名的英语图书出版商企鹅出版集团出版的重点则是因电影而在美国获得较高声誉的莫言和苏童的小说作品。这种翻译热潮从20世纪80年代开始并未一直持续到20世纪末，从美国俄亥俄州大学的中国现代文学与文化资源中心的数据库和美国图书销售交易协会（The American Association for Book Sales and Transactions）的数据库资料中可见，尽管中美两国在经济、文化、科技领域的合作日益增进，但是中国当代小说作品的英语翻译在20世纪90年代中期以后一直处于相对较为低迷的状态。哥伦比亚大学著名汉学家、翻译家杜迈克（Michael S. Duck）将此种现象产生的主要原因归结为"译者的本身和翻译作品的文学水平有着一定的欠缺。译者将原文过于频繁的分段打乱了叙述的节奏，在增加译文的可接受性的同时却忽略了语言的地道和流畅方面的问题"①。这样的翻译批评也多次被汉学家提及和分析，并在全球的汉学界普遍存在，而并非仅仅局限于美国。

随着越来越多的当代小说作品走出国门，也吸引着美国越来越多的汉学家对此展开文本梳理和翻译研究。单德兴认为"选集为了证明本身的正当性甚至是权威性，多少都会说明编辑原则或选择标准，并与选录的文本相互参照及印证，甚至宣告一种开始"②。这些致力于中国现当代文学研究的汉学家将中国当代小说中的优秀成品编成选集，有理有力地表明了中国当代小说的存在对世界文学的意义。这些小说选集虽然在当时编选时没有统一的原则标准，所创造的文学价值也随着时间和环境的改变而发生变化，但这些小说选集对中国文学在海外发展的推动和促进作用是恒久的，某种意义上可视为中国当代小说走进美国文学场域的宣言。1991年，由美国夏普出版社出版的哥伦比亚大学著名汉学家、翻译

---

① Michael S. Duck，"Research into Translation as a Specialism：An Analysis and Recommendations"，*The Journal of Specialised Translation*，Vol. 12，No. 8，1998.

② 单德兴：《创造传统——文学选集与华裔美国文学》，麦田出版社2000年版，第246页。

家杜迈克编选的《现代中国的小说世界》①（Worlds of Modern Chinese Fiction：Short Stories and Novellas from the People Republic，Taiwan and Hongkong）共收录了 25 篇中国当代短篇小说，这些小说作品既有传统现实主义风格的，如乔典运的《无字碑》、陈映珍的《山路》，也有采用了象征、梦幻、意识流等现代派叙事技巧的，如残雪的《山上的小屋》、韩少功的《蓝盖子》等。1994 年，由哥伦比亚大学出版社出版，曾任哈佛大学东亚语言研究文化系教授王德威和戴静（Wang David Der-wei and Jeanne Tai）编选的《狂奔：新一代中国作家》②（Running Wild：New Chinese Writers）收入了 20 世纪 80 年代末 90 年代初出版的 14 篇中国当代小说的英译本，有莫言的《神嫖》、余华的《现实一种》、杨炼的《神话》、杨照的《我们的童年》等小说作品。王德威在"后记"中说，本选集"旨在提供一个崭新的中国形象，这个中国不再仅是地理意义和意识形态意义上的中国，而是一个同外界有文化交融、体现出共同的文学想象的中国……以前的中国现代文学选集太局限于地域，现在的中国正向世界敞开胸怀，再以旧的地缘政治视角看待中国的文学，已显得不合时宜"③；1995 年由哥伦比亚大学出版社出版，有着海外高等院校丰富任教经历的刘绍铭和美国汉学家葛浩文主编的《哥伦比亚中国现当代文学作品选集》④（The Columbia Anthology of Modern Chinese Literature）成为中国第一部现代作家和作品的综合性英译选集。该选集共有 82 位作家入选，时间跨度为 1918 至 1992 年，收录了小说、诗歌、散文共 148 篇。入选的小说作家共 21 人，其中大陆作家 12 人，分别是汪曾祺、乔典运、王蒙、李锐、残雪、韩少功、陈村、刘恒、莫言、铁凝、余华和苏童。该选集成为美国读者接触、了解中国现代文学的重要窗口，后来成为美国多所大学进行 20 世纪中国文学教学的典范教材。1995 年由美国格罗夫出版公司

---

① 参见 Michael S. Duke，*Worlds of Modern Chinese Fiction：Short Stories and Novellas from the People Republic*，*Taiwan and Hongkong*，Armonk，New York：M. E. Sharpe，1991。

② 参见 Wang David Der-wei and Jeanne Tai，*Running Wild：New Chinese Writers*，New York：Columbia University Press，1994。

③ Wang David Der-wei and Jeanne Tai，*Running Wild：New Chinese Writers*，New York：Columbia University Press，1994，p. 259.

④ 参见 Lau Joseph S. M. and Howard Goldblatt，*The Columbia Anthology of Modern Chinese Literature*，New York：Columbia University Press，1995。

出版，葛浩文编选的首部中国当代短篇小说译文集《毛主席会不高兴的：今日中国小说》①收录了中国新时期 20 位作家的小说作品。1997 年由哥伦比亚大学出版社出版的，汉学家杜博妮和雷金庆编写的《二十世纪中国文学》②（*The Literature of China in Twentieth Century*），分别介绍了中国的小说、诗和戏剧三个领域内的代表性作家作品。入选的新时期小说作家主要有汪曾祺、高晓声、邓友梅、刘绍棠、浩然、王蒙、谌容、张贤亮、张洁、蒋子龙、冯骥才、刘心武、郑万隆、赵振开、阿成、孔捷生、贾平凹、王安忆、刘索拉、王朔等。该著作对中国文学作品的英译进行了深入的理论阐释，为中国文学作品的英译研究提供了重要的参考。

三 21 世纪以来的鼎盛期

2000 年之后，中国当代小说在美国进入了译介研究的鼎盛时期。这一时期，当代小说在美国的出版数量翻倍，译作的题材更加多元化，反映中国当代都市生活的小说受到越来越多的海外关注。曾是中国现当代文学对外传播金字招牌的《中国文学》杂志由于各种原因于 2001 年骤然停刊，随后中国文学出版社也被撤销。外文出版社继承了"熊猫丛书"的编译，该丛书同样遭遇了翻译出版的寒冬，但是《中国文学》杂志的停刊、"熊猫丛书"的举步维艰并没有放慢中国当代小说在美国传播的脚步。进入 21 世纪，国家十分重视中国文学和文化"走出去"战略，积极鼓励采取多种渠道将中国文学推向世界。因此，21 世纪以来中国当代小说正在以更加宽广的渠道，更加多样化的形式，加快中国文学走向世界的脚步，同时也使美国等西方国家对中国文学翻译研究的热情不断升高。

进入 21 世纪，中国政府先后推出一系列对外翻译出版资助工程和计划。2001 年，由北京师范大学文学院与美国俄克拉荷马大学共同申请的"中国文学海外传播"工程在北京师范大学举行了启动仪式。该工程计划 3 年内出版 10 卷《今日中国文学》英译丛书、在美国创办

---

① 参见 Howard Goldblatt, *Chairman Mao Would Not Be Amused：Fiction from Today's China*, New York：Columbia University Press，1994。

② 参见 Bonnie S. McDougall and Kam Louie, *The Literature of China in Twentieth Century*，New York：Columbia University Press，1997。

《今日中国文学》（*Chinese Literature Today*）、定期召开中国文学海外传播国际学术研讨会等，这为 21 世纪中国文学在海外传播工程正式拉开了序幕。2005 年，国务院新闻办推出"中国图书对外推广计划"（CBI）一直持续至今，利用书展、媒体、网站、杂志等各种渠道向国内外出版机构介绍推荐图书，并建立了"中国图书对外推广计划"网站（www. chinabookinternational. cn），国外出版机构通过购买或获赠国内出版机构版权获得翻译费资助，这一优惠政策吸引了不少海外出版商，如总部位于纽约的全球最大的英文书籍出版商之一的哈珀柯林斯出版集团（Harper Collins）计划在 5 年内陆续将中国 50 部现当代小说精品引入美国。2006 年中国作家协会推出"中国当代文学百部精品译介工程"，力争 5 年内向世界译介 100 部优秀当代文学作品，旨在"通过这一工程，推动中国文学走向世界，展现中国人民美好心灵，向世界展示中国文学的艺术成就，树立中华民族的崭新形象"①。2009 年 7 月，以孔子学院为平台，北京师范大学文学院与美国俄克拉荷马大学再次共同申请了"中国文学海外传播工程"项目，该项目以深厚的学术底蕴和丰富的学术资源为后盾，加快了中国文学在海外传播的国际步伐。时任北京师范大学文学院院长张健称："此项目获批有非常重要的意义，它将承担起展示中国文学文化风采、建构世界文学中的中国形象和沟通国内外中国文化研究的重任，促使中国文化的影响力真正深植到英语世界中。"② 2010 年，全国哲学社会科学规划办设了"中华学术外译项目"，该项目从设立起每年评审一次，一直持续至今，项目经费主要用于对外传播中国文学作品的研究、翻译和出版。这些文学对外推广项目为中国当代小说在海外的翻译传播提供了一个坚实的平台，进一步向世界展示了当代中国的文化自信。

新世纪在中美文化深入交流的推动下及中国文化"走出去"战略的实施，加之 2012 年莫言获得的诺贝尔文学奖吸引了越来越多的海外研究者对中国文学的研究兴趣。美国作为中国当代小说在海外译介研究的主

---

① 《中国作协力推百部精品译介工程》2006 年 11 月，新华社，http：//news. sina. com. cn/c/2006 - 11 - 12/012811488174. shtml。

② 《北京师范大学文学院"中国文学海外传播工程"获准国家汉办立项》2009 年 12 月，知网，https：//www. sinoss. net/2009/1225/17181. html。

要阵地，这一时期的海外翻译研究者主要以汉学家和华裔学者为主。新一代的美国汉学家出众的英文表达及独特的英汉双语文化背景，使他们成了理想的中国当代小说对外翻译的中坚力量，有中国现当代文学研究专家葛浩文、金介甫、白睿文、陶忘机等。通过翻译出版多位作家的小说合集为美国民众多方面了解中国文学提供了一个"文化拼盘"。2006 年由穆爱丽、赵苿莉和葛浩文合编的《喧闹的麻雀：中国当代小小说选》①（*Loud Sparrows*：*Contemporary Chinese Short-Shorts*），共收入了60 多位作家的 91 篇小说作品，主要作家有王蒙、汪曾祺、林斤澜、莫言、曹乃谦、陈克华、钟玲等。该小说选分成了 15 个主题向西方民众打开一扇了解现实中国社会的窗口，小说涉及的主题有日常装扮、生活变迁、人事浮动、人生如戏、七嘴八舌、挽歌、希冀与期盼等。2002 年卡罗林·乔（Carolyn Choa）和苏立群（David Su Li-qun）编选的《中国当代小说精选》②（*The Vintage Book of Contemporary Chinese Fiction*），收入了 20 世纪最后 20 年的 21 部小说作品，有苏童的《樱桃》、程乃珊的《洪太太》、王安忆的《小院琐记》、刘心武的《黑墙》、邓友梅的《寻访"画儿韩"》、毕淑敏的《一厘米》、周立波的《山那边人家》等。除多人合集的对外译介外，美国在这一时期还翻译出版了一些当代小说作家的个人文集和小说单行本。莫言、残雪、余华、苏童、王安忆、王蒙、贾平凹、韩少功等作家作品在美国都得到大量的译介，他们作为新时期中国当代小说在美国译介传播的重要代表，对于扩大中国文学在海外的影响力具有一定的促进作用。在这一时期，海外华人学者也是中国当代小说在美国翻译研究的生力军。这些海外学者有夏志清、王德威、赵毅衡、张旭东、张英进、王斑、王晶、吕彤邻、钟雪萍、蔡荣等。美国哈佛大学东亚语言与文学系教授、知名汉学家王德威从不同视角对中国现当代文学进行了深入的探讨并著有十多部重要的相关专著。其中和中国新时期文学密切相关的，也是其作品中最有名的是 2002 年出版的是《当代小说二十家》③（*In to*

---

① 参见 Aili Mu，Julie Chiu and Howard Goldblatt，*Loud Sparrows*：*Contemporary Chinese Short-Shorts*，New York：Columbia University Press，2006。

② 参见 Carolyn Choa and David Su Li-qun，*The Vintage Book of Contemporary Chinese Fiction*，New York：Vintage Books，2002。

③ 参见 David Der-wei Wang，*In to the Millennium*：*20 Contemporary Chinese Fiction Writers*，Beijing：SDX Joint Publishing Company，2002。

the Millennium：20 *Contemporary Chinese Fiction Writers*）。该作品选取了当代小说作家阿成、王安忆、李锐、苏童、莫言、余华、叶兆言等。获得美国加州伯克利大学博士学位、曾经任职于美国加州伯克利大学东亚文学系的赵毅衡教授，对中国文学研究的成果丰硕，其中为中国新时期小说作品在海外传播作出重要贡献的是 1995 年出版的《迷舟：中国先锋小说选》①，该选集收录的短篇小说有马原的《错误》、杨争光的《干沟》，收录的中篇小说有格非的《迷舟》、马原的《虚构》、余华的《现实一种》等。现任美国麻省理工学院外国语言文学系教授王晶于 1998 年出版的《中国先锋小说选》②，收录了 7 位先锋小说作家作品，有格非的《追忆乌攸先生》《青黄》、余华的《西北风呼啸的中午》《一九六八》《此文献给少女杨柳》、苏童的《飞越我的枫杨树故乡》《水神诞生》《舒家兄弟》、残雪的《山上的小屋》、孙甘露的《我是少年酒坛子》、马原的《叠字鹧的三种方法》《神游》和北村的《褐色鸟群》共 14 篇小说作品。这些海外华裔学者以其自身对英语语言的熟练运用加之长期置身于西方社会，对西方文学场域先进理念熟知，他们编选的海外小说选与国内对中国当代文学的翻译研究形成互补，同时也为中国当代小说在美国的翻译提供了风向标。

由此可见，近些年中国当代小说在美国的翻译研究趋于活跃，主要得益于以下四个方面：一是中国经济的快速崛起，加快了中国的国际化进程，美国和其他国家从各方面开始积极与中国接轨，文学也不例外；二是中国政府出台的各种对外翻译出版资助计划、工程，对促进中国当代小说对外翻译事业的发展起到了至关重要的推动作用；三是中国当代作家莫言获得了诺贝尔文学奖及其他文学作家相继获得了多项国际文学奖项，提高了中国作家在世界文学舞台的国际知名度，同时也吸引了更多西方读者的阅读兴趣；四是出版业的国际化和商业化趋势，使图书译介的参与者和影响因素更为广泛和复杂，但同时也有助于提高对外输出文本的选择和翻译质量的提高。

---

① 参见 Henry Zhao，*The Lost Boat*：*Avant-Garde Fiction from China*，London：Wellsweep，1995。

② 参见 Wang Jing，*China's Avant-Grade Fiction*：*An Anthology*，Durham，NC：Duke University Press，1998。

第二节 中国当代小说在美国研究的独特路径

综上所述，对中华人民共和国成立以来我国当代小说在美国的译介情况做了一个回顾梳理，我们可以看到中国当代小说作品作为中美文化交流的重要纽带，在不同的历史时期有着不同的翻译输出的重点。比较文学大师、荷兰著名汉学家，同时也是中国比较文学和文学理论的研究家杜威·佛克马（Douwe W. Fokkema）曾指出："中国人在历经数载文化隔绝后，世界对中国文学的比较研究和理论研究的兴趣是预示人类复兴和人类自我弥补的潜力的最有希望的征兆之一。它给那些生活在高度工业化的富裕社会的人们和所有那些担心技术竞争和剥削的浪潮及由此而产生的文化荒芜现象无法被制止的人们带来了希望。"[1] 的确，从美国汉学界 20 世纪 50 年代对中国当代小说的研究开始，中国当代小说作为中国文化重要积淀的文学形式，其反映出的文学审美主旨和普通中国人的生活风貌，受到越来越多的美国文学读者、研究者的关注。再加之中华人民共和国成立后中国经济的快速发展，以及中美正式建交，都使得在中国当代文学的考察研究中来了解中国社会的文化和政治成了一种必然。20 世纪 60 年代初美国哥伦比亚大学最先设立了中国现当代文学教授的职位，同时各大高等院校纷纷建立中国文学的研究机构。一方面，表明美国汉学界对中国现当代文学研究的正视与承认；另一方面，也标志着美国对中国现当代文学的研究步入了新的高度和层面。美国汉学界对中国当代小说的研究呈现出的独特的研究视角、研究方法和解读范式，形成了中国当代小说在美国研究的独特路径。

一 后现代主义视角下的批评实践

后现代主义理论发展于 20 世纪中后期，是描述艺术中的后现代主义运动，反对以特定方式继承固有或者既定的理念，常常对文化、文学、艺术、哲学和文学批评持怀疑态度的诠释。其中以雅克·拉康（Jacques

---

[1] 乐黛云、王宁：《西方文艺思潮与二十世纪中国文学》，中国社会科学出版社 1990 年版，第 1 页。

Lacan）的自我精神分析理论和雅克·德里达（Jacques Derrida）的文本解构最具影响力。该理论自 20 世纪 80 年代在美国流行，被广泛应用于各种学术和理论学科，后来对中国当代小说在美国的研究产生了深刻的影响。在这种思潮的影响下，来自美国的研究者大多认为现代性、革命等"宏大叙事"在其线性的目的论叙事中忽略了历史经验的多样性，压抑遮蔽了历史拥有的多种选择机会。因此他们强调对差异、"被压抑的声音"和"多种现代性"的探索。① 后现代主义使原本独立的学科之间产生了一种相互关联的新的语言或话语，这种语言或话语主要以文学研究为中心，具有一定的解释力及互文性，它超越了文学的引文、借用、模仿和重写等传统概念。

王德威教授在《被压抑的现代性——晚清小说中被压抑的现代性》（*Fin-de-siecle Splendor：Repressed Modernities of Late Qing Fiction*，1849 - 1911）一书中对上述观点"被压抑现代性"进行了重点阐述。他将晚清小说视为特定历史时期的一定文化主导的表现和产物，在晚清小说的解构中重读中国当代小说作品。王德威教授认为"文学分期论中现代与传统的人为的区分、新与旧的表面的断裂应得到重审，中国文学的现代性并不应在单一的程式下只为精英的作家与读者发声，亦不在某一被恩准的历史时刻随物赋形，而只是一种历史性的重新定位，它持续不断地让我们从旧的形式中提炼新的形式，从先锋作品里见证传统的成分"②。王德威在这种将文学和文化现象视为语言结构文本的形式分析中，为中国当代文学提出了新的批评维度。美国密西西比大学现代语言系中国语言文学教授杨小滨的《中国后现代主义：中国先锋小说中的精神创伤与反讽》③（*The Chinese Postmodern：Trauma and Irony in Chinese Avant-Garde Fiction*）一书则是从后现代主义角度对当今中国先锋小说的开创性研究，从文化和文学后现代的角度探讨了诸如残雪、葛非、马元、莫言、徐小河、余华等主要当代小说作家的作品。着眼于历史心理学与表现模式之

① 参见 Steven Best and Douglas Kellner, *Postmodern Theory：Critical Interrogations*, Basingstoke, Macmilan, 1991。

② David Der-wei Wang, *Fin - de - siecle Splendor：Repressed Modernities of Late Qing Fiction*, *1849 - 1911*, Stanford：Stanford University Press, 1997, p. 102.

③ 参见 Yang Xiao bin, *The Chinese Postmodern：Trauma and Irony in Chinese Avant-Garde Fiction*, Michigan：University of Michigan Press, 2002。

间的相互作用，以及政治话语与文学修辞之间的相互作用，探讨了在 20 世纪中国文化与政治现实背景下的中国先锋小说的后现代性问题。还探讨了有关文学理论的其他问题，包括后现代性与极权主义话语之间的关系、历史创伤与文学创作之间的关系，以及精神创伤与修辞讽刺之间的关系，为中国当代文学在海外的研究提升了新视角。

解构主义作为后现代主义的一个基本特征，通常被认为是"涉及文本的细读，以证明任何指定的文本不是一个统一的整体，而是具有不可调和的矛盾意义"①。王德威的第一本专著《20 世纪中国的虚构现实主义：茅盾、老舍、沈从文》（*Fictional Realism in Twentieth-century China*，*Mao Dun*，*Lao She*，*Shen Congwen*）就是运用解构主义挑战官方认可的处于霸权地位的现实主义文学一元话语的典范。王德威重新诠释了继鲁迅之后的被认为代表着中国现实主义全盛时期的最具影响力的三位小说作家——茅盾、老舍和沈从文的文学风格，解构了中国当代小说创作中单一的现实主义话语。以老舍的小说为例，王德威认为"老舍的创作并没有忠实地再现现实，而是沉湎于跌宕起伏的情感和华丽辞藻的描述，仅以夸张或滑稽的文学手法揭示中国现实社会的荒谬性"②。

"性别"作为文学分析的一个范畴，在后现代主义话语中被重新定义，使其成为具有三个新内涵的词汇：第一，"性别"是指作为女性或男性的生物身份；第二，"性别"是指个人的取向、偏好和行为的总和；第三，"性别"一般还可指对一个生物学事实的文化反思。引申而言，"性别"作为术语将男性和女性表示为具有同一性的文化特征。美国汉学界在将"性别"这一术语引入学术研究领域并演变成一个文学分析范畴的过程中作出了重要贡献。后现代主义使得美国对中国当代小说的文学批判视角发生了根本的转变，其核心是对以往在文化或文学传统中被忽视或看不见的东西的展望。后现代主义对中国当代小说在美国研究引入的一个最重要的新主题是女性作家作品的研究，研究者们将其视为文化或文学体系中探索逻辑和语言修辞的新媒介，这一范畴在文学研究领域的

①　Xiaoping Wang, "Three Trends in Recent Studies of Modern Chinese Literature and Culture", *China Perspectives*, No. 4, 2009.

②　David Wang, *Fictional Realism in Twentieth - century China*, *Mao Dun*, *Lao She*, *Shen Congwen*, New York：Columbia University Press, 1992, p. 15.

引进和运用是美国对中国当代小说研究走向成熟的标志。

美国汉学界对中国当代女性小说作家作品的研究数量在过去的 10 年稳步增加。美国莱斯大学东亚研究系中国文学教授塔尼·巴洛 （Tani Barlow）教授，同时也是布里尔出版公司"中国女性与性别研究"系列的编辑，她在由杜克大学出版社出版的《现代中国的性别政治：写作与女权主义》① （In Gender Politics in Modern China：Writing and Feminism） 一书中探讨了性别与现代性的关系问题及对中国性别平等的争论。该书以采访的形式，从对半殖民地中国的性别写作到现代女性作家残雪、王安忆、张洁的创作展开叙述，从中折射出政治家建构性别概念的程度。美国塔夫茨大学德语、俄语及亚洲语言文学系的钟雪萍教授撰写的《被围困的男性气质？20 世纪末中国文学的现代性和男性主体》② （Masulinity Besieged？ Issues of Modernity and Male Subjectivity in Chinese Literature of the Late Twentieth Century），着眼于 20 世纪 80 年代创作的中国文学，通过分析当代中国的男性主体性来彰显中国文学作品中的女性的话语建构，以女权主义的精神分析为视角，系统分析了当代小说作家张贤亮、韩少功、余华、王朔、莫言等作品的男性主体意识与中国文学现代性之间的关系，形成了以性别研究为特色的中国当代文学研究，这对海外关注新时期中国文学的性别研究提供了较高的文学价值。此外，曾在美国多所大学任教的吕彤邻教授的《20 世纪中国文学和社会中的性别与性》③ （Gender and Sexuality in Twentieth-century Chinese Literature and Society）、《厌女症、文化虚无主义和对立政治：当代中国实验小说》④ （Misogymy，Cultural Nihilism & Oppositional Politics：Contemporary Chinese Experimental Fiction）两部著作都以女权主义的角度分别对中国当代文学中的性别意识形态和实验小说进行了研究，它集中在对鲁迅、莫言、残雪、扎西达娃、苏童、

---

① 参见 Tani Barlow，*In Gender Politics in Modern China：Writing and Feminism*，Durham，NC：Duke University Press，1993。

② 参见 Zhong Xueping，*Masulinity Besieged？ Issues of Modernity and Male Subjectivity in Chinese Literature of the Late Twentieth Century*，Durham，NC：Duke University Press，2000。

③ 参见 Lv Tonglin，*Gender and Sexuality in Twentieth-century Chinese Literature and Society*，New York：State University of New York Press，1993。

④ 参见 Lv Tonglin，*Misogymy，Cultural Nihilism & Oppositional Politics：Contemporary Chinese Experimental Fiction*，Stanford：Stanford University Press，1995。

余华6位作家创作中的女性意识和男性气质的解读。由此可见，越来越多美国学者对中国当代小说的研究开始逐步转向曾被他们低估了的，代表着中国当代文学经典的女性话语的研究，这在促进中外文化交流的同时，也为美国读者及世界文学场域呈现出更加完整的中国当代文学的全貌。

二 文化生产场域视角下的批评实践

法国具有世界影响的社会学家布迪厄（Pierre Bourdier）认为社会被划分为各种不同的领域或实践的"场域"，如艺术、教育、宗教、法律等，每个领域都有自己独特的规则、知识和资本形式。布迪厄的核心贡献就是将这些文化生活和生产置于"场域"的理念之下。他所提出的"文化生产场域"理论将文化领域视为不同（文化、政治）资本持有者角斗的场域空间，他主张从场域内结构性关系的视角研究文化和符号生产，注重文化生产的历史轨迹和生成语境。[1] 可见，对于文学研究来说，"文化生产场域"不单是对文本或语境的研究，更是将文本置于一定的文化语境下，这可以有效地避免文本与语境的对立，同时也避免了局限于文本性或互文性研究的解构式形式主义。因此，布迪厄对于探索当代文学话语体系的创新发展有着一定的启发意义，近年来这种研究范式受到美国学界的广泛关注，越来越多的学者将中国当代小说作品与特定的政治环境、文化场域相关联开展研究。

早在40多年前，李欧梵教授就已注意到这一文学活动的结构性背景，在其专著《现代中国作家的浪漫一代》[2]（*The Romantic Generation of Modern Chinese Writers*）中描写了西方浪漫主义波及下的中国文坛，注重文学主体性和对当事作家的精神分析。在他对文化场域和在其中的职业作家们的活动的描述中，已经预示着"作家的角色和文学职能共同构成一种文化体制"[3] 的看法，这在今天已经成为一种共识。这种研究范式随

---

[1] 王晓平：《中国现当代文学和文化研究在美国》，《厦门大学学报》（哲学社会科学版）2013年第2期。

[2] 参见 Leo Ou-fa Lee，*The Romantic Generation of Modern Chinese Writers*，Cambridge，Mass：Harvard University Press，1973。

[3] Wang Xiaoping，"Three Trends in Recent Studies of Modern Chinese Literature and Culture"，*China Perspectives*，No. 4，2009.

后在普林斯顿大学林培瑞教授所著的《玫瑰与荆棘：中国小说百花齐放的第二次开花》①（*Roses And Thorns：The Second Blooming of The Hundred Flowers in Chinese Fiction*）、美国斯坦福大学东亚语言与比较文学系教授王斑撰写的《历史的崇高形象：20 世纪中国的美学与政治》②（*The Sublime Figure of History：Aesthetics and Politics in Twentieth Century China*）中都得以继续关注，研究者们分别以中华人民共和国成立初期的社会和体制语境及新时期文化建制语境来展开分析，推动小说文本与语境研究的真正融合。

21 世纪伴随着新媒体时代的到来，学术疆界不断拓宽、学术路径不断多元化，中国当代小说在美国的研究也随着时代的发展呈现出跨学科的发展趋势。这一时期美国汉学界将中国当代小说研究与电影、种族、生态、历史等紧密接轨，使美国的中国当代文学的研究范围不断地扩大。纽约大学比较文学与东亚研究系教授张旭东的《改革时代的中欧现代主义：文化热、先锋小说和现中国电影》③（*Chinese Modernism in the Era of Reforms：Cultural Fever，Avant-Grade Fiction，and New Chinese Cinema*）批判性地解读中国文学、电影和知识话语的各种“新浪潮”，重视新时代中国文学和文化风格的意识形态。这既为改革开放后的中国现代主义提供了历史叙述，又对新时期中国的文化视野和经验进行了批判性分析。美国哥伦比亚大学东亚语言文化系刘禾教授的《跨语际实践》④（*Translingual Practice*）是对近代中国在与欧洲、日本等多国语言和文学的交流碰撞中产生、传播的研究和获得合法性的新词、语义、话语表现范式的过程研究，并在这一背景下重新审视中国现当代文学的发展变化。此外，还有学者从新媒介视角来展开研究，有美国加州大学圣地亚哥分校中国研究中心主任、文学系教授张英进的《中国现代文学与电影中的城市：空

---

① 参见 Perry Link，*Roses And Thorns：The Second Blooming of the Hundred Flowers in Chinese Fiction*，Berkeley：University of California Press，1984。

② 参见 Wang Ban，*The Sublime Figure of History：Aesthetics and Politics in Twentieth Century China*，Stanford：Stanford University Press，1997。

③ 参见 Zhang Xudong，*Chinese Modernism in the Era of Reforms：Cultural Fever，Avant-Grade Fiction，and New Chinese Cinema*，Durham，NC：Duke University Press，1996。

④ 参见 Liu He，*Translingual Practice*，Stanford：Stanford University Press，1995。

间、时间与性别的建构》①（*The City in Modern Chinese Literature & Film*：*Configurations of Space，Time and Gender*）、美国诺特丹大学东亚语言和文化系中国文学教授米歇尔·霍克斯（Michel Hockx）的《中国互联网文学》②（*Internet Literature in China*）等。

从上述的分析中可以看出，美国汉学界对中国当代小说研究正试图通过多种研究视角来阐释现代中国的"政治—社会"现代性和文学现代性之间的错综复杂的关联。一方面，美国汉学家对中华人民共和国成立以来新时期文学所取得的成绩给予肯定，认为中国作家们的创作反映了新时代中国的发展变化，他们从这些文学作品的阅读中获得了解中国的有用信息；另一方面，当美国汉学家以批判者的视角用通用的文学审美标准来衡量中国当代文学创作时，又不乏一些否定的声音且对中国当代文学研究的深度还有待进一步加强。无论这一过程中有多少称赞和批判，美国汉学界对中国当代小说的独特研究路径为未来中国文学在海外的评判标准的建立，推动新时代中国文学的创作都提供了一定的参照。

第三节　中国当代小说在美国
畅销的作家作品

目前，中国当代小说在美国主要以三种形式被广泛传播。第一种是英文单行本的形式；第二种是刊登在国外的文学期刊杂志上；第三种是收录到旨在向海外推介中国当代文学的选集中。由于文学期刊和文学选集受到版面、页数等因素的限制，刊登的当代小说作品大多数是节选，而中国当代小说在美国发行的英文单行本则大多数是以一位作家的一部作品为出版内容，英文单行本是我国当代小说作家得以全面展示自我及其作品的最佳载体。我国当代小说在美国的传播主要还是以第一种传统出版媒介作为推广平台。鉴于此，本文对中国当代小说在美国畅销的作

---

① 参见 Zhang Yingjin，*The City in Modern Chinese Literature & Film*：*Configurations of Space，Time and Gender*，Stanford：Stanford University Press，1996。

② 参见 Michel Hockx，*Internet Literature in China*，New York：Columbia University Press，2015。

家作品的统计是以该作家的小说单行本为统计对象，根据联机计算机图书馆中心（Online ComputerLibrary Center，OCLC）及世界最大的检索目录系统 WorldCat 的检索，着重对新时期畅销作品数量前十位的小说作家莫言、余华、苏童、残雪、贾平凹、王安忆、韩少功、王蒙、毕飞宇、阎连科在美国销售的小说英文单行本作品进行统计整理。如果其中同一部单行本多次再版，为简洁明了，就只对第一版的相关信息进行统计。通过对当代畅销小说作家作品在美国的译本的统计分析，一方面，使我们对中国当代小说作品在美国的传播更为直观的了解和把握；另一方面，也期许从这些梳理中为中国当代文学的海外传播提供借鉴和启发。

　　从以下对中国当代小说作家在美国翻译出版情况的梳理中可见，仅莫言的小说英文单行本就达 11 本，再加之其小说作品大量地被收录到海外小说集和文学期刊中，莫言占据了中国当代小说作家在美国畅销榜的首位，位居第二、第三位的分别是余华和苏童。他们三位是对中国文学乃至世界文学的发展有着较大影响力的作家，除了具有较强的创作实力、多部作品在海外获得国际文学大奖外，他们三位还有一个共同点，就是他们的作品都被著名导演张艺谋改编成电影并获得了国际大奖，如由莫言的《红高粱》改编的电影获第 38 届柏林电影节金熊奖、第 16 届布鲁塞尔国际电影节广播电台听众评委会最佳影片奖等，由余华的《活着》改编的电影获香港第 14 届电影金像奖、美国电影金球奖，由苏童的小说《妻妾成群》改编的电影《大红灯笼高高挂》获第 48 届威尼斯电影节银狮奖、奥斯卡金像奖的提名奖等。这些由中国当代小说改编成的国际电影大奖的获得，使这些中国当代小说作家脱颖而出，迅速地走入读者群中，赢得了较大的海内外读者市场。由于本书第五章将以残雪、余华、莫言三位当代小说作家作为研究个案展开详细的分析论述，所以在这里暂且不做过多分析，仅对三位作家的英文单行本做以统计。

表 2—1　　　　　莫言小说的英文单行本在美国的翻译出版情况

作家	作品名称	译者	译本名称	出版社	出版年份
莫言	《爆炸及其他故事》	Janice Wickeri	*Explosions and Other Stories*	Hong Kong：University of Hong Kong	1991
	《红高粱家族》	Howard Goldblatt	*Red Sorghum：A Novel of China*	New York：Penguin Books	1994
	《天堂蒜薹之歌》	Howard Goldblatt	*The Garlic Ballads：A Novel*	New York：Penguin Books	1995
	《酒国》	Howard Goldblatt	*The Republic of Wine：A Novel*	New York：Arcade Publishing	2000
	《师傅越来越幽默》	Howard Goldblatt	*Shifu, You'll Do Anything for a Laugh*	New York：Arcade Publishing	2001
	《丰乳肥臀》	Howard Goldblatt	*Big Breasts and Wide Hips：A Novel*	New York：Arcade Publishing	2004
	《生死疲劳》	Howard Goldblatt	*Life and Death Are Wearing Me Out：A Novel*	New York：Arcade Publishing	2008
	《变》	Howard Goldblatt	*Change*	New York：Seagull Books	2010
	《四十一炮》	Howard Goldblatt	*Pow*	New York：Seagull Books	2012
	《枯河》	Howard Goldblatt	*Sandalwood Death：A Novel*	Norman：University of Oklahoma Press	2013
	《蛙》	Howard Goldblatt	*Frog*	New York：Viking	2014

表2—2　　　　　余华小说的英文单行本在美国的翻译出版情况

作家	作品名称	译者	译本名称	出版社	出版年份
余华	《往事与刑罚：八个故事》	Andrew Jones	*The Past and the Punishments：Eight Stories*	Hawaii：University of Hawaii Press	1996
	《一九八六年》	Andrew Jones	*Yi Jiu Ba Liu Nian*	Durham：Duke University Press	1998
	《活着》	Michael Berry	*To Live*	New York：Anchor Books	2003
	《许三观卖血记》	Andrew Jones	*Chronicle of a Blood Merchant*	New York：Pantheon	2004
	《在细雨中呼喊》	Allan Barr	*Cries in the Drizzle*	New York：Anchor Books	2007
	《兄弟》	EileenCheng-yin Chow and Carlos Rojas	*Brothers*	New York：Pantheon	2009
	《十个词汇里的中国》	Allan Barr	*China in Ten Words*	New York：Pantheon	2012
	《黄昏里的男孩》	Allan Barr	*Boy in the Twilight*	New York：Pantheon	2014
	《第七天》	Allan Barr	*The Seventh Day*	New York：Pantheon	2015

表2—3　　　　　残雪小说的英文单行本在美国的翻译出版情况

作家	作品名称	译者	译本名称	出版社	出版年份
残雪	《天堂里的对话》	Ronald R. Janssen and Zhang Jian	*Dialogues in Paradise*	Evanston：Northwestern University Press	1989
	《苍老的浮云》	Ronald R. Jansen	*Old Floating Cloud：Two Novellas*	Evanston：Northwestern University Press	1991
	《绣花鞋》	R. Jansen and Zhang Jian	*The Embroidered Shoes*	New York：Henry Holt	1997

续表

作家	作品名称	译者	译本名称	出版社	出版年份
残雪	《天空里的蓝光和其他故事》	Karen Gernant and Chen Zeping	*Blue Light in the Sky and Other Stories*	New York：New Directions Books	2006
	《五香街》	Karen Gernant and Chen Zeping，	*Five Spice Street*	New Haven：Yale University Press	2009
	《垂直运动》	Karen Gernant and Chen Zeping	*Vertical Motion*	New York：Open Letter	2011
	《最后的情人》	Annelise Finegan	*The Last Lover*	New Haven：Yale University Press	2014
	《边疆》	Karen Gernant and Chen Zeping	*Frontier*	New York：Open Letter	2016
	《新世纪爱情故事》	Annelise Finegan	Love in the New Millennium	New Heaven ： Yale University	2018

苏童于 1963 年出生于苏州，是一位国内外都有着较高知名度的小说作家，其作品先后被译成英、法、德、意、韩、日等多国文字。从苏童在美国销售的小说英译本来看，他的译本翻译主要集中在两个阶段，分别是 1989 至 1997 年和 2006 至 2018 年。除以下的英文单行本外，海外学者编录的中国文学选集也助推了苏童小说在美国的传播，如 1994 年王德威与戴静编选的《狂奔：新一代中国作家》① （*Running Wild：New Chinese Writers*）收录了苏童的短篇小说《狂奔》（*Running Wild*）；1995 年，美国汉学家葛浩文编选的《今日中国小说选》② （*Fiction from Today's China*）收录了苏童的短篇小说《舒家兄弟》（*The Brother Shu*）；1998 年，时任杜克大学的王晶教授编选的《中国先锋小说选》③ 收录了他的《舒家兄弟》（*The Brother Shu*）、《水神诞生》（*The Water Demon*）及《飞跃我的枫杨树

---

① 参见 David Der-wei Wang & Jeanne Tai，*Running Wild：New Chinese Writers*，New York：Columbia University Press，1994。

② 参见 Howard Glodblatt，*Fiction from Today's China*，New York：Grove Press，1995。

③ 参见 Wang Jing，*China's Avant-Garde Fiction：An Anthology*，Durham，NC：Duke University Press，1998。

故乡》（*Fly Over My Hometown of Maple Trees*）；2002 年，卡罗琳·肖
（Carolyn Choa）与苏利群编选的《当代中国小说精选》①（*The Vintage
Book of Contemporary Chinese Fiction*）收录了苏童的《樱桃》（*Cherry*）、
《小莫》（*The Young Muo*）。苏童的小说作品在海外得到广泛译介的同时，
也引起了国外研究者和读者的关注。综合美国对苏童小说作品的评价，
持肯定态度的居多。美国小说家约翰·厄普代克称"最欣赏的是苏童的
创作风格，充满着中国南方的气息，精致而斑斓。他的描写既节制又残
酷，可以说是一位真正的文学天才"②。王德威对苏童的创作给予高度评
价，称"苏童的魅力在于引领我们进入当代中国的'史前史'，一个散发
着淡淡鸦片幽香的时代。他以精致的文字意向，铸造拟旧风格……苏童
的文学世界令人感到不能承受之轻，那样工整精妙"③。从美国主流媒体、
各大文学期刊、网站的评论来看，美国对苏童英文单行本的研究主要集
中在《妻妾成群》《米》和《我的帝王生涯》。美国的中国文学翻译研究
者西蒙·帕特森（Simon Patton）对《妻妾成群》从内容到创作风格给予
了全方位的评论，指出"苏童重新界定了历史，将经验的社会现实和易
逝的个人梦想全部都涵盖进去，而这种全新的历史视角又通过身体描写
表现出来……通过身体来书写历史，或者说重述历史时考虑身体的作用，
是苏童的小说带给人最大愉悦的原因所在。在创作风格上，苏童的作品
浸润着一种用现实主义手法表现出了的迷乱的想象力"④。另外，在这本
书的封面上印有多个主流媒体、期刊给予的高度评价，如《西雅图时报》
（*Seattle Times*）称："苏童是'文革'后中国文学转型的先锋……他在作
品中对魔幻现实主义的借用，让读者通过小说体验到重构历史的复杂
性。"⑤《柯克斯评论》（*Kirkus Reviews*）认为："苏童的作品既颠覆了传统
的讲故事套路，也冲破了文学禁忌，是一位非常值得关注的中国作家，

---

①　参见 Carolyn Choa and David Su Li-qun, *The Vintage Book of Contemporary Chinese Fiction*,
New York：Vintage Books, 2002。

②　John Updike, "Bitter Bamboo, Two Novels from China", *The New Yorker*, May 9, 2005.

③　王德威：《当代小说二十家》，生活·读书·新知三联书店 2006 年版，第 106 页。

④　Simon Patton, "Rise The Red Lantern by Su Tong and Traslated by Michale S. Duke", *World
Literature Today*, Vol. 68, Summer 1994.

⑤　Su Tong, *Raise the Red Lantern*, trans. Michael S. Duke, New York：William Morrow, 1993,
back cover.

以独特的笔触，撼人心魂地描绘了极度困境中的男男女女。"① 苏童以小说《妻妾成群》拉开了在美国译介研究的幕布，再加之影片的成功宣传，为随后在美国出版发行的长篇小说《米》吸引了更多关注的目光。美国很多评论者在《出版者周刊》（*Publishers Weekly*）、《柯克斯评论》等图书推广平台对这部作品持续给予高度评价，如"苏童以他的第一部长篇小说《米》证明了自己无愧于世界上最具爆发力的青年文学天才之一的荣誉"②，"苏童的作品中流淌着巴尔扎克和左拉的精神余脉"③ 等，与此同时也不乏一些学者以辩证的态度来对这部作品并展开分析，如美国著名作家、评论家理查德·伯恩斯坦（*Richard Berstein*）在《纽约时报》撰文并评论道："苏童描写了一幅人性的讽刺画，而不只是揭示特定环境中的人性本质……苏童的文学世界，简单来说，阴暗、绝望，也许读者会认为这有点消极，但在读罢《米》后会有一种对痛苦的释放感，作品本身久久回荡在读者心间。"④ 苏童的小说作品之所以能引起美国众多学者和读者的关注，主要可归纳为三个方面的原因。第一，国际文学奖项的获得。由小说改编成的电影拓宽了苏童小说作品在美国的传播范围。苏童在海外译介的文学作品中，中篇小说《妻妾成群》可谓他的第一部享誉海内外的文学作品。这部作品不仅入选了 20 世纪中文小说百强，而且在 1993 年还被改编成电影在国际上大放异彩。这既体现了国内外对这部小说作品的高度认可，又推动了苏童作品在国际上的广泛传播。2009 年，苏童的长篇小说《河岸》还获得第三届英仕曼亚洲文学奖。第二，苏童在创作中所描写的以历史和女性为主题的小说作品表现出的异国情调使其在美国得到更多的译介，这在某种程度上正好切合了海外读者对遥远而神秘的东方大国的想象。一方面，苏童用其特立独行的姿态来书写历史，使其作品有着独特的历史意识，如在小说作品《红粉》中，苏童打破传统叙述历史的旧模式，将旧社会的烟花女子改头换面，塑造成可以获得真挚爱情的新形象；另一方面，苏童擅长刻画女性形象，如在小说

① Su Tong, *Raise the Red Lantern*, trans. Michael S. Duke, New York：William Morrow, 1993, back cover.

② Howard Goldblatt, *Rice*, New York：William Morrow, 1995, back cover.

③ Ibid. .

④ Richard Bernstein, "Books of the Times：In China, 3 Generations, Much Trouble And Rice", *New York Times*, November. 13, 1995.

作品《妻妾成群》中的颂莲在从学生身份到四姨太身份转变过程中的性情转变的刻画、《我的帝王生涯》中的惠妃在封建社会皇室斗争中的进退维谷的刻画等。第三，苏童也很重视国际文学交流活动，如参加了2001年的美国爱荷华大学"国际写作计划"、2009年的法兰克福书展、2010年的澳大利亚"悉尼作家节"、2012年的伦敦书展等。此外，苏童还注重与非英语国家的交流活动，如2007年的"德中同行"文化活动、2014年的意大利文化交流活动、2016年的土耳其文化交流活动等。这些文化活动不但开阔了苏童的文学视野，增进了世界读者对其作品的了解，也扩大了苏童在世界范围内的影响力。

表2—4　　　　　　　苏童小说单行本在美国的翻译出版情况

作家	作品名称	译者	译本名称	出版社	出版年份
苏童	《妻妾成群》	Michael S. Duck	*Rise the Red Lantern*	New York：William Morrow	1993
	《米》	Howard Goldblatt	*Rice*	New York：William Morrow	1995
	《我的帝王生涯》	Howard Goldblatt	*My Life as Emperor*	London：Faber New York：Hyperion	2004
	《碧奴》	Howard Goldblatt	*Binuand the Great Wall：The Myth of Meng*	New York：Canongate	2007
	《桥上的疯妈妈及其他》	Josh Stenberg	*Madwoman on the Bridge and Other Stories*	London：Black Swan	2008
	《刺青时代》	Josh Stenberg	*Tatoo：Three Novellas*	New Jersey：Saint Johann Press	2010
	《河岸》	Howard Goldblatt	*The Boat to Redemption*	London：Black Swan	2010

续表

作家	作品名称	译者	译本名称	出版社	出版年份
苏童	《另一种妇女生活》	Hyle Anderson	*Another Life for Woman*	London：Simon and Schuster	2016
	《三盏灯》	Hyle Anderson	*Three Lamp Lantern*	London：Simon and Schuster	2016
	《红粉》	Martin Merz and Jane Weizhen Pan	*Petulia's Rouge Tin*	Melborne：Penguin Random House Australia	2018

　　贾平凹出生于1952年，他的创作从诗歌到小说再到散文随笔，种种文类均有涉及。其中小说作品的创作是贾平凹写作的重点，也是目前在海外被译介最多的文学形式。从贾平凹创作的作品种类、数量和影响力来看可以将其真正誉为中国新时期文坛上的重要作家。贾平凹早期创作的小说作品主要是由《中国文学》杂志英文版译介到海外的。该刊物作为中华人民共和国成立初期到改革开放我国文学对外传播的重要渠道，最早从1978年就收录了贾平凹的短篇小说《果林里》①（The Young Man and His Apprentice），后来陆续输送了其20余篇短篇小说和散文作品到海外。20世纪80年代，我国官方推出的旨在向海外传播中国优秀文学作品的另一重要载体"熊猫丛书"，以英、法两种文字把贾平凹的小说集《天狗》②（The Heavenly Hound）和《晚雨》③（The Heavenly Rain）等输送到海外。另外，国外的一些中国文学选集，如1988年朱虹编选的《中国西部：今日中国短篇小说》④（The Chinese Western：Short Fiction from Today's China）、1990年萧凤霞编选的《犁沟：农民、知识分子和国家，中国现代小说与历史》⑤（Furrows：Peasants，Intellectuals，and the State：Stories

---

① 参见 Jia Pingwa，"The Young Man and His Apprentice"，*Chinese Literature*，No.3，1978。

② 参见 Jia Pingwa，*The Heavenly Hound*，Beijing：The Panda Books，1991。

③ 参见 Jia Pingwa，*The Heavenly Rain*，Beijing：The Panda Books，1996。

④ 参见 Zhu Hong，*The Chinese Western：Short Fiction from Today's China*，New York：Ballantine Books，1988。

⑤ 参见 Helen F. Sui，*Furrows：Peasants，Intellectuals，and the State：Stories and Histories from Modern China*，Stanford：Stanford University Press，1990。

and Histories from Modern China)收录了贾平凹的中短篇小说《人极》《木碗人家》《水意》《火纸》等。贾平凹的小说作品在海内外都获得了广泛的认可，在国内获得了全国优秀短篇小说奖、茅盾文学奖、施耐庵文学奖等殊荣，在海外也获得了诸多的文学奖项。早在 1987 年，贾平凹就以其长篇小说《浮躁》获得第八届致力于推广世界各国优秀文学作品的"美孚飞马文学奖"；1997 年又以其长篇小说《废都》获得法国费美娜文学奖，成为中国获得该奖项的第一人，2003 年该作品又获得了法国文化交流部授予的"法兰西文学艺术最高荣誉奖"，2013 年获得法国政府授予文学艺术界的最高荣誉、国际文学大奖"法兰西金棕榈文学艺术骑士勋章"。其中的"美孚飞马文学奖"是对贾平凹作为中国为数不多的当代小说作家，在我国改革开放之初能够进入美国主流文学场域并获得肯定的见证，这也同时吸引着美国学者对其作品的关注。美国对贾平凹作品的研究主要集中在作品《浮躁》《废都》《秦腔》《古堡》及《人极》上。其中以《浮躁》和《废都》的研究最为深入和广泛。《柯克斯评论》刊登了《浮躁》的评论文章，称"这是 20 世纪 80 年代发生在中国农村的一个复杂微妙而又躁动不安的故事……既真切感人，又带给人以启迪"①。索尔兹伯里·哈里森（Salibury Harrison）针对这部作品在《纽约时报》上发表专评，指出："贾平凹在《浮躁》中所描述的商州，位于黄河文化的发祥地。自中华人民共和国成立以来，那里虽然发生了不小的变化，但至今仍保留着很多传统的东西，故事情节曲折，却充满了对生活的真知灼见。"② 贾平凹因《浮躁》这部作品扬名海内外，但却因《废都》这部作品在中国被禁而在国内一落千丈，但是这并没有影响其在海外的出版发行，反而在一定程度上更加引发美国民众对其作品的阅读兴趣。位于美国纽约的劳特利奇国际出版社在 2006 年出版了王一燕撰写的有关贾平凹及其《废都》的专著《叙说中国：〈废都〉和贾平凹的小说世界》（Narrating China: Jia Pingwa and His Fictional World），她认为："《废都》以庄之蝶在古城西京的日常生活为主线来勾画中国社会现状，废旧的都城里隐藏着中国文化历史的集体记忆，为中国文化史研究提供了空前

---

① Kirkus Associated, "Rev. of Turbulence", *Kirkus Review*, August15, 1991.

② Salibury Harrison, "Rev. of Turbulence", *New York Times*, October11, 1991.

'真实'的场景。"① 另外，该书还以霍米·巴巴（Homi K. Bhabha）的
"国族叙述"（national narration）为理论视角，分析评价了贾平凹的《浮
躁》《带灯》《怀念狼》《高兴》《秦腔》《山本》等小说作品，为海外研
究贾平凹提供了一个新视角。还有一些美国汉学家和中国文学研究者对
这部作品发表了评论，总体来说以正面的肯定评论居多，这与国内对这
部作品毁誉杂陈的评论形成了鲜明的对比。这既与贾平凹主动学习借鉴
西方文学的创作理念与方法并努力与之相契合相关，又与他将中国地域
文化色彩巧妙地融入文学作品的创作有着密切的关系。

表2—5　　　　　　贾平凹小说单行本在美国的翻译出版情况

作家	作品名称	译者	译本名称	出版社	出版年份
贾平凹	《浮躁》	Howard Goldblatt	Turbulence	Louisiana：Louisiana University Press	1987
	《天狗》	David Pattinson	The Heavenly Houndand Other Selected	Beijing：The Panda Books	1991
	《废都》	Howard Goldblatt	Ruined City	Oklahoma：University of Oklahoma Press	1993
	《晚雨》	Howard Goldblatt	The Heavenly Rain	Beijing：The Panda Books	1996
	《古堡》	Shao-Pin Luo	The Castle	Toronto：York Press	1997

　　出生于1954年的王安忆是我国新时期文坛上的杰出女性小说作家。
她的创作主题大多围绕着她的家乡——上海展开，王德威教授称她为
"上海学派的新继承人"。王安忆作品在海外主要被译成英文与法文，其
中英文的作品数量最多。王安忆在海外传播的作品在时间上可以划分为
两个阶段，第一个阶段是20世纪八九十年代；第二个阶段是进入21世纪
以来。从译介作品的数量来看，进入21世纪以来的作品数量远超过第一

---

① Wang Yiyan, *Narrating China*：*Jia Pingwa and His Fictional World*，New York：Rougtledge，2006.

个阶段，而且被译成了除英、法两种文字之外的越南语、韩语、德语、日语、荷兰语等 20 余种文字。译介的作品主题和形式从以知青小说为主题发展成以上海背景为主题的小说、散文和论文集等，如由戴乃迭翻译的王安忆小说集《流逝》①（*Lapse of Time*），其中收录了王安忆创作的《流逝》《小鲍庄》《小院琐记》《人人之间》《雨，沙沙沙》《墙基》《朋友》《本次列车终点》《小城之恋》《舞台小世界》和《我爱比尔》等中短篇小说作品。王安忆还有部分小说作品被收录到文学选集中，如 1983年由"熊猫丛书"推出的代表着新时期中国女性文学创作的作品集《中国当代七位女作家》②（*Seven Contemporary Chinese Women Writers*）中收录了王安忆的《小院琐记》《人人之间》；2003 年由美国康奈尔大学亚洲研究系弗雷德·爱德华教授（Fred Edwards）与王恕宁（Shu-ning Sciban）共同编写的《蜻蜓：20 世纪中国女作家作品选》③（*Dragonflies: Fiction by Chinese Women in the Twentieth Century*）收录了王安忆的短篇小说作品《云底处》《小鲍庄》；还有俄亥俄州立大学东亚语言文学系的夏颂教授（Patricia Sieber）编写的《红色不是唯一的颜色：中国当代女性小说集》（*Red Is Not the Only Color: Contemporary Chinese Fiction on Love and Sex between Women, Collected Stories*）收录了王安忆的《弟兄们》等。此外还有一部分被收录进海外知名的中国文学选集中，如《哥伦比亚中国现代文学作品选集》（*The Columbia Anthology Modern Chinese Literature*）收录了《奶奶》；《迷舟及其他中国故事》（*The Mystified Boat: Postmodern Stories from China*）收录了《艺人之死》；《春笋：中国当代短篇小说选》（*Spring Bamboo: A Collection of Contemporary Chinese Short Stories*）收录了《老康回来》等。这些文学选集在为美国民众提供了一个阅读中国文学的"拼盘"的同时，也引起了美国研究者们对王安忆及其作品的关注。王安忆被译介到美国的小说作品中，以被著名汉学家李欧梵誉为"上海史诗"

---

① 参见 Gladys B. Tayler, *Lapse of Time*, Beijing: Panda Books, 1988。

② 参见 Gladys Yang, *Seven Contemporary Chinese Women Writers*, Beijing: China Books & Periodicals, 1985。

③ Fred Edwards and Shu-ning Sciban, *Dragonflies: Fiction by Chinese Women in the Twentieth Century*, Ithaca: Cornell East Asia Series, 2003.

的长篇小说《长恨歌》最具影响。① 这一点既可见于美国研究者对这部作品的研究成果中，也可见于该作品在美国的图书销售网站 Goodreads 和亚马逊上读者评论数量位居榜首中。《出版人周刊》对该作品的评价为"结构精美的循环式叙事，在城市变幻的背景下角色类型与事件重复发生的方式令人难忘"②。美国著名文学评论家丽莎·萨莫维士（Lisa Movius）在《亚洲华尔街日报》发表评论，她认为："《长恨歌》是王安忆最出色的小说，用一个女性的故事来反映上海的文化变迁和社会动荡……《长恨歌》的声誉远播，一方面在于它'感同身受的魅力和最终对传统道德的维护'，另一方面'它契合了读者对上海的怀旧情绪'。"③ 也正是王安忆创作中的上海怀旧情怀，成为其作品在美国得到认可和赞誉的原因之一。另外，其作品主题始终紧扣中国社会前进的步伐，从"文化大革命"的历练到新社会的变迁，加之西方文学社会在 20 世纪 70 年代兴起的女性主义批评理论，美国批评家将王安忆视为东方文学女性的代表作家，试图从其作品中寻找女性作家的叙述意识和想象。此外，王安忆作品在美国得到认可和赞誉还离不开的一个因素是王安忆对国际交流的重视。2008 年王安忆借鉴美国爱荷华大学"国际写作计划"推出了"上海写作计划"，每年举办一期，邀请海内外作家来到上海进行为期两个月的交流、创作，这也使其有了更多向世界各国文学借鉴、向国际传播小说作品的机会。后来王安忆还以访问学者或客座教授的身份在美国的哈佛大学、哥伦比亚大学、耶鲁大学等多所知名大学开展文学讲座，并应邀参加法兰克福国际书展、澳大利亚悉尼文学节等对外文化交流活动来加快其文学作品走向海外的步伐，这些都使得王安忆在美国的译介之路越走越宽。

---

① 参见 Leo Ou-fa Lee, *Shanghai Modern*：*The Flowing of a New Urban Culture in China 1930 - 1945*, Cambridge：Harvard University Press, 1999。

② Michal Hockx, *Review*：*The Song of Everlasting Sorrow*, Publishers Weekly, January28, 2008.

③ Lisa Movius, "Rewriting Old Shanghai：Tragic Tales of Beautiful Young Girls Titillate Again", *Asian Wall Street Journal*, May 16, 2003.

表2—6　　　　　　　　王安忆小说单行本在美国的翻译出版情况

作家	作品名称	译者	译本名称	出版社	出版年份
王安忆	《小鲍庄》	Martha Avery	*Baotown*	New York：W. W. Norton & Co Inc	1985
	《流逝》	Howard Glodblatt	*Lapse of Time*	Beijing：Chinese Literature	1988
	《小城之恋》	Eva Hung	*Love on a Small Town*	Hong Kong：Chinese University of Hong Kong	1988
	《荒山之恋》	Eva Hung	*Love on a Barren Mountain*	Hong Kong：Chinese University of Hong Kong	1991
	《锦绣谷之恋》	Bonnie S. Mc Dougall and Chen Maiping	*Brocade Valley*	New York：New Directions	1992
	《长恨歌》	Michael Berry and Susan Chan Egan	*The Song of Everlasting Sorrow*	New York：Columbia University Press	2008
	《忧伤的年代》	Wang Lingzhen & Mary Ann O' Donnell	*Years of Sadness：Selected Autobiographical Writing of Wang Anyi*	Ithaca：Cornell East Asian Series	2010
	《小饭店》	Yawtsong Lee	*The Little Restaurant*	New York：Better Link	2010
	《天香》	Eric Abrahamsen	*Scent of Heaven*	Beijing：Penguin China	2013

　　韩少功是中国当代文学的代表人物之一，以其创作中表现出的"地域性"而被誉为中国"标尺性作家"①。20世纪80年代，韩少功的文学作品先后被译成英、法、意、德、日等多国语言在境外出版发行，其中英语和法语作品在海外传播较为广泛。韩少功的作品在美国的传播一方

_____

① 廖述务：《韩少功研究资料》，天津人民出版社2008年版，第1页。

面是以英文单行本的形式，主要有两部，其中的《马桥词典》为长篇小说单行本，《归去来和其他故事》是一部包括了《归去来》《爸爸爸》《女女女》和《蓝盖子》的中短篇小说集。韩少功在美国出版发行的英文单行本数量并不多，但却产生了较好的译介效果，这可从这些作品获得的奖项的认可中得以证实。2002 年韩少功获得法国文化部颁发的、代表着法国政府授予文学艺术界的最高荣誉"法兰西艺术与文学骑士勋章"。2011 年韩少功的长篇小说《马桥词典》获得了旨在表彰对华语写作作出杰出贡献的文学作品及其作者的"美国纽曼华语文学奖"。主持该奖项评选的美国俄克拉荷马大学美中关系研究所所长葛小伟（Peter Gries）表示："韩少功获得第二届纽曼华语文学奖是件非常激动人心的事。来自美国、中国大陆、中国台湾和中国香港的五名专家组成的评选小组最终选择了韩少功和他的长篇小说《马桥词典》，是因为这本书有着创新性。因此，它符合纽曼华语文学奖的目标：选出最好地诠释人类生存状况的杰出小说或诗歌。"[1] 韩少功的小说作品在美国的另一个译介途径是在海外出版发行的文学期刊和选集，这成为其小说作品在海外传播的重要补充载体。韩少功早期的文学作品是以《中国文学》英文版为平台来传播到海外的，主要收录了《鞋癖》《山上的声音》《笑的遗产》等短篇小说。收录韩少功小说作品的文学期刊大多在海外有着较高的影响力，有刘绍铭和葛浩文编选的、作为西方大学传授中国文学的典范教材《哥伦比亚中国现当代文学作品选集》[2]（*The Columbia Anthology of Modern Chinese Literature*），还有美国汉学家、翻译家迈克尔·杜克编选的《中国小说的世界》[3]（*Worlds of Modern Chinese Fiction*），分别收录了韩少功的《领袖之死》《蓝盖子》等。韩少功的小说作品在美国得到广泛认可，主要有以下两个方面的原因。第一，强调"寻根"的当下意义。在 20 世纪 80 年代中期，韩少功提出了"寻根文学"的口号，成为寻根文学的重要代表。这与韩少功受到外国文学经典文学作品影响，特别是与 20 世纪拉美魔幻

---

　　① Han Shaogong Wins 2011 Newman Prize for Chinese Literature，http：//www. chinanews. com/cul/ 2010/ 10 – 21/2603033. shtml.

　　② 参见 Joseph S. M. Lau & Howard Goldblatt，*The Columbia Anthology of Modern Chinese Literature*，New York：Columbia University Press，1995。

　　③ Michael S. Duke，*Worlds of Modern Chinese Fiction*，Taiwan and Hongkong，Armonk，New York：M. E. Sharpe，1991.

现实主义马尔克斯及现代主义文学鼻祖卡夫卡的影响有着密切的关系，他在吸收与借鉴中融会贯通、不断提高其文学创作素养。韩少功试图从中国农村背景中提炼出一个独立的"中国式"叙事，他在这一时期创作的具有代表性的作品为《爸爸爸》和《女女女》，这些作品吸引着海外读者对"寻根"母题的深层认识。《爸爸爸》的译者张佩瑶（Martha Cheung）教授评论道："韩少功的寻根文学的运动目的在于分析中国文化中所忽视的方面，通过其文学作品铸就一种世界观，体现中国丰富文化特色的传统与现代之间的纽带。"① 第二，良好的英文功底成就作家与译者的互动。韩少功是我国当代作家中为数不多的可以阅读西方文学经典并能够对其进行翻译的作家之一。韩少功良好的英文功底早在 1987 年翻译的米兰·昆德拉（Milan Kundera）最负盛名的长篇小说《生命中不能承受之轻》中就有所显现，后在 1999 年又翻译了费尔南多·佩索阿（Fernando Pessoa）的随笔集《惶然录》。韩少功翻译外国文学的过程，也是其学习借鉴的过程，这使得其对于西方文学作家的精神世界及创作手法都有了更深入的研究。另外，韩少功对英文的熟练运用，不但可以对他个人译本内容有着准确的把控，而且为他与海外出版机构及译者的良好沟通搭建桥梁。

表 2—7　　　　　　韩少功小说单行本在美国的翻译出版情况

作家	作品名称	译者	译本名称	出版社	出版年份
韩少功	《归去来及其他故事》	Martha Cheung	Homecoming And Other Stories	Hong Kong: University of Hong Kong	1992
	《马桥词典》	Julia Lovell	A Dictionary of Maqiao	New York: Columbia University Press	2003

　　王蒙是我国当代文坛上最为重要的作家之一，在国内外都有着广泛的影响力。王蒙创作了 600 多万字的文学作品，其中小说作品近百部，此外还有散文、诗歌、评论等多种文学形式。王蒙的小说作品早在 1982 年就被翻译成英文走入美国文学场域，其短篇小说《夜的眼》（*Eye of the*

① Martha Cheung, *Pa Pa Pa by Han Shaogong*, The Asian Review of Books, September16, 2003.

Night）由美国普林斯顿大学林培瑞教授编选的小说作品合集《玫瑰花与荆棘：中国小说百花齐放的第二次开花》① 收录。随后王蒙的作品在20世纪八九十年代被大量密集地翻译成英语、法语、意大利语、日语、俄语、南斯拉夫语等多种文字在海外出版发行。从 1981 年开始，每一年都有一部甚至多部作品被翻译成外文，这些译本以英译本数量居多。王蒙在美国译介的小说作品形式上涵盖了长、中、短篇小说及系列小说、微型小说，几乎囊括了小说的所有门类。另外值得一提的是，早在1964 年，王蒙的小说作品就引起美国学者的关注。美国爱荷华大学致力于中国文学研究的大卫·阿库什（R. David Arkush）研究员就对王蒙的短篇小说《组织部新来的年轻人》在《中国评论》上发表了《"百花之一"——王蒙的〈组织部新来的年轻人〉》②（One of the Hundred Flowers：Wang Meng's "Young Newscomer"）的文章。由此可见，王蒙小说作品在美国的译介呈现出译本数量多、语种丰富、在海外传播及研究持续时间久、小说形式多样等特点。

王蒙的小说作品在美国译介传播除小说单行本外，还有大量登载在海外文学期刊和文学选集中的作品。《中国文学》英文版早在 1980 年就刊登了王蒙的《悠悠寸草心》，随后陆续登载了其《客盈门》《春之声》《高原的风》《轮下》等十余篇短篇小说作品的节选。另外，海外的文学选集也是早在 20 世纪 80 年代就开始收录王蒙的小说作品，如《中国西部：今日中国短篇小说集》③（The Chinese Western：Short Fiction from Today's China）收录了王蒙的短篇小说《买买提处长轶事》；还有葛浩文编选的《毛主席会不高兴的：今日中国小说》④（Chairman Mao Would Not Be Amused：Fiction from Today's China）文学集中收录了王蒙的短篇小说《选择的历程》等。王蒙的文学作品在国内外获得的荣誉不胜枚举，其中

---

① 参见 Perry Link, *Roses and Thorns：The Second Blooming of the Hundred Flowers in Chinese Fiction*, Berkeley：University of California Press, 1984。

② 参见 R. David Arkush, "One of the Hundred Flowers：Wang Meng's ' Young Newscomer ' ", *Papers on China*, No. 18, 1964。

③ 参见 Zhu Hong, *The Chinese Western：Short Fiction from Today's China*, New York；Ballantine, 1988。

④ 参见 Goldblatt Howard, *Chairman Mao Would Not Be Amused：Fiction from Today's China*, New York：Columbia University Press, 1994。

2000 年王蒙曾获得诺贝尔文学奖提名，虽然最终无缘该奖项，但能够作为提名入选这个世界文学大奖，也足以说明王蒙已经在国际社会上具有了相当大的影响力。王蒙在美国影响力最大的两部小说作品分别是《蝴蝶》和《坚硬的稀粥》，同时也是美国学界对此评论关注最多的小说。最早对《蝴蝶》这部小说作品展开研究的是美国文学评论家菲尔·威廉姆（Phil William），他撰写了专门的评论文章《一只有光明尾巴的现实主义"蝴蝶"》，他指出："中国现当代文学的提升有赖于王蒙文学形式的创新，这部作品中对历史的审视带有着深刻的人文关怀，所采取的内心独白的叙述方式体现了人物心理的自我发现，运用的讽刺和幽默技法使人在笑声中品味人生的苦难和曲折。"[1] 还有一部分研究者则对王蒙的《坚硬的稀粥》展开大量研究，如安妮（Keyser Anne Sytske）在《中国信息》（China Information）发表了《王蒙的故事〈坚硬的稀粥〉：一种社会——政治讽刺》[2]；堂·蒂姆赛（Tung Timothy）在《人权讲坛》（Human Rights Tribune）发表了《粥与法：王蒙诉求》[3]，金介甫（Jeffrey C. Kinkley）在《今日世界文学》（World Literature Today）发表了《坚硬的稀粥及其他故事》[4] 等。王蒙的小说作品在美国得到广泛关注的原因，主要可以归结为三点。第一，出生于 1934 年的王蒙，经历过日本侵华战争的苦难岁月，见证了中华人民共和国的成立和新世纪的蓬勃发展，曾在中华人民共和国成立初期在边疆生活、工作 16 年，后返京担任过文化部部长，中国作家协会名誉主席，中国多所知名大学名誉教授、顾问。王蒙丰富的生活阅历，为王蒙的文学创作提供了丰富的写作素材，使其文学作品中充满了中国发展进程的烙印，再加之其深厚的文学功底，使其文学作品中又有着优雅深邃的情思和激情澎湃的文学精神，这些都吸引着美国读者的阅读兴趣。第二，王蒙坚持不懈的艺术追求。无论是在

---

① 　Phil William, "Stylistic Variety in a PRC Writer: Wang Meng's Ficiton of the 1979 – 1980 Cultural Thaw", *Australian Journal of Chinese Affairs*, No. 11, 1984.

② 　参见 Keyser Anne Sytske, "Wang Meng's Story Hard Thin Gruel: A Socio-Politican Satire", *China Information* 7, Autumn, 1992。

③ 　参见 Tung Timothy, "Porridge and the Law: Wang Meng Sues", *Human Rights Tribune* 3, Spring, 1992。

④ 　参见 Jeffrey C. Kinkley, "The Stubborn Porridge and Other Stories", *World Literature Today*, No. 69, 1995。

充满坎坷的年代，还是在光环闪烁的岁月，王蒙始终坚持文学创作，并把构建美好生活作为文学创作的主题，使其作品具有了在世界范围内广泛传播的普适性。第三，王蒙既是一名优秀的文学作家，同时又是政府文化部门的重要领导。他多次率团出访海外并与国外文化部门的高层领导、主流作家进行直接对话。在这些高级别的国际文化交流中，王蒙从中洞察着国际文化的走向、推动着中国文化走向海外，同时对个人文学素养及其作品的海外推介都发挥了重要的作用。

表2—8　　　　　　　　王蒙小说单行本在美国的翻译出版情况

作家	作品名称	译者	译本名称	出版社	出版年份
王蒙	《蝴蝶及其他》	Rui An	Butterfly and other Stories	Beijing：Chinese Literature	1983
	《相见集》	Denis C. Mair	The Strain of Meeting	Beijing：Foreign Language Press	1989
	《布礼》	Wendy Larson	A Bolshevik Salute：A Modernist Chinese Novel	Seattle：University of Washington Press	1989
	《雪球》	Cathy Silber & Deider Huang	Snowbell	Beijing：Foreign Language Press	1989
	《新疆下放故事》	Zhu Hong	Tales from the Xinjiang Exile	New York：Begos & Rosenberg Pub	1991
	《荒诞》	Alienation	Nacy Lin and Tong Qilin	Hong Kong：Joint Publishing	1993
	《坚硬的稀粥及其他》	The Stubborn Porridge and Other Stories	Zhu Hong	New York：George Braziller	1994

20世纪80年代，毕飞宇开始从事小说创作，其作品有着深度的哲学话语与表层的感性描写相结合的特点，擅长塑造鲜活灵动的女性形象，把女性的心理诉求、主观愿望表现得契合自然又具有原始生命力，被誉为"写女性心理最好的男作家"。毕飞宇是继我国当代作家莫言、余华之后，其作品在海外传播中有着较大影响力的新一代作家代表，而且其海

外的译介之路有着与大多数当代作家的不同之处。2003 年其中篇小说
《青衣》首次被译介到法国，开启了毕飞宇作品在海外的译介之路，但其
作品在美国及其他多国得到广泛译介主要集中在 21 世纪之后的短短的几
年时间里，这是我国当代作家在海外传播中的特例。另外，毕飞宇的小
说作品在海外传播主要是以海外出版社主动对外译介的传播形式，采用
版权推广的方式完成海外的出版宣传，而不是大多数当代小说作家作品
所采用的依托海外期刊及文学选集等传播译介方式。毕飞宇的小说作品
在国内外都得到了广泛的认可，在国内获得了鲁迅文学奖、茅盾文学奖、
中国小说学会奖等，他在海外被 2008 年诺贝尔文学奖得主勒·克莱齐奥
誉为"中国离诺贝尔奖最近的男作家"。2011 年他的长篇小说《玉米》
英译本获第四届英仕曼亚洲文学奖；2017 年获得法国文化部授予的"法
兰西艺术与文学骑士勋章"等。毕飞宇这些成绩的取得离不开三个方面
的因素。第一，优秀的译者为西方读者搭建了了解中国文学风貌的桥梁。
毕飞宇的小说作品的英译本大部分是由有着"中国当代文学首席翻译家"
之称的葛浩文与夫人林丽君女士（Sylvia Li-chun Lin）共同翻译完成的。
他们以精湛的翻译水平及对中国文化的熟知，准确地把握了小说文本翻
译内容，使译本符合西方读者的阅读习惯，如小说《青衣》的书名被译
成 "The Moon Opera"，较好地把握了小说的主旨，传达出鲜明的中国文
化特色。一方面，该译名很好地表达了小说所围绕的主题故事京剧《奔
月》；另一方面，"月亮"在西方文学作品中大多代表着抑郁、癫狂和执
着，把"月亮"这一表达运用于题目中更易唤起西方读者的共鸣和阅读
兴趣。毕飞宇的另外一本在美国较受欢迎的小说作品《玉米》也采用了
相似的翻译方法被译成 "Three Sisters"，较好地将小说故事中的三姐妹玉
米、玉秀、玉秧凝练于题目之中。如果该作品采用直译 "Corns" 将会使
西方读者不知所云，更谈不上产生对小说作品的阅读兴趣了。第二，采
用版权推广的形式。这种形式主要以海外的知名商业出版公司为主体赞
助人，如毕飞宇的《青衣》获得了著名出版集团霍顿·米夫林·哈考特
出版公司（Houghton Mifflin Harcourt）的认同，由该出版公司购买该著作
的版权，负责组织和翻译出版等。海外出版机构因熟悉西方版权贸易的
运行方式，这更利于小说译本在海外的出版发行。此外，权威出版机构
以其较高的海外影响力更容易引发读者的阅读兴趣，提高读者对毕飞宇

小说作品的公众认可度。第三，中国文化元素的封面设计助推着毕飞宇
的小说作品在海外销售。毕飞宇的《青衣》和《玉米》的英文译本的封
面分别采用的是有着浓厚中国文化气息的京剧脸谱和中国民间剪纸艺术
的设计，营造出浓郁的传统中国风氛围，为西方读者提供了耳目一新的
异国情调，让读者们对这些作品充满了阅读期待。

表2—9　　　　　　　毕飞宇小说单行本在美国的翻译出版情况

作家	作品名称	译者	译本名称	出版社	出版年份
毕飞宇	《玉米》	Howard Goldblatt & Sylvia Li-chun Lin	Three Sisters	London：Telegram Boston	2008
	《青衣》	Howard Goldblatt & Sylvia Li-chun Lin	The Moon Opera	Boston：Houghton Mifflin Harcourt	2009
	《祖宗》	John Balcom	The Ancestor	New York：Penguin Books	2013
	《推拿》	Howard Goldblatt	Massage	Melbourne：Penguin Random House Australia	2015

　　20世纪80年代阎连科开始文学创作，目前已出版15部长篇小说和
50余篇中篇小说、40余篇短篇小说、5部散文集还有6部文学批评集，
可谓是一位多产的当代文学作家。阎连科是20世纪中国当代文学的先
驱，被誉为"荒诞现实主义大师"，同时也是唯一一位在没有任何项目、
资金支持的情况下获得国际赞誉的中国当代小说作家。有学者认为："阎
连科创作的成功应该得益于他对常规的'胀破'——不论是国内影响还
是海外译介。他的崛起与争议无论是文学的还是非文学的，国内或是海
外，在当下中国都有标本意义。"① 阎连科在创作中的这种"胀破"表现
在语言、创作方式、文体等方面，这种超越传统的写作方式也吸引着海
外图书销售市场的青睐。阎连科的作品被翻译成20多种文字在海外发

---

① 刘江凯：《"胀破"的光焰：阎连科文学的世界之旅》，《当代作家评论》2016年第3期。

行，其中英文的译本数量最多。1998 年，阎连科的长篇小说《日光流年》获得第五届茅盾文学奖，为他迎来了文学创作的第一个高峰。步入 21 世纪，阎连科的长篇小说《收获》获得了第三届老舍文学奖、鼎钧双年文学奖等荣誉，此外还有第一届、第二届鲁迅文学奖等，这些奖项的获得也激励着阎连科不断地再创作，同时其作品也逐步获得国际文学界的认可。2014 年，阎连科的长篇小说《四书》获得弗兰茨·卡夫卡文学奖及第四届世界华文长篇小说奖，另外他的多部小说作品多次获得布克国际文学奖提名，还有日本的 Twitter 文学奖等。面对中国文学走向世界的前景，阎连科指出中国作家唯一能做的，是自己要能写出经得起翻译的小说，表达出人的内心和对中国现实的认识，在阅读中让世界更近、更真实地了解中国，感受中国的变化与独特的文化魅力。①

表 2—10　　　　　　阎连科小说单行本在美国的翻译出版情况

作家	作品名称	译者	译本名称	出版社	出版年份
阎连科	《为人民服务》	Julia Lovell	Serve the People	New York：Grove Press	2008
	《丁庄梦》	Cindy M. Carter	The Death of Ding Village	New York：Grove Press	2009
	《受活》	Carlos Rojas	Lenin's Kisses	New York：Grove Atlantic	2012
	《四书》	Carlos Rojas	The Four Books	New York：Grove Atlantic	2015
	《炸裂志》	Carlos Rojas	The Explosion Chronicles	New York：Grove Atlantic	2016
	《日熄》	Carlos Rojas	The Day the Sun Died	New York：Grove Atlantic	2018

---

① 参见毕晶晶《阎连科作品在德译介与接受初探》，《安徽文学》2015 年第 10 期。

第 三 章

中国当代小说在美国的
译介与中国形象建构

中国形象是关于中国的综合新意识，它不仅是一种国家主权概念、民族概念与地域概念，同时还是一种历史概念、文化概念与审美概念。[①]西方的中国形象是西方文化投射的一种关于文化他者的幻想，它并不一定再现中国的现实，但却一定表现西方文化的现实，是西方现代文化自我审视、自我反思、自我想象与自我书写的反思，表现了西方现代文化潜意识的欲望与恐怖，揭示出西方社会自身所处的文化想象与意识形态空间。[②] 在特定的文化传统中，中国形象作为一种表达体系或话语一旦形成，就以某种似是而非的真理性左右着人们关于中国的"看法"与"说法"，为不同场合发生的文本提供用以表达中国的词汇、意象和各种修辞技巧，体现出观念、文化和历史中的某种权力结构，并开始向政治、经济、道德、权利渗透。[③] 由于受到政治、社会、文化等多方面的因素综合作用，中国当代小说在美国的译介过程中的中国形象有着自塑和他塑的构建。一方面，中国当代小说作品自身所塑造的中国形象、不但对于美国译者和研究者对中国当代小说作品的选择和评介有着一定的导向作用，而且也对美国读者头脑中固化的中国形象予以改变，这在一定程度上又影响着美国读者对中国当代小说的接受程度；另一方面，中国当代小说

---

① 参见方爱武、吴秀明《文学的中国想象与跨越——跨文化语境下的"中国形象"塑造及传播》，载吴秀明《文化转型与百年文学"中国形象"的塑造》，浙江工商大学出版社 2011 年版。

② 参见周宁《世界之中国：城外"中国形象"研究》，南京大学出版社 2007 年版。

③ 同上。

作品中他塑的中国形象不仅受到美国翻译者、研究者等固化意识的影响，而且美国读者本身的文化诉求、文化价值等又会在一定程度上影响中国当代小说作品在美国译介中的形象塑造。因此，中国当代小说在美国译介中的形象塑造是一个复杂的过程，为了便于梳理和把握，本书将运用比较文学形象学的理论和批评方法，对研究中所涉及的有关"形象""中国形象"等概念进行界定，然后在此基础上按照中美建交以来历史的发展顺序，将我国当代小说在美国塑造的中国形象主要分为"红色中国"形象和"开放中国"形象。

第一节　中国形象与文学研究

文学作为有着重要社会属性的艺术形式，是中国对外文化交流的重要载体，尤其是大量反映中国当下社会面貌和精神状态的中国当代文学对我国对外形象的塑造有着举足轻重的作用。从形象学理论出发对中国当代小说的中国形象塑造与传播进行研究，挖掘并诠释根植于西方文化传统建构的中国形象体系和文化价值观具有重大意义。

一　形象学

形象学最早的发源地是法国，研究者对其在文学中的研究可谓由来已久。早在 1896 年法国学者路易·保尔·贝茨（Louis-Paul Betz）在其论文《关于比较文学史的性质、任务与意义的批评研究》中就曾指出比较文学的任务之一便是"探索民族和民族是怎样互相观察的：赞赏和指责，接受或抵制，模仿或歪曲，理解或不理解，口陈巧胆或虚与委蛇"①。由此可见，贝茨将形象学作为比较文学的一个分支，其目标之一是弄清楚不同国家如何彼此观察和描述。此后，巴尔登斯贝格（F. Baldensperger）、阿扎尔（Paul Hazard）等法国学者都对此展开了研究，但是形象学却没有得到蓬勃发展。这种困境持续了半个世纪，当时的形象学被称为"传统的形象"。直到 20 世纪 40 年代，法国学者让·玛丽·卡雷（Jean Marie

---

① ［德］胡戈·狄泽林克：《比较文学形象学》，方维规译，《中国比较文学》2007 年第 3 期。

Carre）在《法国作家与德国幻想：1800—1940》一书中将形象学定义为"各民族间的、各种游记、想象间的相互论释"①，使得形象学的研究具有了跨文化性、文学性和互动性的特性。1951 年，马法·基亚（Marius F. Guard）把"人们所看到的外国"专辟一节，写进他的《比较文学》（*Comparative Literature*），指出比较文学研究不应"再追求抽象的总括性影响，而设法深入了解一些伟大民族传说是如何在个人或集体的意识中形成和存在下去的"，并认为这个方向是比较文学研究中一个极富前景的领域，为文学研究"打开了一个新的研究方向"。② 这些都对早期的形象学理论体系研究产生了重要的影响，这些特性拓宽了形象学的研究领域，使形象等开始融入对异国形象的研究，逐步彰显出形象学的研究意义，加快了形象学的研究进程，因此，这可视为形象学研究的转折点。在随后的几十年中，随着研究领域的逐步扩大，形象学得到了更多学者的关注，也进行着学者不同观点的碰撞，有来自美国的勒内·韦勒克（Rene Wellk）撰写的《文学理论》（*Theory of Literature*）、《批评的诸多概念》（*Various Concepts of Criticism*），来自法国学者弗里德里希·艾金伯勒（*Friedrich Ebert*）的《比较不是理由》（*Comparison is No Excuse*）等。从他们著作的论述中可见，美国学者侧重在比较中发现形象学发展的内在联系和普遍规律，而法国学者则侧重以文学批评及审美判断为基础来展开研究，这些学者们在学术观点上的争论与交锋不但没有减缓形象学的发展，而且进一步引发了一些学者的深入思考，反而推动了形象学理论的不断完善。一方面，西方学者仔细回顾并分析了以往对"传统形象学"的研究，指出研究中的不足和问题；另一方面，各种后现代理论为形象学研究提供了新的视角。在此基础上，20 世纪 80 年代的形象学理论研究开始趋于体系化，成为比较文学的一门相对成熟又有待于不断探索的新领域。

　　法国学者让·马克·莫哈（Jean Marc Moura）和丹尼尔·亨利·佩格（Deniel Henri Pageaux）被视为"当代形象学"的先驱。莫哈曾指出："形象学意义上的文学形象具有三重内涵。一个是异国的形象，一个是出

---

① ［法］马法·基亚：《比较文学》，颜保译，北京大学出版社 1983 年版，第 6 页。
② 高贝：《比较文学理论的两大支柱——论比较文学的实证研究与非实证研究》，《贵州师范大学学报》2014 年第 1 期。

自一个民族（社会、文化）的形象，还有一个是由一个作家特殊感受所创作出的形象。"① 其中，第一种形象可视为早期传统形象学，强调再现式想象；第二种和第三种形象可视为形象学在 20 世纪七八十年代发展阶段的描述，强调的是创造式的想象。巴柔作为这一阶段形象学研究理论和方法的奠基人，在其 1989 年撰写的《从文化形象到集体想象物》一文中对"形象学"做出了比较科学的定义，巴柔指出"形象学是人们对异国的看法与感受的一个总体，这些看法与感受是在一个文学化也是社会化的过程中获得的"②。巴柔将形象学置于社会化、文学化的场域中来进行综合性的审美研究，涉及文学、文化、政治、历史等多重因素，注重审视者的自我主体意识及被审视者的社会功能，这在一定程度上扩大了形象学的文化范畴，使比较文学形象学具有一种更为广阔的包容性。另外，从中也可以看出传统形象学和当代形象学有着不同的侧重点。前者主要关注的是人物形象的真伪，很少从注视者的角度进行关注。然而，后者却表现出从外界多重因素来考虑的综合形象，视角也从原先单一的重视被注视者转向重视注视者，关注的形象可以是具体的人物，也可以是器物，还可以是某种观念，更加注重探讨隐含在他者形象背后的创造者民族的自我形象。

　　西方对形象学的研究起步早并取得了长足的发展。直到 20 世纪，西方的形象学才逐渐被中国所了解，目前中国对此研究已取得了一定的成果，但多集中于比较文学领域。中国的形象学研究大致可分为三个阶段：早期阶段，文化转向阶段和拓展阶段。早期阶段始于 20 世纪初，西方翻译作品中所描述的与中国形象完全不同的异域形象引起了中国学者的极大关注。以陈守义、方忠、钱锺书等作家为代表发表了一系列论述欧洲文学中的中国形象的文章，为后续的形象学研究提供了重要资料。不久，许多中国学者不满意在西方文学中展示出的中国的异域形象并开始着手从事形象学理论和方法的研究。孟华作为这一时期最杰出的代表之一，于 2001 年出版了由其主编的《比较文学形象学》一书，该书系统介绍并

---

　　① ［法］让·马克·莫哈：《试论文学形象学的研究史及方法论（续）》，孟华译，《中国比较文学》1995 年第 2 期。
　　② ［法］达尼埃尔·亨利·巴柔：《形象学理论研究：从文学史到诗学》，蒯铁萍译，载孟华主编《比较文学形象学》，北京大学出版社 2000 年版，第 202 页。

翻译了西方在当代形象学研究领域的权威理论成果，包括巴柔、莫哈、基亚、利科等最前沿的当代形象学家奠基性的论述，展示了国外有关形象学理论研究历史与发展动态，这为国内的形象学研究奠定了较为完整的理论基础，进一步助推了国内形象学研究的快速发展。另外，孟华所创作的一系列有关比较文学的形象学论文都引起了国内学者较广泛的关注，如大胆质疑形象学套话理论、强调总体性与综合性研究的重要性等，他将形象学理论更好地落实到中国现实情况的应用中。随着当代比较文学形象学的文化转向，形象学生成的文化原因引起了学者们的关注。厦门大学周宁教授是这一阶段具有代表性的研究者之一，他在其撰写的论文《中国形象：西方现代性的文化他者》中阐述了西方文学中中国形象的产生、变异和再生的过程，并且指出了当前跨文化形象学研究中存在的问题和研究方法，论证了形象学在很多方面都与文化相关联的观点。一方面，文化转向促进形象学与文化及文化想象相关联，在此基础上形象学逐步形成了与多种学科话语交叉的局面，形象学呈现出开放的研究姿态和视域；另一方面，由于形象学的文化转向推动了形象学与符号学、人类学、民族学、美学等学科的结合，使形象学有了更广阔的研究领域。

无论是中西方还是研究进程的长短，形象学研究始终贯穿着对异国形象即"他形象"（hetero-images）的研究，并且不断地受到自我形象（auto-images）的影响。自我形象和他者眼中的形象都是审美想象与现实的结合，而不是自我的克隆或传真。陈惇在其撰写的《比较文学概论》专著的第一章"从文学化形象到集体想象物"中，明确指出当代形象学的核心概念是对他者形象的定义，并指出他者从内涵来看，主要包括三方面内容。一是"文化综合论"。他者不仅包含认识主体对异国社会生活、风土人情等方面的综合认识，还涉及认识主体的思想观念和情感认识，因此是二者的综合产物。二是"缺席论"。即他者是在异国不在现场的情况下被认识主体创造出来的。三是"主观论"。该理论主要强调认识"主体在创造过程中的主导性作用。这表现在创造主体有意或无意地把自己的主观观念融入他者的形象中去"①。由此可见，自我形象的研究离不开他者，自我形象作为他者对异域形象研究的一个重要组成部分，是由

---

① 陈惇：《比较文学概论》，北京师范大学出版社 2000 年版，第 35 页。

形象自身和形象审视者的相互作用而形成的。因此，一个国家形象的自塑通常依据的是创作者真实的社会、历史与文化的审美感知，它凭依的是一种真实的在场感，这对于倾向于缺席的在场的"他形象"来说，无疑是一种来自本土的生动参照与探讨，它在一定程度上可以与"他形象"产生互动，会与异文化的"套话"相比照，或纠偏，或弥补，或完善"他形象"，从而影响异文化中"他形象"的新的建构。因为在信息传媒更加发达的今天，异国形象传递出的是不同文化交流过程中的各种信息。① 因此，在当代世界各国经济文化交流日益频繁的语境中，国家形象是一个以他者形象为参照的综合性概念。借鉴形象学研究的开放视角，将国家形象的塑造放在"自我"与"他者"的互动、互识、互补、互鉴关系中进行认知研究，而不仅仅是对异国情况的简单复制，这将有助于在异族文化中完善关于异国形象的整体认知，同时也有益于形象自塑者更好地反观自身完善对于本族形象的文化认知的影响。

二　中国形象

"国家形象是一个综合体，它是国家的外部公众和内部公众对国家本身、国家行为、国家的各项活动及其成果给予的总的评价和认定。国家形象具有极大的影响力、凝聚力，是一个国家的整体实力的体现。"② 国家形象是以一种抽象的方式，表达世界对某一国家的普遍认知和印象。国家形象展示了一个主权国家或民族在世界舞台上的面貌，代表国际社会对该国相对稳定的普遍看法。除了自身的塑造，国家形象的形成更依赖于传播，包括国内外的传播。形象传播是指一个国家的信息通过特定的渠道传播，然后经过处理，最终形成国家形象的过程。也就是说，因为国家形象是基于对一个国家政治、经济、文化等实体的认识和评价，它是可以被建构、被塑造、被阐释与被传播的，所以对于一个国家的国家形象来说没有一个统一标准的认识，它有基于对国家现实的客观认识，也有基于观察者个体的主观感悟，因此每一个国家的国家形象都有正面

---

① 参见张志彪《比较文学形象学理论与实践——以中国文学中的日本形象为例》，民族出版社 2007 年版。

② 管文虎：《中国国家形象论》，成都科技大学出版社 2000 年版，第 23 页。

与负面之分，有全面与局部之别，还有自我形象与他塑形象之异。① 在世界全球化发展趋势之下，国家形象已经成为国家利益的重要内容，各国都在世界舞台上努力构建对外的良好的形象，以此来提升国家的文化软实力。

据当代中国与世界研究院联合知名调查机构凯度华通明略和 Lightspeed 共同完成的《中国国家形象全球调查报告 2018》显示，"中国形象国际上的认可度正在稳步提升，中国形象正被越来越多的海外受访者所认可。发展中国家和海外年轻群体对中国形象的肯定最高，如俄罗斯达到 7.6 分（总分为 10 分），而一些发达国家，如日本对中国形象的认可度最低，只有 4.4 分……其中国际社会对中国文化载体的认可度中，文学只有 20% 的影响力"②。有"北京共识之父"之称的乔舒亚·库柏·雷默（Ioshua Cooper Ramo）早在 2006 年就曾明确指出中国国家形象在国际上存在着一定的非理性状态："在过去的 25 年里，中国发生了史无前例的巨变……可惜，中国的国家形象跟不上诸多变迁的步伐。其他国家对中国的看法，还停留在以前那些陈腐的观念中，充斥着固执的偏见和恐惧。而中国对自己的看法，又往往在自负与自卑之间不停摇摆，有时候充满自信，有时候又缺乏起码的安全感。"③ 雷默这一言论虽然距当下已有一段时间，但对于我们今天以至于未来的国家形象的塑造和发展都有着一定的警醒作用。我们要认识到虽然步入 21 世纪后，我国在推进对外文化传播和交流上实施了多项的鼓励措施，但从其在国外的发展情况来看塑造良好的大国形象、在文明话语中树立中国话语自信仍具有着必要性和紧迫性。

本书的"中国形象"本质上是一种国家形象，但是与国际政治关系和国际关系领域中的"国际声誉""国家威望"及社会学和政治学都关注的"国家认同""国家品牌"有所区分。本书聚焦的"中国形象"是一种内涵更广阔、更具包容性的形象概念，它用文学审美的认知与评价来

---

① 参见方爱武《跨文化视阈下当代"中国形象"的建构》，博士学位论文，浙江大学，2016 年。

② 钱敏：《最新中国国家形象全球调查报告出炉中国在海外更受欢迎了》，《人民周刊》2018 年第 3 期。

③ ［美］乔舒亚·库柏·雷默：《中国形象：外国学者眼里的中国》，沈晓雷等译，社会科学文献出版社 2008 年版，第 8 页。

予以建构，通过对文学作品的阅读来形成对中国文化、精神面貌和价值观等印象和评价，是文学创造者们对中国形象的一个自我想象和认知的过程，既有一定的历史研究和现实指向，又有一定的文化审美和超越意义。

当前，在跨文化语境下中国形象的构建和传播面临着四个方面的制约因素。第一，已建立的中国形象与实际社会发展需求之间的差距。目前，我国国家形象工程的建设落后于我国经济的快速发展和综合国力的不断增强，中国形象的海外传播还远远不足以在国际社会中充分展示中国当下真实的一面，还未能根据中国现有的发展状况为中国未来的文化发展战略服务。第二，中国国家形象在理论建设和实践操作上都相对落后于西方发达国家。欧美国家很早就意识到塑造国家形象的重要性，同时也注重通过多种渠道来增强对本国形象的研究和传播。第三，大多数西方国家都有着外来文化的移民历史，并积累了广泛的跨文化经验。相对而言，中国历史上少有的这段移民史导致部分民众存在着跨文化意识淡薄的状况。第四，文学在对外译介出版中产生的困难和潜在问题，包括翻译质量、知识产权保护、销售量、读者接受程度等都阻碍中国在国际社会的形象建设。

针对上述这些中国形象在建构中的问题，我们可以从两个方面着手加强。一方面，深入了解中西方文化差异，不断拓展跨文化交流渠道；另一方面，建立独特的话语体系。为了更好地在跨文化语境中传播中国的国家形象，建立独特的话语体系显得尤为重要。虽然国家形象是无形的，但是国家形象的形成与有形的事物之间有着很大的关联。在对中国国家形象对外构建中，应努力根据中国的文化特点，以具有普遍吸引力的文本和可接受的叙事模式，来激励海外民众了解真实的中国。此外，还应根据不同国家的文化和语言特点，制定相应的文本交流内容、话语框架和用语。对世界各大媒体的话语推进模式和关键话语词，加大研究力度，特别是对中西方在思维方式、文化和话语表达上存在着的明显的认知差异进行不断的沉淀和反思。

三　西方文化语境下的中国形象研究

由于社会、文化与历史等诸多因素影响，形成于西方文学中的中国形象是一种典型的"他形象",它在很大程度上为套话所主宰,人云亦云者甚多,为西方文化所利用,所以异文化领域中的中国"他形象"与中国文学之中的"自我形象"常常相差甚远,譬如风行一时、难以根除的"黄祸论"与"威胁论",以及美籍学者爱德华·萨义德(Edwar Waefie Said)的《东方学》中所展示的"东方"形象等,这些形成于西方世界的中国形象经常凭依自己文化的世界影响力,直接或间接地控制着世界的中国形象表述。① 西方学者用自身对中国形象的固化的表达体系或话语,对中国的文化现象或文学中的人物形象进行阐释,忽略了与中国快速发展同步发生新变化的中国形象,西方社会对中国认知存在着一定的滞后性与片面性。因此,中国文学如何跻身于世界文学之林,中国文学又如何在跨文化语境下给世界呈现出立体多元的中国形象,这些都给当代文学的研究带来了严峻而又紧迫的挑战。

进入 21 世纪以来,随着我国对外译介中国文化的力度不断加强,国内对中国形象在文学作品的异域表达研究呈现方兴未艾之势头。这既有纵向的中国形象在海外的梳理分析,又有横向的国别研究。综合来看,目前已取得了一些较有价值的研究成果。大致来说,国内已有研究可分为五类。

第一,从当代文学的海外传播与中国形象的塑造进行整体的分析研究。主要有吴秀明、方爱武撰写的《论全球化语境下中国形象的塑造与传播》(2010),作者将文学中的中国形象看作关于中国的审美想象与建构,是作家在不同时空对国家民族的一种个性化的形象认知,从传播的视角剖析了中国形象在自我传播过程中的泛政治化问题和他者传播过程中的结构失衡性问题,通过处理好本土经验与普世价值、文化自信与文化自省、仿造性与原创性这三方面的关系,从而在全球化语境下更好地重塑中国形象。② 王萍的《中国当代文学对外传播中的中国形象建构》(2013)在全球化的语境下,针对中国当代文学的对外传播对中国形象的正面影响和负面效应,提出中国形象的重构和推介策略,分别从做好选

---

① 参见周宁、李勇《究竟是"跨文化形象学"还是"比较文学形象学"》,《学术月刊》2013 年第 5 期。

② 参见吴秀明、方爱武《论全球化语境下中国形象的塑造与传播》,《浙江大学学报》(人文社会科学版)2010 年第 6 期。

题策划、重构中国形象、突破翻译模式、拓宽传播渠道来促使当代文学更有尊严地走向世界①。还有姜智芹的《当代文学对外传播对于中国形象的延续和重塑》(2017)，该文指出中华人民共和国成立以来当代文学通过他者传播和自我传播塑造了倾向不同、形态各异的中国形象，这些原有的中国形象在一定程度上决定了西方译者对当代文学作品的选择及西方读者对翻译过去的当代文学作品的接受，并成为构建新一轮中国形象的重要思想资源，而新一轮的中国形象所呈现的风貌又给原有的中国形象以冲击、调整，进而实现某种程度的更新重塑。②

第二，分阶段对中国当代文学在海外传播塑造的中国形象进行分析研究。主要有林文艺的《建国十七年中国国家形象的塑造与传播——以〈中国文学〉(英文版) 革命历史题材作品的选取为例》(2012)，以英文版《中国文学》为媒介对外翻译介绍中国文学精品，传播中国文化，以展示崭新的国家形象。该书着重分析中华人民共和国成立 17 年来《中国文学》(英文版) 对革命历史题材文学作品的选取，以及所展示的形象与时代精神，从而展示中华人民共和国成立 17 年来中国国家形象的塑造与传播③。还有吴秀明撰写的专著《20 世纪文学研究与"中国形象"的历史建构》(2016)，该书以异域他者为参照，在 20 世纪文学演进的大视野下，对中国形象及其历史建构做了全面系统的梳理与总结。在时间上，打通近代、现代与当代三个不同的文学时代；在空间与形态上，涵盖了中国港澳台地区与影视文类，充分体现了形象学研究跨时代、跨区域与跨文体的特点。④

第三，从文本类型对当代文学在海外传播塑造的中国形象进行分析研究。主要有付文慧的《中国女作家作品英译合集：文学翻译、性别借用与中国形象构建》(2013)，该文以 20 世纪 70 年代中国文学出版社推

---

① 参见王萍《中国当代文学对外传播中的中国形象建构》，《郑州大学学报》2013 年第 7 期。

② 参见姜智芹《当代文学对外传播对于中国形象的延续和重塑》，《山东师范大学学报》(人文社会科学版) 2017 年第 1 期。

③ 参见林文艺《建国十七年中国国家形象的塑造与传播——以〈中国文学〉(英文版) 革命历史题材作品的选取为例》，《福建论坛》(人文社会科学版) 2012 年第 10 期。

④ 参见吴秀明《20 世纪文学研究与"中国形象"的历史建构》，浙江大学出版社 2016 年版。

出的女作家作品英译合集为研究对象，从宏观的历史文化角度对这一政府文化宣传机构主导的译介行为予以考察和研究，包括其编辑原则、翻译特点及其对中国形象的塑造等，同时运用性别研究的全新视角对女性作家作品的这一翻译项目予以阐发，既凸显出女作家的女性本体意识，又彰显出女作家在一定程度上与男作家无差别地担当了反映中国社会现状的任务。①

第四，以作家作品为个案对中国当代文学在海外传播塑造的中国形象进行分析研究。主要有姜智芹的《当代文学对外传播中的中国形象建构——以莫言作品为个案》（2015），该文强调文学在塑造国家形象方面具有较高的价值信任度和可接受度，以莫言作品对外建构出的批判中国形象和反思中国形象来展开分析，折射出中国文学对外传播中的西方想象中国问题。② 还有胡晨飞的《"中国形象"的书写与中国当代文学"走出去"——从〈一地鸡毛〉英译本谈起》（2015），该文以当代作家刘震云的小说《一地鸡毛》的英译过程为考察对象，探讨中国形象的书写及中国文学"走出去"语境下中国当代文学译介的诸多问题，提出"零度翻译"的概念，同时关照译者模式选择的相关议题。③

第五，对中国当代文学在除英美之外的海外国家所塑造的中国形象展开横向分析研究。主要有谢森的《新时期文学在德国的传播与德国的中国形象建构》（2012），该文通过文献梳理得出德国对于中国当代文学的译介与研究在 20 世纪 80 年代达到顶峰的结论，而这些译介作品成为20 世纪 80 年代以后德国之中国形象建构的一个重要媒介。新时期文学在德国的传播，与 20 世纪 80 年代之前原有的中国形象之间存在着既反省重构又继承延续的复杂关系，它与 20 世纪 80 年代之后新一轮的中国形象建构之间经历了从紧密渗透到相对游离的不同阶段，而"他者接受"与

---

① 参见付文慧《中国女作家作品英译合集：文学翻译、性别借用与中国形象构建》，《外国语》2013 年第 5 期。

② 参见姜智芹《当代文学对外传播中的中国形象建构——以莫言作品为个案》，《人文杂志》2015 年第 1 期。

③ 参见胡晨飞《"中国形象"的书写与中国当代文学"走出去"——从〈一地鸡毛〉英译本谈起》，《岭南师范学院学报》2015 年第 1 期。

"自我观照"两种文化心理则共同影响着这一传播与接受的过程。① 还有张玮的《当代印度英语小说里的中国形象解读》（2017），该文以当代印度英语小说"朱鹭号"三部曲和《孟加拉特色谋杀案》中的中国形象为解读对象，分析印度作家在中国人物塑造方面对中国传统文学手法的借鉴，以及他们在作品中所呈现出的具有印度特色的中国文化元素。②

综上所述，有关中国当代文学在海外译介中的中国形象研究已取得了一定的成果。这些研究成果既可以为中国当代文学的对外译介与接受提供一种新的诠释方法，又可以丰富形象学的研究内涵，是对比较文学从内容到方法论的补充和拓展。但是这些研究成果也有着一定的局限性，其主要体现在以单个作家或某一群体作家为研究对象，缺乏以历史为线索的整体观照和跨语言文学文本的横向比较。另外，大多的研究者多选择了文化批评视角，反映出目前国内对中国当代文学的海外形象批评多集中在文化批评方面。因此，将比较文学形象学的研究方法引入到中国当代小说的研究中，用比较文学形象学的方法来跨越文化和语言的阻碍，并系统性地发掘中美建交以来对外译介的中国当代小说作品中的中国形象的塑造问题，仍然还有着很大的研究空间，同时这项研究工作也极具挑战性。

第二节　改革开放初期的正统译介与"红色中国"形象

这一部分主要探讨 20 世纪 80 年代的中国形象。1978 年，中美两国正式建交，开始了两国关系的新阶段，促进了两国在各个领域的广泛交流，同时以美国为首的西方世界与新中国的关系经历了从战略对抗到战略对话的历史转变。1972 年 2 月 21 日，尼克松正式访华，该举动打破中美冻结了 20 余年的坚冰。尼克松的访华使中美外交进入了一个新阶段，为美国人了解中国开辟了新的通道，让美国民众可以大量地接触到中国

---

① 参见谢淼《新时期文学在德国的传播与德国的中国形象建构》，《中国现代文学研究丛刊》2012 年第 2 期。

② 参见张玮《当代印度英语小说里的中国形象解读》，《北方工业大学学报》2017 年第 8 期。

的正面报道、游记、见闻、文学作品等，让美国人看到了中国生产力的发展和社会主义的新人新风尚，这也使美国人心目中负面的中国形象开始得到扭转。对此，有学者指出："尼克松访华对美国的中国形象产生了深刻影响，一方面创造了美国人了解中国的条件并引起美国各界对中国的兴趣；另一方面彻底扭转了邪恶的中国形象，将西方小范围内久已出现的美好的中国形象，迅速在美国推向高峰，中国从一个邪恶的红色敌国变成了代表人类发展方向的社会主义乌托邦，红色恐慌变成了红色希望。"① 在中美对外建交新的篇章开启之时，美国学者对中国当代小说译介中的敌对的中国形象发生了转变，更多地开始关注中国当代小说中正统的、主旋律文学。随之而来的是美国汉学家、研究者对中国文学的政治立场亦发生较大转变，他们将描写革命与建设的新中国当代小说视为正统的、严肃的文学作品，从这些作品中去积极发现中国当代小说所承载的文学价值，在美国文学场域中一个"红色中国"形象开始逐步构建起来。

一　他塑"红色中国"形象

形象学理论学家达尼埃尔·亨利·巴柔曾指出："一切形象都源于对自我与'他者'，本土与'异域'关系的自觉意识之中，即使这种意识是十分微弱的。因此，形象即为对两种类型文化现实间的差距所作的文学的或非文学的，且能说明符指关系的表述。"② 从巴柔的论述中可见，形象的构建需要异域文化的参照与隐喻，没有异域文化的对比影响，也就没有形象的建构。从这一时期美国出版推介的中国当代小说选本中选出较具代表性 4 本书来展开分析研究，以期从这些选本中透视出这一时期西方对中国形象的建构范式。这 4 个选本分别是詹纳（W. J. F. Jenner）的《现代中国小说选》（*Modern Chinese Stories*）和白志昂、胡志德（John Berninghausen & Theodore Huters）的《中国革命文学选》（*Revolutionary Literature in China*：An Anthology）及许芥昱（Hsu Kai-yu）编选的《中国文学图景：一个作家的中华人民共和国之行》（*The Chinese Lit-*

---

① 周宁：《龙的幻想》，学苑出版社 2004 年版，第 223—224 页。
② ［法］达尼埃尔·亨利·巴柔：《形象》，孟华译，载孟华《比较文学形象学》，北京大学出版社 2000 年版，第 155 页。

erary Scene：*A Writer's Visit to the People's Republic*）和《中华人民共和国
文学作品选》（*Literature of The Peoples Republic of China*）。詹纳的《现代
中国小说选》于 1978 年出版，收录五四运动以来中国当代小说 20 部。
该选集以小说的形式来展示中国社会的变迁，注重新中国文学与传统文
学的关系，从而彰显了编者詹纳对新中国文学的重视。这些作品主要包
括：高元勋口述的《二老渊》、郭同德口述的《旗杆镇》、孙犁的《铁
木前传》、谷岩的《枫》、房树民的《霜晨月》、王杏元的《铁笔御史》
及唐耿良的《穷棒子办社》和徐道生、陈文彩的《两个稻穗头》两部
说书形式的故事。詹纳选择这些作品并非因为它们具有艺术借鉴作用，
在"引言"中，他部分否定了中国当代小说的整体艺术价值："除鲁迅
外，其作品的形式与技巧几乎无任何东西可提供给那些寻求艺术新颖、
杰出的人们。"① 他希冀这些作品能够"展示中国人的生活，并使读者
看到中国人的某些世界观"②。由此可见，在此种思想指导下，詹纳在
对选集中收录的小说进行筛选时，多以较好地展示了中国社会变迁的蓝
本为准则，其中两部捻军故事有助于西方读者了解中国的武装起义和游
击战争传统；孙犁的《铁木前传》体现了"土地改革"中资本主义倾
向与集体主义的矛盾；谷岩的《枫》反映了中国军队在朝鲜战争中面
临的军队运输问题；房树民的《霜晨月》则"反映了 1960 年代初农村
歉收所引发的斗争，集体道路遇到巨大阻力，但终为彩霞这样的农民的
信心所挽救"③。由于注重小说传达的社会信息，"真实性"成为詹纳选
择作品的重要原则。所选新中国小说集中于农村及战争题材小说，少量
城市题材作品。因为在詹纳看来，新中国的城市小说表现问题不够坦诚
直率，而入选的作品中唐耿良的《穷棒子办社》从现实中取材，首先，
真实可信，孙犁的《铁木前传》具有"令人难以抵抗的诚恳魅力"④。
詹纳对于入选的作品首先注重的是真实性；其次，要具有创新性，对此
詹纳有着严格的入选准则。例如，选集中收录了有关朝鲜战争的小说。
因为抗美援朝战争的胜利，在美国读者看来是毛泽东军事思想的伟大胜

---

① W. J. F. Jenner, *Modern Chinese Stories*, London：Oxford University Press, 1970, p. 112.
② Ibid., p. 7.
③ Ibid., p. 220.
④ Ibid., p. 243.

利，通过有效控制战局，实现了朝鲜战争局部化。还收录有关游击战争的小说，被誉为毛泽东军事思想的伟大创新，富有传奇色彩。詹纳不仅通过两部捻军故事反映游击战争，还有 20 世纪 40 年代的作品《怀义湾》也是经典的游击战争小说。这些作品的收录，一方面体现了编者想要深入了解中国社会的意图；另一方面也反映了编者想要满足西方读者的"猎奇"心理。另外，詹纳还选择了少量的城市题材小说，因为编者想用这些小说中的西化风格满足西方读者对新鲜事物好奇心。1985年，美国汉学家白志昂与胡志德通过合编的《中国革命文学选》反映了五四运动以来中国革命文学发展的整个历程，让西方读者更好地理解革命文学在中国的发展及它同现代社会和革命的关系。该选集收录秦兆阳的《沉默》、周立波的《新客》、浩然的《初显身手》等小说作品。选入秦兆阳的《沉默》，是因为在编者看来该小说可贵地保留了社会批判精神，而新中国绝大部分作品都已成为意识形态附庸，失去了应有的反思性。周立波和浩然的作品则被视为优秀作品，因为它们成功地将革命内容与有效的艺术形式相结合，《新客》"成功地使生动活泼的语言、幽默感和令人可信的人物（如王妈、大喜）与这时的思想要求（即道德观）联结成一体"①。两部小说都"具有抒情般的描写，并配上农村俗语和地方土话的艺术运用"②。还有许芥昱编选的《中国文学图景：一个作家的中华人民共和国之行》③，收录了 20 世纪 70 年代末中国大陆有着广泛影响力的文学作品。该选集着重凸显了我国这一时期的文学特点，主要包括"抗战前后""舞台上不再有帝王将相""工农兵讲述自己的故事"三个部分。其中"抗战前后"收录的代表性小说有郭沫若的《关于诗歌的民族化群众化问题》、黎之的《思想感情、语言及其他——从〈绕道〉的讨论谈起》，这是为了表现抗战前后文学批评语气的变化；"工农兵讲述自己的故事"收录了杨沫的《青春之歌》片段，因为杨沫是中国 20 世纪 60 年代末期唯一未受到批判的小说写续篇的作

---

① 白志昂、胡志德：《中国革命文学》，周发祥、陈圣生译，载盐谷温《国外中国文学研究论丛》，中国文联公司 1985 年版，第 126 页。

② 同上。

③ 参见 Hsu Kai-yu, *The Chinese literary Scene*：*A Writer's Visit to the People's Republic*，New York：Vintage Books，1975。

家，高玉宝的自传体小说《高玉宝》、浩然的《金光大道》等主旋律作品也收录其中。① 许芥昱的另一个选本《中华人民共和国文学作品选》收入了杨朔的《三千里江山》、李准的《不能走那条路》、艾芜的《夜归》、峻青的《黎明的河边》、周立波的《山乡巨变》、茹志鹃的《百合花》、梁斌的《红旗谱》、杨沫的《青春之歌》、柳青的《创业史》、李英儒的《野火春风斗古城》、张贤亮的《大风歌》、王若望的《见大人》、李国文的《改选》、王蒙的《组织部新来的年轻人》等作品的节选或全文内容。② 从上述的梳理中可见，这一时期的对外文学选集呈现出两个较明显的特点。第一，编者更注重小说作品自身的文学价值，能够从文学审美的特性出发来选择小说作品并遵从小说作品的发展轨迹。第二，从选本的选择和相关的评论中可以看出，这一时期对中国形象的塑造较以往的负面形象有了较大的提升，更多的是正视中国的发展，从中国革命文学作品中来构建"红色中国"形象。第三，在中美建交之初，中美关系得到了一定程度的好转，但是在此之前中美之间的紧张关系使得这一时期美国对中国形象的认知不能以大量的客观事实为基础，在对中国形象的建构中有着一定的否定性、主观性、模糊性的态度等，某种程度上歪曲了中国形象。美国学者以"自者"的优越位置自居来俯视中国"他者"的劣势位置，以西方现代文化自身投射"他者"的幻想空间，导致了在美国视域中建构的中国形象与我国自塑的中国形象之间存在着一定的差距。虽然美国编者在推介的中国当代小说文本中还存在着抨击新中国政权的话语，但总体来说，这些选本的选材更加广泛，有着时代特色，在不同程度上反映了美国社会共同的价值观念与审美趣味，被视为 20 世纪 70 年代末 80 年代初美国文化取向的重要参照。

二　自塑"红色中国"形象

上述这些选集为中国当代小说在海外形象的他塑开辟了一条道路，可视为中国当代小说在美国的形象构建的他塑。除此之外，另一种方式

---

① 参见纪海龙、方长安《1970 年代中国"十七年文学"选本论》，《福建论坛》2010 年第 9 期。

② 参见 Hsu Kai-yu, *Literature of the People's Republic of China*, Bloomington：Indiana University Press，1980。

是通过自塑来构建中国的海外形象。由中国外文出版发行事业局创办的英文版《中国文学》作为我国第一份也是唯一一份由中国政府官方对外系统地译介中国文学艺术作品的外文刊物,对以国家机构主流意识为主导的中国文学的对外交流发挥了重要作用,尤其是其在译介过程中对改革开放初期突破文化封锁、扭转他塑的负面国家形象有着重要的导向作用。该杂志作为中国政府官方主办的唯一对外刊物,一方面,受到主流意识形态辖制,如栏目的设置,办刊方针的设定,译者的翻译选材的数量、类型等都要在主流意识形态指导下进行,以革命战争、革命历史题材等红色经典作品的小说作品的对外译介为主要内容,这使其在美国的对外译介呈现出定型的特点,并在一定程度上制约了美国读者对中国当代小说在改革开放初期的理解与品鉴;另一方面,在我国改革初期文学译介的大门全面对外敞开之时,《中国文学》杂志担当起这一时期对外译介的重任,成为改革开放初期政府对外文化交流、树立新中国正面形象的一个重要平台。1979 年,全国第四次文代会的召开给文学艺术领域带来了新希望,打破了极"左"路线的影响,全面开启了文艺依据自身规律发展的时代,肯定了"十七年文学"文艺路线和文艺工作的成绩及广大文艺工作者的价值,提出应该"继续坚持毛泽东提出的文艺为最广大人民群众、首先是为工农兵服务的方向","坚持百花齐放、推陈出新、洋为中用、古为今用的方针"。① 在《方针》的指导下,《中国文学》除了恢复适量选译现代和古代的优秀作品外,杂志也开始实时译载反映新时期中国人民现实生活的文学作品,包括伤痕与反思、寻根与历史、悲痛的知青生活、开拓者、创业者、舍己为人的知识分子、爱情与婚姻、从两性关系等角度探讨考察人性、生态平衡问题等文学作品。② 许多在当时有着较高影响力的当代小说,诸如宗璞的《弦上的梦》、刘心武的《班主任》、黄瑞云的《老马和小马》、贾平凹的《果林里》、姚雪垠的《李自成》(节选)等都被收录其中。③ 虽然《中国文学》杂志在这一期间经

---

① 邓小平:《邓小平同志在中国文学艺术工作者第四次代表大会上的讲话》,载中国文学艺术联合会《中国文学艺术工作者第四次代表大会文集》,四川人民出版社 1979 年版,第 1—7 页。

② 参见徐慎贵《〈中国文学〉对外传播的历史贡献》,《对外传播》2007 年第 8 期。

③ 参见林文艺《英文版〈中国文学〉作品翻译选材要求及影响因素》,《龙岩学院学报》2011 年第 8 期。

历了曲折式的向前发展，但仍然承担着向国外译介中国当代文学、塑造中国海外形象的重要使命。

在 20 世纪七八十年代的过渡时期，虽然《中国文学》的编辑方针对其向海外译介的作品体裁没有做任何限制，但是这一时期文学作品是作为主流意识形态发挥文化引导作用的主要力量，在一定程度上文学创作还是缺乏自主性，在题材选择上还留有过往的革命文学特色，主题多以工农兵在农村、工矿、部队生活为主，仍以小说为主来体现这些题材，还有少量的样板戏、诗歌、文论等形式，所选的作品呈现出单调化、公式化的特点，塑造了为政治服务的大量红色工农兵形象。

这一时期《中国文学》对美译介中塑造的"红色中国"形象主要有三种。第一种，英勇的解放军形象。《中国文学》选取被誉为"英雄史诗"的第一部大规模正面描写解放战争杜鹏程的优秀长篇小说《保卫延安》与被誉为"二红一创，青山保林"经典红色文学作品的《林海雪原》和吴强的红色经典小说《红日》中塑造的英勇解放军形象最为典型。《保卫延安》通过描写几个著名战役，展现了周大勇连长的奋不顾身的英雄形象。周大勇是小说作品浓墨重彩塑造的英雄形象，战斗中他总是主动请求承担最危险、最艰巨的任务，此外还塑造了李诚、王老虎等无所畏惧的、英勇善战的英雄形象。杂志译载曲波的长篇小说《林海雪原》则塑造了各式各样的英雄人物形象，如身经百战的老战士杨子荣，长期的对敌斗争造就了他的大智大勇，培养了他顽强不屈的战斗精神，为剿匪斗争立下了汗马功劳；足智多谋的团参谋长少剑波，带着 36 人小分队挺进林海雪原与"中央先遣军"展开生与死的角逐，此外还有孙达得、栾超家等英雄形象。杂志译载的《红日》则塑造了中国人民解放军高级指战员沈振新这一英雄形象，他忠于职守、沉着冷静，为解放战争的胜利立下了汗马功劳。小说中另一个值得注目的英雄人物就是副军长梁波，指挥战斗中处处显示出军事家兼政治家的风度。小说还塑造了团长刘胜、连长石东根等英雄形象，和所有的英雄人物一样，在他们身上不乏英雄的壮举：刘胜披坚执锐，力挽狂澜，在弥留之际还念念不忘活捉张灵甫；石东根冲锋陷阵，奋勇杀敌，在枪林弹雨中坚守阵地。这些小说作品中塑造的英勇的解放军形象，向海外读者展示了中国人民反对侵略、热爱和平、保卫家国的精神和勇气，为寻求自身的解放而表现出的勤劳、勇敢、坚贞不屈的民族精神，体现了我国在建立现代民族国家过程中的一种自主意识，同时也是力图修正当时中西方权力关系不平等的一种努力。第二种，农民英雄形象。农民形象在中国社会、历史文化中占据着主体地位，在中国现当代文学中同样占据着显要的位置。农民形象的变化不仅体现着社会的现代化进程，而且也表现出农民自身作为个体的精神独立和人格解放的时代趋势。农民形象的变化，投射出中国社会、中国文化精神的发展和变化。① 展现农村、农民问题的作品，始终是《中国文学》选取翻译中的重点。中国现代文学史上体现农民在中国共产党的领导下，反抗封建统治，寻求自身解放之路的作品中，以梁斌的小说《红旗谱》塑造的革命的英雄农民最为典型。原作塑造的朱老忠作为一个理想的、完美的艺术形象出现在我国社会主义文学大发展的初期，有着开辟道路的作用，它为作家创造新英雄人物提供了值得参考的范例。② 《中国文学》以革命历史为选材来源塑造了大量勇敢的农民英雄的形象。其中梁斌的小说《红旗谱》除塑造了朱老忠这一成功的具有突出乡土根性的农民形象之外，小说中的另一英雄农民形象严志和的"庄稼性子"也展现了农民的朴实厚道，对朱老忠的帮助是一种雪中送炭式的英雄行为。还有袁静、孔厥在《新儿女英雄传》中所展示的农民英雄黑老蔡、牛大水等形象。在抗日战争初期，冀中白洋淀地区中国共产党党员黑老蔡发动农民组织抗日自卫队，青年农民牛大水积极参加。《中国文学》选择梁斌、袁静、孔厥等作家有关农民英雄形象的文学作品，一方面体现了中国当代小说作家在塑造农民形象中的传承性和进步性；另一方面也为西方读者绘制了一副感人至深的英雄图谱。第三，革命知识分子的女性形象。《中国文学》对外译介中的女性革命知识分子为塑造革命女性形象提供了原形，其中以杨沫的长篇小说《青春之歌》和罗广斌、杨益言的《红岩》中的女性形象最为典型。《青春之歌》英译本成功地塑造了一批以林道静为代表的投身于民族解放运动的女知识青年形象，塑造了不屈服于命运，从小资产阶级知识分子成长为

---

① 参见徐晶晶《论当代农民题材小说及农民形象演变》，《江苏教育学院学报》（社会科学版）2001 年第 3 期。

② 参见李屏锦《崇高的农民英雄形象——论〈红旗谱〉中的朱老忠》，《光明日报》1960年 9 月 21 日第 4 版。

共产主义战士的艺术典型，她们寻求自我的独立和解放，体现了女性的生命体验、女性情感判断和女性的文学气质。小说同时也塑造了众多知识分子形象，如卢嘉川、林红、江华、徐辉、罗大方、许宁等积极向上的人物形象。刊物选译罗广斌、杨益言的《红岩》中成功地塑造的对革命事业无比忠贞的江姐形象。她在重庆渣滓洞集中营里，面对沈养斋的威逼利诱，面对敌人的各种酷刑，江姐大义凛然，义正严词地痛斥敌人的罪行，表现出共产党员坚贞不屈的革命气节和崇高精神。此外，译文还为我们塑造了一组革命英雄的群体形象，如许云峰、成岗、刘思扬、余新江等革命英雄形象，刻画了他们为了共同的斗争而显示出的不同的鲜明个性。虽然《中国文学》对外译介作品中塑造的女性形象并不能完全反映当时国内文坛对女性题材创作的全貌，但《中国文学》作为政府主办的向海外翻译出版的文学杂志，选译这些革命知识分子的女性形象，在翻译动机和译本精神上，都旨在向世界建构一个全新的中国国家形象。

　　《中国文学》以"自我"为视角为海外读者了解中国打开了一扇重要的窗口，在这一期间该刊选取的题材主要是与革命历史题材相关的文学作品，这些文学作品又以小说作品为主，通过这些作品塑造了新中国的解放军英雄形象、农民英雄形象及革命知识分子的女性形象等典型红色形象，展现了中国人民在追求自由民主的征途上所呈现出来的不屈不挠、不畏强暴，为真理和理想而献身的高尚品格和拼搏精神，展示了传奇的民族性与时代精神，塑造了新中国的形象。为了更有效地对外译介，根据主流意识来挑选作品、编辑翻译，译者主体在对外译介这类革命文学作品时往往采用一些译介策略，删除或省略一些影响人物形象的负面描述，使人物形象更加正面，更易于被国外读者所接受。例如，《林海雪原》中栾超家说的粗俗的话如"百鸡宴上拿座山雕，就好比裤筒里抓……"① 在译文中被删除，以对外塑造高、大、全的英雄形象。此外，《中国文学》译载的革命题材作品大都正面描述中国革命的历史事件，因而成为中国现代民族国家叙事的不可或缺的一部分。这些革命题材的作品，在一定程度上向国外传播了中国革命的经验和影响，宣传了中国人民反侵略、爱和平，为建设社会主义而斗争的精神，展现了新中国各方

---

① 曲波：《林海雪原》第2版，作家出版社1962年版，第135页。

面的成就及逐步改善的真实的人民生活状况。① 通过《中国文学》的海外译介，一部分美国读者改变了因西方长期发动宣传造成对中国形象的歪曲观念，促进外国读者对我国解放斗争的正义性的认识，增进了各国人民对中国的了解。美国一位进步作家阅读杂志后，来信说："通过《中国文学》，我们眼前展开了新中国新的人民形象，你们反压迫、反剥削、敢于抗争，给大家指出了一条道路。《谁是最可爱的人》气贯长虹，给人以无穷的力量……"②

由此可见，这一时期我国对外译介的当代小说作品在形象建构上基本扭转了中华人民共和国成立初期的负面形象。无论是美国文学界对中国推介中国当代小说的选本，还是我国《中国文学》的对外译介，基本上都是以革命战争题材为主线将这些红色经典串联起来。美国学者在这一时期更多地开始关注中国当代小说中正统的、主旋律文学，可以视为是对新中国文化对外传播限制的突破，同时也是试图平衡中西文化不平等关系的一种转变，而我国在这一时期对外译介的主题无论是革命者的英勇救国，还是农民的勤劳勇敢，或是新时代知识女性的觉醒，其核心价值在于它们共通的英雄主义精神，这是与当时国人坚定的革命理想信念和崇高的爱国主义精神紧紧联系在一起的。这些红色经典小说作品在特定的时代，在向世界讲述社会主义中国革命故事、传播中国文化的同时，塑造了具有较高的价值信任度和可接受度的"红色中国"形象。

第三节　新时期的多元译介与"开放中国"形象

1978 年，中美两国正式建交后，两国关系进入了调整适应的过渡期。进入 20 世纪 90 年代，两国关系得到了进一步的深化发展，开始了两国在多个领域广泛交流的新阶段。与此同时，中国改革开放推动着中国的快速发展，美国舆论对中国的赞成率有着大幅上升的趋势，这也促使着美国民众眼中的中国形象持续攀升。但纵观这一时期中美两国关系的发展历程，也并不一帆风顺，其间也有起伏波折。20 世纪 80 年代末国内政治

---

① 参见张学庆《中国现当代文学与美国文学翻译》，《江汉论坛》2009 年第 11 期。
② 吴旸：《中国文学的诞生》，《对外传播》1999 年第 6 期。

风波的干扰和东欧剧变的影响，我国外交遇到了改革开放以来未曾有过的困难局面和压力，再加上 20 世纪 90 年代初从东欧剧变到苏联的解体，中国不仅失去了制衡苏联的地缘政治作用，而且成为资本主义全球化大潮中唯一一个社会主义大国，被视为"对抗世界"的他者，成为以美国为主宰的国际秩序下的异己。

　　进入 20 世纪 90 年代，为了全面、有效地传播我国改革开放进程中的现代中国、开放中国的国家形象，1993 年，《中国文学》调整出版方针，按照市场规律挑选作品进行对外译介，进一步加大了文学对外输出的规模和力度。这一时期的刊物放宽了作品的选材，以现实主义为主体的现代中国文学作品得到了广泛的对外译介，多样化题材的译介淡化不同意识形态之间对立的政治色彩，小说作为《中国文学》对外译介的主要文学体裁仍未动摇，该刊物依旧是美国读者了解新中国人民形象的重要渠道之一。美国汉学家何谷理曾指出："《中国文学》为我们眼前展开了新中国新的人民形象，而熊猫丛书是向外界展现出现代中国文学的标准形象……毫无疑问这些都反映出中国人将中国文学推向世界并让海外读者所欣赏的雄心壮志。"[1] 但是，后来由于受到中外文化及意识形态的差异、对外发行渠道不通畅、国内优秀翻译人才的缺乏、刊物本身改革创新不够及网络媒体对纸质印刷的冲击等因素的综合影响，加之对国内读者开拓的忽视，最终导致该刊物的读者群日渐萎缩，直至 2000 年《中国文学》被迫停刊。

　　21 世纪以来，"中国机遇论"逐渐改变了在西方控制的舆论环境中生长出的绝大部分带有"负面"色彩的论调，如"中国威胁论""中国崩溃论""中国衰落论"等。中国的快速发展为世界带来了机遇，也给美国的经济注入了活力。美国著名的中国问题专家、高盛公司高级顾问乔舒亚·库珀·雷默将中国形象界定为"淡色中国"。他说这个词不很强势，又非常开放，同时体现出中国传统的和谐价值观，因为"淡"字将"水"和"火"两种不相容的东西结合在一起，使对立的东西和谐起来。雷默认为中国要想在世界上塑造良好的形象，最强有力的办法就是保持开放

---

①　何谷里：《熊猫丛书翻译系列》，《中国文学》1984 年第 5 期。

的姿态，而不是硬性推销中国文化。① 雷默的观点别出心裁地把中国形象界定为"淡色中国"，这在某种程度上也体现了美国需要淡化意识形态的对立，从而更加完整准确地定位他国和自我的国家形象，共同建设一个和谐的世界。虽然新时期中美建交后的两国关系仍然呈现出曲折式的发展，但这一时期合作共赢的主基调促使着两国合作的不断深化，中美两国步入了最快速的发展阶段，这促使着越来越多的中国文学作品走出国门，使得中国当代小说在美国的译介形象呈现出多元化的特点。

21 世纪以来，随着"建设文化强国"战略的提出和实施，为了建构国际经济政治的新秩序，消除中西文化隔阂，需要充分发挥中华文化软实力的积极作用，我国政府主动采取了一系列积极有效的措施加大对外传播中国现代文学，这为塑造开放的中国形象打下了坚实的基础。2003年，国家新闻出版总署提出发展出版"走出去"战略，随后出台了一系列的扶持措施，号召国内出版业加快对外开放步伐。2004 年，国务院新闻办公室与新闻出版总署启动"中国图书对外推广计划"，并在 2006 年组织成立了"中国图书对外推广计划"工作小组，不断加大对"中国图书对外推广计划"的宣传推广，每年出版《"中国图书对外推广计划"推荐书目》。2006 年中国作家协会推出的"中国当代文学百部精品译介工程"、2009 年实施的"经典中国国际出版工程"及"中国文化著作翻译出版工程"等。从近年中国作家协会公布的《中国当代作品翻译工程》的作品目录来看，一大批思想精深、艺术精湛、制作精良的当代小说翻译作品走出国门，远远超越了上一时期的数量和质量。在中国政府一系列的文化对外战略与推广计划的支持下，一大批优秀的当代小说作家，如莫言、残雪、余华、阎连科、苏童、麦家、王安忆、贾平凹、韩少功等的小说作品在海外获得推广和认可，向世界塑造了改革开放以来多元、开放的中国形象。

莫言作为中国当代小说作家的代表，在国内外都获得了较高的认可，其作品在海外塑造的东方化民间形象可视为新时期中国当代小说在海外塑造的中国形象的核心。莫言的小说创作素材源自中国民间，题材十分广泛，时间跨度从中华民国时期直至当下，他在创作中用独具特色的文

---

① 参见［美］乔舒亚·库珀·雷默《中国形象：外国学者眼里的中国》，沈晓雷译，社会科学文献出版社 2006 年版。

学艺术表达方式建构了大量的中国民间形象，塑造的这些人物形象都有着丰富的民间情怀与民间精神。莫言对其个人的创作评价为"我小说中的人物确实是在中国这块土地上土生土长起来的。土，是我走向世界的一个重要原因"①。莫言所说的"土"是"本土"与"民间"之意，尤指来自乡土民间的民族文化持性，它是绝对东方化的，莫言曾说："一个作家要想成功，还是要从民间、从民族文化里汲取营养，创作出有中国气派的作品。"② 莫言小说中塑造出的这些个性鲜明的中国民间形象，较好地佐证了鲁迅先生的论断"越是民族的就越是世界的"。莫言将属于我国独特的、具有民族个性与民族精神的民间形象用世界共通的艺术表现形式和艺术精神呈现出来。莫言认为："所谓的民间写作，就要求你丢掉你的知识分子立场，你要用老百姓的思维来思维。否则，你写出来的民间就是粉刷过的民间，就是仿民间。我认为真正的民间写作就是作为老百姓的写作，也就是写自我的写作。"③ 由此可见，这就是莫言塑造中国民间形象的基点，莫言的作品是将个人视为民间百姓的一员来展开的创作，用民间的视角来阐释中国近现代历史中的普通百姓的卑微命运，将东方化形象的本土性与普适性相结合，唤起了国内外读者的共鸣。

莫言的作品在美国得到大量的译介，引起了美国文学场域的广泛关注，其中有关中国民间形象的研究，主要体现在两个方面。第一，对中国农村形象的认知。美国学界对莫言作品中的民间人物形象展开较为深入研究的代表作有美国哥伦比亚大学东亚语言文化系的王德威教授的《想象中的原乡：沈从文、宋泽莱、莫言和李永平》④、美国斯沃斯莫尔学院现代语言文学系孔海立教授的《端木蕻良与莫言小说世界中的"乡主"精神》⑤ 等。这些著述将莫言民间作品的创作风格与国内外作家进行比较分析，在肯定莫言对中国农村生活书写中的想象性重构的同时，也进一

---

① 舒晋瑜：《莫言：土，是我走向世界的原因》，《中华读书报》2010 年 2 月 3 日第 11 版。

② 莫言、王尧：《从〈红高粱〉到〈檀香刑〉》，《当代作家评论》2002 年第 1 期。

③ 莫言：《用耳朵阅读》，作家出版社 2012 年版，第 70 页。

④ 参见 Derwei David Wang, "Imaginary Nostalgia: Shen Congwen, Song Zelai, Mo Yan, and Li Yongping", Ellen Widmer and David Wang, eds., *From May Fourth to June Fourth: Fiction and Film in Twentiety-Century China*, Cambridge: Harvard UP, 1993.

⑤ 参见 Kong Haili, "The Spirit of 'Native-Soil' in the Fictional World of Duanmu Hongliang and Mo Yan", *China Information*, No. 3, 1997。

步分析了其作品中带有野性诗意生存特征的多样化乡村民间形象。另外，莫言的《红高粱》以山东高密为背景，以这块古老、充满苦难的农村土地上上演的传奇色彩的抗日战争为线索，对身兼土匪头子和抗日英雄的两重身份的"我爷爷"余占鳌的刻画中，渲染出了一种粗野、狂暴而又富有原始正义感和生命激情的民间色彩，还有罗汉大爷的忠诚、坚忍、不屈不挠的农民本性及"我父亲"小豆官的莽撞冲动的脾气，这些人物身上都有着一种民间放纵和生气充盈其中的特性，吸引着美国学者去展开研究评论。葛浩文曾说："莫言的《红高粱》在美国有很多好评，十多年来一直未绝版。到现在卖了 15 万册。在美国有这个数量就已经不错了……这部作品展现了中国的文化和家庭，是了解那个时代的中国的窗口。"① 莫言作品中塑造的中国民间形象扭转了美国读者对中国农村的固化认知。莫言的小说作品为美国读者与研究者了解中国的农村形象打开了一扇窗，从荒芜、破败、贫穷、愚昧、固化的中国农村形象向有着冒险精神与异域风情的乡村民间形象转变。第二，对中国社会形象的认知。美国部分学者认为莫言的小说作品是对中国社会现实的写照，他不回避对假、恶、丑的行径和现象的审视和描述，以敏锐的艺术感觉痛快淋漓地描绘丑陋、肮脏与邪恶，并通过文学艺术手段化丑为美。哥伦比亚大学教授、汉学家杜迈克在《20 世纪 80 年代莫言小说中的过去、现在和未来》中通过对莫言作品的分析，将作品意义落实在了党的政策的地方推行者，也就是少数农村腐化干部要对农民悲惨命运负责的中国现实的揭示之上。② 葛浩文也曾举例分析指出："莫言的《酒国》暴露嘲讽了后中国之政治结构或中国人在饮食上之持久沉耽，既妙趣横生又怨恨流露，在当代文学中并不多见。"③ 葛浩文认为《酒国》中的吃人肉不是出于仇恨或是饥荒的原因，而是纯粹寻求口腹之乐，莫言用一种寓言化的表达来揭示中国由来已久的对人民的剥夺和压迫。之后，葛浩文还在《莫言的"阴郁的"禁食》一文中，从东西方文学中吃人现象谈到莫言小说中的吃人肉这个问题。虽然吃人会让人不禁与野蛮文化联

---

① 龙慧萍：《〈红高粱〉与中国形象》，载张志忠、贺立华《全球视野与本土经验》，山东大学出版社 2014 年版，第 314 页。

② 参见宁明《海外莫言研究》，山东大学出版社 2013 年版。

③ 葛浩文、吴耀宗：《莫言英译本序言两篇》，《当代作家评论》2010 年第 3 期。

系到一起，但是这一主题在莫言的作品中却表达了强烈的寓言、警醒、讽刺等效果，揭示出莫言"对吃人的描写是讽刺那些'人民政府'的代表对普通老百姓的压制"①。另外，在美国学者对莫言作品的研究中，挖掘作品中隐藏着的现实政治化批判也是研究的一个显在倾向性，如汉学教授韦荷雅（Dorothea Wippermann）在《莫言〈酒国〉中的享乐与权利》一文中认为"莫言的小说《酒国》运用了与鲁迅相同的表现手法来表现中国整个社会的自欺欺人"②。美国大众媒介评价道："通过现实主义的甚至有些粗野的笔触，莫言描绘了在中国发生的突然的变革，从日本侵略时期，一直到'文化大革命'和其他的共产主义风暴时期。"③ 莫言小说对社会的批判性成了美国评论者关注的焦点，美国读者从莫言小说作品中的反叛意识来质疑中国社会的同时也"他塑"了中国当下的民间形象。综上所述，美国读者在对莫言作品中塑造的民间形象的解读中，一方面满足了对中国民间社会的阅读兴趣；另一方面扭转了美国民众对中国民间的固化印象，这一点也可以从张清华教授的国外问询中得到证明。张教授的问题是西方人最喜欢的中国作家是谁？回答最多的是莫言和余华。很多海外读者喜欢莫言作品中的"中国文化色彩"，因为这可以让他们"通过莫言的作品来了解当代中国社会"；而海外读者喜欢余华则是因为余华作品与西方人的经验"最接近"。④ 可见，莫言小说作品中所具备的地域性、民族性与现实性是中国形象走向世界的重要保证，同时也是中国当代小说走向世界文学舞台的重要基础，但是莫言作品在美国译介中所塑造的民间形象在社会化批判方面还存在着一定的误读、误判，这作为复杂多元的中国海外形象的一面，为中国当代小说在世界文学舞台彰显中国民间形象的特质提出了挑战。

从张清华教授的国外问询中可见，余华作为20世纪80年代走上文坛的中国当代作家，受到西方读者的广泛欢迎。其作品中让西方人读出的"最接近"感，正是源于创作中不断凸显的自身主体创作意识，余华从先锋到后先锋创作风格的转变，使得他笔下的中国人形象成为彰显主体意

① 宁明：《莫言海外研究述评》，《东岳论丛》2012年第6期。
② 宁明：《海外莫言研究》，山东大学出版社2013年版，第49页。
③ 付艳霞：《莫言的小说世界》，中国文史出版社2011年版，第59页。
④ 张清华：《关于文学性与中国经验的问题》，《文艺争鸣》2007年第10期。

识的创作选择，成为自我他者化的阐释符码。对此，余华说道："我以前小说里的人物，都是我叙述中的符号，那时候我认为人物不应该有自己的声音，他们只要传达叙述者的声音就行了，叙述者就像是全知的上帝，但是到了《在细雨中呼喊》，我开始意识到人物有自己的声音，我应该尊重他们自己的声音，而且他们的声音远比叙述者的声音丰富。因此，我写《活着》和《许三观卖血记》的过程，其实就是对人物不断理解的过程。"① 余华作品在海内外广受欢迎使得余华也进一步明确地认识道："我的兴趣和责任是要求自己写出真正的人，确切地说是真正的中国人。"② 余华所指的"真正意义上的人"，必须要具备一定的主体意识，并以自己的主观能动性去认识和改造世界。这也是余华一直力图塑造出既具有文化主体性又具有人类共性的中国国民形象，努力把中国形象塑造与人类学进行对接，使得这些人物形象具有普适性，从而让他的小说作品更易于为海外读者所接受，这才有了余华小说作品走向世界的可能与意义。

　　立足小说史的视野，余华为新时期中国文学在海外的传播塑造了一批类型独特、内涵丰富的国民人物形象。余华在向川端康成、卡夫卡到福克纳艺术借鉴的同时，坚守自己创作的本土性与文化主题意识，其小说作品中的人物大多是来自中国社会底层的小人物，如福贵、许三观、李光头、杨飞等。余华用优雅的叙述把暴力渲染与象征运用并置，立足于中国本土的书写，展现出这些小说人物从被动地生存走向自在地活着的艰难历程，并由此延伸出一定共通的普世性的人类学意义。通过余华的小说作品来树立对于中国海外形象的具体认知，主要通过西方传播的普通受众与主流受众，即西方主流媒体的评介及普通读者的评论中来找寻，这也正是西方受众所关注的研究点与兴趣点。通过分析梳理余华的小说作品在美国译介的接受情况，其国民形象的塑造主要体现在两个方面。一方面，是重构中国传统的父亲形象。纵观余华的小说文本，可以发现其作品中的主角基本上都是男性，而且这些男性多是以父亲这种身份出现在文本中的。父亲在中国的传统文化里，是一个意义深远的名词，它代表着一种难以割舍的亲属关系，代表着一种难以违抗的宗族权威，

---

① 余华：《我能否相信自己——余华随笔选》，人民日报出版社 1998 年版，第 246 页。

② 叶立文、余华：《访谈：叙述的力量——余华访谈录》，《小说评论》2002 年第 4 期。

还代表着一种难以背离的文化渊源。许慎在《说文解字》中指出："父，矩也，家长率教者，从又举杖。"① 由此可见，父亲占据着中国家庭中的主导地位，在中国社会拥有高度的权威。余华在后先锋时期创作的小说作品如《在细雨中呼喊》《活着》《许三观卖血记》《兄弟》《第七天》等中都塑造了大量的父亲形象，特别是《许三观卖血记》和《兄弟》中的父亲的形象较为典型，其中福贵与许三观是植根于中国民间大地上的默默忍受生活苦难的父亲，用自强而达观的态度坚强地面对生活。美国《纽约时报》刊登了对余华的专访，对余华小说《活着》发表评论"平和而淡然的福贵形象，让人们感受到了现实生活的力量，从中国现实生活中站立出来的福贵标志着余华作品中完善而又有力量的中国人形象的真正确立，他不是善的化身，也没有恶的影子，他不崇高但也不渺小，对于生活，他开始有了属于他自己的感知与思考。这种来自生活真实的人物形象便具有了活生生的情感与打动人心的力量，不仅能够代表着中国人这一形象本体的生存，同时他还具有象征'人类抽象命运的普遍意义'"②。纽约船锚（Anchor）出版社在推介《活着》时发表了颇具代表美国学界的评介："《活着》不仅写出了中国和中国人的精神内核，而且触及人性的深处，故事中福贵融美德、反抗和希望于一体……作为当代中国一位重要的小说家，余华以冷峻的目光剖析社会，以温暖的心灵感受世事。他的小说构思巧妙，散发着神奇的光晕，虽然讲述的是中国的人和事，引起的却是世界性的共鸣……《活着》是人类精神的救赎，表达了人类共通的情感追求。"③ 从美国传媒对余华的评介还可以发现，美国人在对余华作品中的父亲形象进行评论的同时，多将其置于中国社会背景下，经常发现"文化大革命""中国当代社会"等字样，如美国《新闻周刊》曾对《许三观卖血记》做过如下介绍："贫穷时代卖血的悲喜剧，中国作家余华的长篇小说，以'文革'前后为时代背景，许三观为了家人卖血一辈子，一个家庭的苦难历程，获得旋风式的人气。"④ 美

---

① 段玉裁：《说文解字注》，浙江古籍出版社 1998 年版，第 115 页。

② David Barboza, A Portrait of China Running Amok, *The New York Times*, September 4th, 2006.

③ 姜智芹：《中国新时期文学在国外的传播与研究》，齐鲁书社 2011 年版，第 116 页。

④ Drew Calvert, Chronicle of a Blood Merchant, *Newsweek*, February 9th, 2009.

国的主流媒体对苦难中坚强地活着的福贵和以卖血展示父爱的许三观的评介推动着余华作品的海外传播，评论者大尺度地诠释着人性的意义，让美国读者感动于余华小说作品中父亲形象的同时，透过父亲演绎的悲剧面纱打开人类精神世界的大门，展现出真正意义上的"活着"，彰显的是对人性意义的思考、对人的生存悲剧和生存宿命的审视与超越。另一方面，批判中国传统的女性形象。美国学界认为余华小说文本世界中的女性形象的类型及特征，如贤良隐忍的母亲形象及放荡无耻的妓女形象，均是男性按照自身利益的需求和心理渴望对女性的构思与想象，是中国传统的男权中心主义价值尺度在文学中的折射。余华小说创作的受难母亲形象主要有《活着》中的家珍、凤霞，《在细雨里呼喊》的母亲，《许三观卖血记》中的许玉兰，《兄弟》中的李兰等。这些母亲身上都有着中国传统文化的特质，是在男权思维支配和期待下塑造出的母亲形象。评论者莫林·克里甘（Maureen Corrigan）在全国公共广播电台（NPR）广受欢迎的 Fresh Air 节目中也这样评论余华作品中的女性形象："小说《兄弟》追述自'文革'以来中国的变化……余华利用《兄弟》的故事来叙述中国的故事……透过故事中女性的悲催命运，看中国社会的动荡。余华向我们讲述中国的偏激、矛盾和踌躇。"① 在美国汉学界，对余华作品中女性人物形象的研究是比较凸显的，譬如余华作品的翻译者何碧玉就认为，"《在细雨里呼喊》是余华短篇中对中国现实的影射最为明显的作品之一。所有中国传统社会中的丑恶及'文革'记忆都在其中涉及，例如包办婚姻、继承香火的顽固信念和孩子的工具化……不论读者是否把余华的写作与自己所知道的中国联系起来，都能够感受到一个受祖咒的世界，在这个世界中女性生存欲望总是通向死亡"②。由此可见，美国读者认为余华在创作中有意设置了"母亲"们的悲苦命运，并赋予她们符合中国男权文化"温柔敦厚的女性期待"的贤良品格，余华小说作品中塑造的女性形象流露出我国男权文化的价值标准和审美视角。此外，在余华的小说创作中还塑造了另一类女性形象，她们寡廉鲜耻、放浪形骸，如《在细雨中呼喊》的寡妇冯玉青，《许三观卖血记》中的林芬芳，《兄

① Maureen Corrigan, NPR's Fresh Air, *National Public Radio*, March 4th, 2010.
② 杭零：《法兰西语境下对余华的阐释——从汉学界到主流媒体》，《小说评论》2013 年第5 期。

弟》中沦为风尘女子的林红等。美国评论家布伦丹·休斯（Brendan Hughes）在《无国界文字》杂志上发表的评论文章中曾指出："余华是在以拉伯雷式的粗鄙展现中国社会的极端真实，是在用一种看似轻浮、夸张的笔调书写着中国女性的黑色幽默。"① 美国媒体更多看到的是余华在创作中对女性的讽刺与批判，譬如他们这样评论余华的《在细雨中呼喊》："从'文革'的残酷到市场经济的残酷，余华涤荡了中国近年来的历史，在粗野怪诞的故事中透出对女性的淡漠与鄙视。作品既有着流浪小说的特征，又充满了荒诞色彩，为了解当今的中国女性，慷慨地打开了一扇窗口。"② 美国将意识形态因素作为看待中国作家作品的固定利器，在对余华小说作品的两类女性形象解读中，都认为两者的实质是相一致的，都是将女性视为男性按照自身利益的需求和心理渴望所构思和想象的符号。美国媒体将余华创作中的女性形象作为一种客体进行想象和编写的批判，是海外传播受众对中国当代小说作品更容易接受的一种方式。20 世纪以来随着文化交流的日益频繁，美国眼中的中国形象早已褪去神秘的东方主义化色彩，更多的是带着有偏见的意识形态领域内的认知。那些触及中国社会体制的反思或批判的形象，更能够引起西方社会的关注，对艺术的忽略与对意识形态的关注已经成为海外传媒接受中国作家作品的一大特色。

以上是 20 世纪以来，单个作家的小说作品对中国形象的塑造。新时期以来，还有许多优秀中国作家通过他们的小说作品合集来集体塑造开放的中国形象，如 1994 年王德威和戴静编选的中国现当代小说作品集《狂奔：新一代中国作家》，收自 20 世纪 80 年代末至 90 年代初的中国现代文学作品，其中还包括了美国的华文作家用中文写作的文学作品，如莫言的《神镖》、也斯的《超越与传真》、余华的《现实一种》、朱天文的《柴师傅》、杨炼的《鬼话》、西西的《母鱼》、钟玲的《望安》、苏童的《捉奸》、唐敏的《我不是猫》、顾肇森的《素月》、杨照的《我们的童年》等 14 篇。王德威在"后记"中阐明了编这个选本的目的，"旨在提供一个崭新的中国形象，这个中国不再仅是地理意义和意识形态意义上的中国，而是一个同外界有文化交融、体现共同的文学想象的中国"，

---

① Brendan Hughes, "Yu Hua's 'Brothers'", *Words without Borders*, No. 9, 2009.

② Jennifer Wilkham, Images of Wounded China, *Publishers Weekly*, May 20th, 2008.

"现在的中国正向世界敞开胸怀，再以旧的地缘政治视角看待中国的文学，已显得不合时宜"。① 2007 年，由刘绍铭与葛浩文主编的《哥伦比亚中国现当代文学作品选集》②，该选集已成为美国读者接触、了解中国现代文学的重要窗口，也成为美国多所高等院校进行中国文学教学的典范教材。选集共收录大陆小说作家 12 人，分别是汪曾祺、乔典运、王蒙、李锐、残雪、韩少功、陈村、刘恒、莫言、铁凝、余华、苏童。此外还有杜迈克编选的《中国的小说世界：中国，台湾，香港的短篇与中篇小说》③、赵毅衡编选的《迷舟：中国先锋小说选》④ 等。这些小说作品集以文化交融的形式超越地域与政治的局限，体现了美国文学界对中国当代小说的选择态度与选评标准，给世界呈现出一个多样化的中国文学风貌，同时也进一步丰富了"开放中国"形象的内涵和外延及意义。

随着中国社会的发展转型，塑造与之同步的中国国际形象逐渐迫切，中国形象的海外塑造已成为中国文学现代性构建的重要内容。全球化发展背景下中国形象的塑造与传播是一个国内外多元共生的完整生态链，因时间、空间的差异而表现出复杂的面貌。在不同的时期、不同的文化背景下，中国当代小说对于中国形象的阐释与塑造不尽相同。美国作为中国海外形象的主导塑造者，其文化中关于中国的观念、认知或想象对西方世界文学中的中国形象构建有着深刻的影响。虽然中国当代小说在美国的译介、传播和接受还是比较零散的，但是这种他者传播仍然是中国文学海外形象塑造的重要途径。回顾当代中国形象在美国的塑造与传播，虽然取得一定的成就，但同时中国形象的他者化、异质化，造成了自我传播的有限性、他者传播的失衡性等问题，都对文学译介中的形象建构提出了严峻的挑战。王德威曾说："在 20 世纪文学发展史上，'中国'这个词作为一个地理空间的坐标、一个政治的实体、一个文学想象

---

①　David Der-wei Wang and Jeanne Tai, *Running Wild*：*New Chinese Writers*, New York：Columbia University Press, 1994, pp. 238 – 239.

②　参见 Joseph S. M. Lau & Howard Goldblatt, *The Columbia Anthology of Modern Chinese Literature*, New York：Columbia University Press, 2007。

③　参见 Michael S. Duke, *Worlds of Modern Chinese Fiction*：*Short Stories and Novellas from The People Republic*, *Taiwan and Hongkong*, Armonk, N. Y. ：M. E. Sharpe, 1991。

④　参见 Zhao Yiheng, *The Lost Boat*：*Avant-Garde Fiction from China*, London：Wellsweep Press, 1995。

的界域，曾经带给我们许多论述、辩证和启发。"① 面对 21 世纪世界全球化发展的新挑战，我们一方面应加大他者传播与接受的力度、广度和深度；另一方面应在根本上提升与拓展文学中中国形象的自塑与传播，这样才能在世界范围内树立多色调的、积极的中国形象。

---

① 王德威：《现当代文学新论；义理·伦理·地理》，生活·读书·新知三联书店 2014 年版，第 117 页。

第四章

影响中国当代小说在美国
译介与研究的因素

　　全球化已成为人类社会进程中不可阻挡的发展趋势，深刻地影响着世界经济、政治、文化的格局。这一方面给各国的经济和政治发展带来了机遇；另一方面也加快了不同国家和民族之间文化的交流和融合，这带来民族文化形态向世界文化形态的转移，增加人类文化共性。在全球化开启之后，各国在意识形态方面的对抗逐渐让位于文化的交流，美国读者对于作为中国文化重要组成部分的中国当代文学也从被动接受逐步转变为主动获取，中国当代文学的对外译介成为跨文化交流的重要渠道。

　　在全球化背景下，各国文化之间的交流日益频繁，翻译作为一种跨语言、跨文化的交际活动，是中国当代小说在"走出去"进程中不可缺少的路径，已成为连接中、美文化交流的重要纽带。翻译用中英两种语言之间的符号转换完成了中美文化之间的对话。在这种语际转换过程中，对于中国当代小说而言，一方面翻译在文化输出的过程中完成了跨文化改写；另一方面西方研究者按照自身文化的思维方式和文化需求去观照这些小说译本，即用自身的视域来规定或限制了外来文化的认识和阐释。那么，翻译作为文化交流的必要路径，误读作为文化交流中不可避免的文化现象都在不同程度上影响着中国当代小说在美国的译介与研究。

第一节　翻译中的跨文化改写

　　我国比较文学译介学创始人、中国翻译学重要奠基人谢天振教授曾指出："几千年来形成的翻译标准，其实是随着翻译对象的变化而变化的。我们所处的翻译语境，与传统已有很大差异。从前的翻译对象，不是宗教典籍就是人文社科经典，在以这些对象为主的翻译活动中，翻译观念理所当然是忠实于原文。但'二战'以后，许多前殖民地国家先后独立，国与国之间、民族与民族之间的交往日益频繁，文化交往的内容不断扩大，不再局限于宗教、文化和文学典籍的传播，特别是经济成为文化交往的基础和主流部分，在此情况下，翻译的功能问题就大大凸显了，而忠实性则往往退居其次。因此，今天我们必须确立一种多元的、历史的翻译观念。同样，翻译的标准也不是唯一的、固定不变的。如果在文化功能的意义上讨论标准问题，翻译在读者（受众）中的效果、翻译对象的传播力就是翻译标准了。"① 由此可见，在新时代越来越多的中国文学走向海外的时代背景下，如何能够让西方读者读懂并接受我们的文化就显得尤为重要。翻译作为中国文学海外传播的必要途径，翻译的功能在此种情形下也变得更加重要，翻译的标准也应随着时代的发展变化呈现出多元的特点。20 世纪 80 年代，翻译理论家安德烈·勒菲弗尔（Andre Lefevere）借鉴以色列学者易文·佐哈尔的（Itamar Even-Zohar）多元系统理论（Polysystem），将翻译理论视为一种改写形式，将翻译与意识形态、诗学和权力关系之间紧密相连，从而将翻译置于广阔的社会文化语境中进行考察，尽量缩小了原文与译本的审美距离，最大化地实现了读者的期待视野，拓宽了翻译的研究视野。以安德烈·勒菲弗尔的改写理论为研究视角，对中国当代小说在美国的翻译情况进行分析，这里并非机械地套用理论，将翻译现象拉入理论框架，而是从中国当代小说在美国已有的翻译现象出发，借助上述理论视角对文本翻译现象进行考察分析，探讨当代小说文本在翻译过程中跨文化改写的原则和尺度。

翻译中的改写既是重新阐释原文本和内容的过程，也是一种确保文学作品保持长久生命力的活动。作为 20 世纪下半叶翻译文化学派代表人物之一，勒菲弗尔提出了"将翻译作为一种改写"的观点并展开了深入理论探讨。勒菲弗尔以 20 世纪 70 年代以色列学者佐哈尔的多元系统理论为研究基础，佐哈尔认为"不应把翻译活动视作个别的文化现象，而应

① 宋炳辉：《谢天振、宋炳辉：关于译介学研究的对话》，2009 年 12 月，苏州大学海外汉学（中国文学）研究中心网站，http：//www.zwwhgx.com/content.asp? id = 2940。

将其联系到更大的文化层次上加以探讨"①。多元系统理论强调将翻译文学看作一个系统，对影响翻译过程中的诸多因素及翻译的多元准则等进行研究，其突破了传统语言学和文学的界限，实现了将文学翻译研究从对语言静态的对等转换成置于历史和文学体系内的一个整体中考察。

受多元系统理论的影响，勒菲弗尔首次提出"折射"这一概念。在1982 年其撰写的《勇气妈妈的黄瓜：文学理论的文本，系统和折射》（"Mother Courage's Cucumbers：Text，System and Refraction in A Theory of Literature"）② 一文中，他认为"折射"可以以明显的翻译形式或以不太明显的批评形式隐含于文学评论、史料、教学、文学选集及戏剧制作之中，以折射文本的形式针对不同读者进行改编，从而以适合不同读者的作品形式来影响其阅读方式。1985 年，在勒菲弗尔撰写的另一篇文章《为什么浪费我们的重写时间？解释的麻烦和重写在另类范式中的作用》③（"Why Waste Our Time on Rewrites？The Trouble with Interpretation and the Role of Rewriting in An Alternative Paradigm"）中，勒费弗尔将"折射"这一表述进一步加以丰富、延伸，将其向"改写"转化，他将翻译置于更广阔的场域中，从任何有助于构建作家作品形象的文学作品的"折射"中来影响比原作更多的读者。勒菲弗尔在他 1992 年创作的《翻译、改写以及对文学声名的制控》（Translation，Rewriting and the Manipulation of Literary Fame）一书之中进一步阐述了"改写"的概念。在书中，勒菲弗尔首先提出"翻译就是对原语文本的改写……改写即操控，为一定的权利服务，在其积极方面有助于文学和社会的演进"的概念，并指出"译者的意识形态"和"翻译时诗学在接受文学中的主导地位"这两个因素基本上决定了翻译所"折射"的文学作品的形象。译者的意识形态决定了翻译策略和解决问题的方法，而诗学的两个组成部分，一个是由文学技巧、体裁、主题、原型人物和情景、符号等构成的一系列文学要素；

① 参见 Andre Lefevere，"Mother Courage's Cucumbers：Text，System and Refraction in a Theory of Literature"，*Modern Language Studied*，No. 12，1982。

② 参见 Andre Lefevere，"Mother Courage's Cucumbers：Text，System and Refraction in A Theory of Literature"，*Modern Language Studied*，No. 12，1982。

③ 参见 Andre Lefevere，"Why Waste Our Time on Rewrites？The Trouble with Interpretation and The Role of Rewriting in an Alternative Paradigm"，from Theo Hermans，*The Manipulation of Literature：Studies in Literary Translation*，1985。

另一个是关于文学作品在整体社会系统里有什么或应用什么角色的观念。① 勒菲弗尔认为，翻译不再是简单的语言文字转换，而是对原文的一种改写。无论改写的意图如何，都反映了特定的意识形态和诗学。② 他主张将文学创作与接受置于文化及历史大背景下进行考察并进一步阐释翻译的操控行为，即译者有意识地或下意识地在原作诗学和目的语诗学之间过滤筛选，对原作内容进行取舍，甚至改写原作，使译文适应译入语的诗学和意识形态。③

勒菲弗尔将翻译活动置于文化语境中进行考察研究，提出了影响翻译活动的三要素，即意识形态（ideology）、诗学（poetics）和赞助人（patronage）。虽然改写理论并没有完全地平衡这三个因素，但勒菲弗尔在其中融入了"系统"这一概念，该系统最初是作为一种启发式结构引入的，作为形式主义者对文学研究领域的改写。勒菲弗尔将社会视为一个系统集团，文学作为其中的一个系统，文学翻译则属于该范畴的子系统，一方面自始至终都会受到意识形态和诗学观的影响；另一方面对文学创作、翻译起到促进和阻碍的赞助人将控制这一影响要素并使之成为为其服务的一种手段。

在中国当代小说70多年的英译进程中，美国汉学家、翻译家葛浩文翻译了中国30多位作家的50余部当代小说作品，为中国当代文学的海外传播作出了突出贡献，尤其是其成功地向海外推介了莫言的系列小说，助力莫言成为百年来首位获得诺贝尔文学奖的中国籍作家。德国著名汉学家顾彬认为"莫言能获得诺贝尔文学奖，很大一部分是因为葛浩文的翻译"④。虽然人们对这句话的表述有着一定的争议，但在葛浩文所有的英译作品中，莫言的小说作品所占比例最高、影响最大，不可否认的是莫言在西方世界享有的盛誉离不开葛浩文的英译本。因此，接下来就以

① 参见 Andre Lefevere，*Translation，Rewriting and the Manipulation of Literary Fame*，London & New York：Routledge，1992。

② 参见［美］杰里米·芒迪：《翻译学导论——理论与实践》，李德凤等译，商务印书馆2007年版。

③ 参见 Andre Lefevere，*Translation，Rewriting and the Manipulation of Literary Fame*，London & New York：Routledge，1992。

④ 于丽丽：《顾彬：重读之后再评价莫言》，2012年10月，书评周刊，http：//epaper. bjnews. com. cn/html/2012 - 10/20/content_381217. htm？ div = - 1。

葛浩文对莫言小说的英译本为个案，从意识形态、诗学和赞助人三个方面分析翻译中的跨文化改写对中国当代小说的文本选择及采取的翻译策略和方法的影响。

一 意识形态观照下的翻译改写

翻译作为一种跨语言、跨文化的文化活动，不可避免地受到意识形态的影响和制约。"意识形态"一词由于在生活和学术方面经常被使用，因此很难得出一个被所有人共同采用的定义。勒菲弗尔在他的《为什么浪费我们的重写时间？解释的麻烦和重写在另类范式中的作用》一文中将其定义为"世界观"，他认可英国文学批评家特里·伊格顿（Terry Eagleton）对意识形态的定义"意识形态即一系列话语问题，斟酌以社会和历史生活的整个形式为中心的权力结构的维持相关的利益问题"①。1992年，勒菲弗尔提出了"将意识形态视为引导我们行动的形态、惯例、信仰形成的格子型图案"②。后来在跨文化视野中，勒菲弗尔将意识形态又进一步定义为"一个概念网格，其中包含在一个特定时期社会认为可以接受的观点和态度，读者和译者通过这些观点和态度来处理文本"③。它包括所有非文学因素，如政治、历史和经济因素等。事实上，勒菲弗尔将操纵理论中的意识形态分为两种：社会意识形态和个体意识形态。社会意识形态被视为对某一类社会的系统和全面的理解，例如哲学、政治、伦理、艺术、美学和宗教。这意味着译者所属的社会意识形态将会影响译者的翻译策略；而个体意识形态还将受到译者的文化和教育背景、生活经历和艺术品位等因素的影响。每个译者在特定的社会时期，都不可避免地受到社会意识形态及个体意识形态的影响。王东风将意识形态的操纵比作"一只无形的手"，这个生动的比喻界定了意识形态与翻译之间的关系。事实上，翻译的文本选择、翻译策略的采用及对原文的删减、添

---

① Andre Lefevere, "Why Waste Our Time on Rewrites? The Trouble with Interpretation and the Role of Rewriting in an Alternative Paradigm", from Theo Hermans *The Manipulation of Literature*: *Studies in Literary Translation*, 1985, pp. 215 – 243.

② Susan Bassnett & Andre Lefevere, *Translation, History and Culture*, Shanghai: Shanghai Foreign Language Education Press, 2004, p. 16.

③ Susan Bassnett & Andre Lefevere, *Constructing Cultures Essays on Literary Translation*, Shanghai: Shanghai Foreign Language Education Press, 1998, p. 42.

加、改写等都体现了这一点。在很大程度上，社会意识形态和译者的个人意识形态决定了译者对待翻译原文本的选择和采用的策略。

翻译作为一种复杂的社会活动，往往受到译者主体性和译者本国政治意识形态的影响，因此译者在翻译过程中并不是中立的。20 世纪初，很好掌握中国文化的美国汉学家葛浩文在对莫言小说的翻译中就已经将西方社会的意识形态操纵考虑在内，采用不同的翻译策略，在保持原作的中国文化精神风貌的同时，还可以满足西方读者的阅读需求。一方面，葛浩文在翻译中表现出的主体性受其意识形态的影响和控制；另一方面，这一翻译活动也受到一定社会文化因素的影响，显示出一定的政治、文化色彩。接下来以葛浩文英译本《红高粱家族》（*Red Sorghum*：*A Novel of China*）中政治、宗教词语的翻译示例进行分析，阐释译者如何从意识形态的角度操纵原文本。

例1：

　　父亲对我说过，任副官八成是个共产党，除了共产党里，很难找到这样的纯种好汉。①

　　Father told me that Adjutant Ren was a rarity，a true hero. ②

例2：

　　"就是就是，国民党奸猾，共产党刁钻，中国还是要有皇帝！③
　　That's what I say. What China needs is an emperor!④

例3：

　　余司令，江湖上说，"识时务者为俊杰"，"良禽择木而栖，英雄

① 莫言：《红高粱家族》，解放军文艺出版社 1978 年版，第 52 页。

② Mo Yan, *Red Sorghum*：*A Novel of China*, translated by Howard Goldblatt, New York：Viking Press, 1994, p. 59.

③ 莫言：《红高粱家族》，解放军文艺出版社 1978 年版，第 282 页。

④ Mo Yan, *Red Sorghum*：*A Novel of China*, translated by Howard Goldblatt, New York：Viking Press, 1994, p. 297.

择主而从"，毛泽东是当今的盖世英雄，你不要错过机会啊！①

Commander Yu, as the saying goes, "A great man understands the times, a smart bird chooses the tree where it roosts, and a clever man chooses the leader he'll follow", Don't pass up this chance!②

例 4：

> 我曾对高密东北乡极端热爱，曾经对高密东北乡极端仇恨，长大后努力学习马克思主义，我终于领悟到：高密东北乡无疑是地球上最美丽、最丑陋、最超脱、最世俗、最圣洁、最龌龊、最英雄好汉、最王八蛋、最能喝酒、最能爱的地方。③

I had learned to love Northeast Gaomi Township with all my heart, and to hate it with unbridled fury. I didn't realize until I'd grown up that Northeast Gaomi Township is easily the most beautiful and the most repulsive, the most unusual the and the most common, the most sacred and the most corrupt, the most heroic and the most bastardly, the hardest-drinking and the hardest-loving place in the world. ④

莫言的《红高粱家族》以 20 世纪三四十年代的抗日战争为背景，对于中国特殊时期的有关政治敏感词语的处理，葛浩文采用了替换和省略的翻译策略。在例 1 中，葛浩文在将"共产党"翻译成"rarity"（稀有物），他并没有将"共产党"直译成"Communist Party"。众所周知，"稀有物"的含义与"共产党"截然不同。"稀有物"指的是不常见、稀少的东西。葛浩文用替换词语的翻译手法使其政治色彩淡化。在例 2 中，葛浩文采用了省略的翻译策略来处理过滤掉了如"国民党奸猾，共产党刁钻"这一类具有某种政治色彩的信息。在例 3 中，葛浩文省略了与伟大领袖毛

---

① 莫言：《红高粱家族》，解放军文艺出版社 1978 年版，第 186 页。

② Mo Yan, *Red Sorghum*：*A Novel of China*, translated by Howard Goldblatt, New York：Viking Press, 1994, p. 191.

③ 莫言：《红高粱家族》，解放军文艺出版社 1978 年版，第 4 页。

④ Mo Yan, *Red Sorghum*：*A Novel of China*, translated by Howard Goldblatt, New York：Viking Press, 1994, p. 4.

泽东有关的所有信息。作为本土读者，我们了解故事发生的背景是我国 20 世纪三四十年代国共两党建立抗日民族统一战线的共同抗日时期，但对于大多数西方人来说，可能都了解抗日入侵的历史，但估计很少有人知道国共两党之间的纷争。葛浩文在翻译过程中，虽然尽可能地传递中国文化的异域情调，但同时他也非常重视翻译版本的可读性，将译本中难以理解的复杂信息进行删减，将读者接受作为重要的翻译标准之一。在例 4 中，葛浩文在翻译中故意删除了"长大后努力学习马克思主义"这一表达。马克思主义在 20 世纪初传入中国，在中国特殊的革命时期，这作为一种思潮是那一个时代人所熟知的，而且常常被告知像"长大后努力学习马克思主义"这样的刻板表达。从原文本的语境中我们可以感受到作者莫言在以讽刺的口吻表达了这句话。然而，由于不同的意识形态和文化，西方读者很难同样感到讽刺的意味，因此通过删除这一表达减少文化障碍。

莫言笔下的这个故事发生在中国的抗日战争时期，当时中国人民为了反对日本侵略者的不公平和残忍，出现一些如"国民党""马克思主义""共产党""东洋鬼子""文化大革命""我们的领袖毛泽东"等词语和短语是不可避免的。在《红高粱家族》的英文版本中，不难发现葛浩文尽量避免使用容易引起政治敏感的这些词汇和短语而采用了替换、删减等翻译策略，旨在减少美国目标读者与原作之间的文化冲突。译者的政治态度对于翻译至关重要，省略了的这些短语可以避免文化冲突和争议。虽然美国是一个文化自由的国家，但是也不乏一些出版商喜欢出版某些特定类型的书籍和翻译作品以满足读者市场需求。因此，葛浩文在处理这些小说文本中的政治信息时，选择省略相关词语或用其他一些政治权重较小的词语替换它们，以满足目标读者和出版商的需求。

例 5：

奶奶放声大哭起来，高粱深径震动。奶奶在唢呐声中停住哭，像聆听天籁一般，听着这似乎从天国传来的音乐。①

Grandam's piteous wails made the sorghum quake. Grandma stopped

---

① 莫言：《红高粱家族》，解放军文艺出版社 1978 年版，第 34 页。

crying at the sound of the woodwind, as though commanded form on high. ①

例 5 是莫言长篇小说《红高粱家族》中大量有关宗教文化方面的典型描写之一。由于中国和西方国家有着不同的宗教信仰，在处理这些词语时，葛浩文多采用替代策略，使用一些新词语来表达原语词汇的含义以适应原文的文化形式并易于西方读者的理解。基督教是美国最重要的宗教，在美国，超过百分之九十的美国人的信仰是基督教。② 这与中国的文化信仰有着较大的差别。比如，葛浩文在对小说文本中有关宗教信息的翻译处理中，将"像聆听天籁一般"进行了省略，将"从天国传来的音乐"译成了"from on high"而不是"from the heaven"。因为，"heaven"在大多数有着基督信仰的美国人心中是神圣之地，来自天堂的声音都应是非常美丽和生动的。原作中抽泣的声音是来自奶奶出于生活的压力不得不嫁给一个麻风病人而发出的悲伤、绝望之声。美国读者是无法理解为何这种悲伤却要原作者写成美妙的天籁之声，如何与来自天堂的声音相提并论，这在基督教中被认为是不合逻辑的，与美国人的宗教信仰相矛盾。因此，对于那些不能符合美国文化和价值观的宗教色彩表达，在翻译时应对其进行修改或省略，这是翻译宗教词语和短语较常应用的改写策略，可促使译本与目标文化和信仰相适应。

二　诗学观照下的翻译改写

诗学是影响译入语文化的一个重要因素。勒菲弗尔认为诗学由两个要素构成：一是文学手段、文学样式、主题、原型人物、情节和象征等一系列文学要素；二是文学的社会作用和意义，即在社会系统中，文学起什么作用，或应起什么作用。③ 勒菲弗尔的"诗学"一方面反映了在文学系统中占主导地位的文学生产的手段和"功能观"；另一方面从宏观的

---

① Mo Yan, *Red Sorghum: A Novel of China*, translated by Howard Goldblatt, New York: Viking Press, 1994, p. 48.

② 参见袁明《美国文化与社会十五讲》，北京大学出版社 2003 年版，第 102 页。

③ 参见 Andre Lefevere, *Translation*, *Rewriting and the Manipulation of Literary Fame*, London & New York: Routledge, 1992。

社会主流诗学和微观的译者诗学两个层面对翻译行为进行了操纵。

在勒菲弗尔看来，诗学是文学的基本概念。它总是出现在特定的社会中。① 一方面诗学要与社会的主流意识形态相适应；另一方面诗学又会对文学体系的发展完善产生极大的限定影响。或者换句话说，诗学在文学体系中扮演着重要的角色，既支持所接受的文学翻译出版，又限制着与主流意识形态相悖的文学的传播。在特定的社会场域中，诗学决定着应该翻译什么样的原文，采用什么样的翻译技巧。起到主导作用的诗学将对原作产生影响，影响着译文在目标语文化中的接受与否。如果原文不能符合目标语文化的体裁要求，它在译入语国家的接受可能将会变得更加困难。在翻译过程中，译者不可避免地会遇到自己文学体系中的原文诗学与另一体系中的译文诗学不一致的问题。在大多数情况下，译者更倾向于遵循目标语文化中的首要诗学。译者往往试图从译入语文化诗学的角度对原文进行重新塑造，在迎合其目标读者的同时，确保译文在接受过程中成为一种可理解的文本。因此，译者在翻译过程中，往往以诗学操纵来调整和改写原语表达，以顺应目标语文化所要求的风格和体裁，从而满足目标受众的期望。

诗学对译者的翻译活动有着深远的影响。为了使翻译作品能够吸引目标受众，并为大众所接受和阅读，译者必须尽一切努力在其文化诗学的约束下重写或翻译原创作品。莫言小说作品英译本在美国的热销，一个重要原因就是葛浩文对其作品进行了适当的翻译改写，从而在译本中保证了其作品生动独特的语言风格。这在一定程度上显示出译者对文化适应过程的深刻见解及对诗学力量无可辩驳的证明。

勒菲弗尔的操纵理论认为诗学与如何翻译和翻译什么有着密切的关系。翻译要取得成功，译者不仅要符合特定社会的意识形态，还要符合特定文化中的诗学。译入语社会中占主导地位的诗学操纵着译者改写原文，使译文与当前处于主导地位的本土文学相一致。接下来主要从诗学的角度对葛浩文翻译的《红高粱家族》英译本在词汇和句法层面的翻译改写展开研究，从修辞、颜色词、文化负载词三个方面讨论译者如何从诗学的角度来处理中国当代小说的文本翻译。

---

① 参见 Theo Hermans，*Translation in System：Descriptive and Systemic Approaches Explained*，Shanghai：Shanghai Foreign Language Education Press，2001。

1. 对修辞手法的翻译操纵

修辞手法主要用来提高表达效果，可应用于各种文体的表达方法的集合，是常常被作者用来唤起读者情绪反应的重要技巧。它在文学表达中起着不可或缺的作用。修辞主要用于产生文学效果，每个修辞手法都有其独特的特点和实现预期表达效果的方式，如强调作者想要表达什么，描绘一个人物，或创造一种特殊的气氛。恰当地运用修辞，可以有效地帮助目标读者欣赏文学作品的艺术特色。《红高粱家族》是一部家喻户晓的小说，其丰富的修辞手法使这部小说带有着鲜明的表达特色。在这部小说中，莫言运用了委婉语、隐喻、拟人等多种修辞手法提升文学语言的审美价值。因此，葛浩文在将这部小说作品翻译成英文时，不仅要使目标读者理解原作想要表达的内容，还要使他们欣赏到小说作品的美学价值，获得与原文读者同样的阅读快感。

例1：

> 河南河北寂静无声，宽阔的公路死气沉沉地躺在高粱丛中。①
>
> The riverbanks were absolutely still, the broad highway lay lifeless in its bed of sorghum. ②

"河南河北寂静无声，宽阔的公路死气沉沉地躺在高粱丛中"表达出父亲和祖父迫不及待地要与敌人战斗的强烈愿望，但等来的却是日军令人恼火的沉默，所以这等待让人感到难以忍受。在翻译过程中，译者创造性地采用了拟人化的修辞手法，将"高速公路""高粱地"都赋予了生命，取得了较好的效果。

例2：

> 爷爷和奶奶在生机勃勃的高粱地里相亲相爱，两颗蔑视人间法规的不羁心灵，比他们彼此愉悦的肉体贴得还要紧。他们在高粱地里耕耘播雨，为我们高密东北乡丰富多彩的历史上，抹了一道酥红。

---

① 莫言：《红高粱家族》，解放军文艺出版社1978年版，第28页。

② Mo Yan, *Red Sorghum：A Novel of China*, translated by Howard Goldblatt, New York：Viking Press, 1994, p. 31.

我父亲可以说是秉领天地精华而孕育，是痛苦与狂欢的结晶。①

  Grandma and Granddad exchanged their love surrounded by the vitality of the sorghum field: two unbridled souls, refusing to knuckle under to worldly conventions, were fused together more closely than their ecstatic bodies. They plowed the clouds and scattered rain in the field, adding a patina of lustrous red the rich and varied history of Northeast Gaomi Township. My father was conceived with the essence of heaven and earth, the crystallization of suffering and wild joy. ②

正如我们所知，我们中国人将死亡和性作为隐私，在谈论的时候是非常保守和隐秘的。中国是一个有着两千多年传统习俗和伦理道德的国家，与性有关的问题在人们的公共谈话中是不被接受的。在中国传统中，妇女被要求遵守礼仪和道德标准。女性若不遵守节操将会遭到藐视和舆论的谴责。中国人在谈论性的时候没有外国人那么开放，通常会用委婉语来暗示与性有关的事情。原作中的"耕耘播雨"是一个有关性交的委婉语，源自中国古代诗歌。委婉语作为一种修辞，指的是用较含蓄的语言表达各种强烈的、难以启齿的话语。它们经常被应用于文学作品中，使得描述更加生动和吸引人。葛浩文考虑到目标读者在特定语境下如何能够较好地理解这一表达，将委婉语用异化的手法译为"plowed the clouds and scattered rain in the field"，从而使中国独特的性文化得到了较好的诠释，同时也让目标读者感受到中国文化的魅力。原作中还有大量的与性相关的委婉语表达，如"凤凰和谐""桑间濮上"等。这些体现在委婉语中的中西方文化差异，必然给译者的翻译带来巨大的挑战。葛浩文将"凤凰和谐"译成"do the phoenix dance in the sorghum field"（在高粱地里跳凤凰）来表达故事主人公——"我"的爷爷、奶奶之间的性爱。他将"桑间濮上"翻译成"adulterer"（通奸）。"桑间濮上"最初是指桑间在濮水之上，是古代卫国的地方。后来用"桑间濮上"指淫靡风气盛行的地方，即男女幽会。译者借助"通奸"这一具有争议意义的词语来表

---

①　莫言：《红高粱家族》，解放军文艺出版社1978年版，第66页。

②　Mo Yan, *Red Sorghum: A Novel of China*, translated by Howard Goldblatt, New York: Viking Press, 1994, p. 71.

达其意图，在一定程度上带来了意想不到的效果。

例3：

黑皮肤女人特有的像紫红色葡萄一样的丰满嘴唇使二奶奶恋儿魅力无穷。①

Full purple lips, like ripe grapes, save Second Grandma-Passion-her extraordinary appeal. ②

原文是对二奶奶的魅力描述，其中将她的嘴唇比作"紫红色葡萄"。译者在翻译中，将"紫红色葡萄"译成"ripe grapes"（成熟的葡萄）而不是"purple and red grapes"（紫红色的葡萄），从译文中西方读者不难想象出二奶奶的魅力。另外，"恋儿"这一名字并没有采用直译的反思，而是被意译为"passion"（激情），从中散发出恋儿身上所隐藏的强大吸引力，使得西方读者可以较容易地从"passion"一词中联想到人物的特点，同时还为她与余占鳌之间的恋情埋下了伏笔。另外，译者还通过增加破折号来进一步突出人物的吸引力。

从上述的例子中我们可以看出，原文中使用的各种修辞手法虽然会给译文增加难度，但对中英文都可以熟练操控的译者葛浩文来说，他总是能够充分发挥译者的主体性、创造性，使其译文几乎与原文一样生动。在此过程中，由于英汉语言的差异，葛浩文对一些修辞手法所采取的改写是不可避免的，但也使得他的译作在更高层面上更忠实于原文。

2. 对颜色词语的翻译操纵

风、声音、气味、空气等是在现实世界中无法感知和触摸的东西，在莫言的小说作品中都可以通过独特的描述和特殊的颜色来予以表达。在小说《红高粱家族》中，莫言以其丰富的想象力和创造力采用非常规的表述方式运用了大量的形容颜色的词汇，体现了小说的审美价值，但也给译者的翻译工作带来了挑战。

例1：

---

① 莫言：《红高粱家族》，解放军文艺出版社1978年版，第308页。

② Mo Yan, *Red Sorghum: A Novel of China*, translated by Howard Goldblatt, New York: Viking Press, 1994, p. 307.

奶奶半睁着眼，苍翠的脸上双唇鲜红。①

Her eyes were half open, the lips on her pale face showed up bright red. ②

例 2：

吃拃饼的人眼里跳出绿火花，一行行雪白的清明汗珠从他脸上惊慌地流出来。③

Yu Zhan' ao walked calmly to the man, who began backing up. Green flames seemed to shoot from his eyes and crystalline beads of sweat scurried down his terrified face. ④

例 1 中"苍翠的"用来描述蓬勃生长的植物，莫言在这里用"苍翠的"描述奶奶的脸，并且与后面鲜红的嘴唇形成强烈对照，突出了奶奶苍白的脸庞。葛浩文在翻译中将"苍翠的脸"译成"pale face"（苍白的脸），而没有直译成"verdant"，使得译作与原文有着更接近的表达效果。例 2 是当余占鳌走近劫匪时，劫匪因内心害怕表现出的"出汗"情形。汗珠原本是透明的液体，但是莫言却用"雪白"这一词来进行描述，而译者葛浩文则采用"crystalline beads of sweat"（晶莹的汗珠）较好地传达出原文信息。从以上的例子中可以看出，译者在翻译过程中充分考虑了目标读者能否接受，不遗余力地使译作既准确传达出原文的内容，又体现出原文的审美价值。

---

① 莫言：《红高粱家族》，解放军文艺出版社 1978 年版，第 74 页。

② Mo Yan, *Red Sorghum*：*A Novel of China*, translated by Howard Goldblatt, New York：Viking Press, 1994, p. 76.

③ 莫言：《红高粱家族》，解放军文艺出版社 1978 年版，第 44 页。

④ Mo Yan, *Red Sorghum*：*A Novel of China*, translated by Howard Goldblatt, New York：Viking Press, 1994, p. 48.

3. 对文化负载词的翻译操纵

小说《红高粱家族》以辽北高密东北乡作为故事的自然背景，反映了辽北地区独具地域特色且积淀深厚的特色民俗文化。该作品能够在西方社会受到持续关注并逐渐成为经典，这与作品的创作方式，尤其是创作内容，有着深厚的地域和民间渊源。这些有着浓厚民族文化特色的词语，使得这部当代小说具有了典型的"中国"特色，吸引着目标读者。葛浩文在这些词汇翻译过程中大多采用了异化策略，将原语中的文化特色忠实地传达给西方读者。

例1：

妹妹你大胆地往前走，铁打的牙关，钢铸的骨头，通天的大路九千九百九十九；妹妹你大胆地往前走，从此后高搭起红绣楼，抛洒着红绣球，正打着我的头，与你喝一壶红殷殷的高粱酒。①

Little sister, boldly you move on. Your jaw set like a steel trap. Bones as hard as cast bronze. From high stop the embroidery tower. You toss down the embroidered ball. Striking me on the head. Now join me in a toast with dark-red sorghum wine. ②

这是小说中"我"的爷爷余占鳌在高粱地里向"我"的奶奶表达爱意而唱起的一段歌词，其中"绣楼"和"绣球"这两个词与我国传统的婚礼仪式有着密切的联系。"绣楼"是指中国古代女性聚集在一起缝纫和刺绣的地方，既是劳动场所，又是休闲场所，还是一个学习技能和艺术创作的场所。"绣球"是由丝绸制成的球。在中国古代，出生在富裕家庭的姑娘用抛绣球的方式选丈夫。显然，这些都是我国古代的、承载着浓厚文化特色的词语，对于中国读者都不陌生，但对于外国读者却很难立即读懂其中的文化内涵。葛浩文在翻译这两个文化负载词时，以异化为主要策略，尽可能多地保留异国文化元素。

---

① 莫言：《红高粱家族》，解放军文艺出版社1978年版，第84页。

② Mo Yan, *Red Sorghum: A Novel of China*, translated by Howard Goldblatt, New York: Viking Press, 1994, p. 93.

例2：

余占鳌闪进那挂着破酒旗的草屋，屋子里一贯通，没有隔墙，一道泥坯垒成的柜台把房子分成两半，里边一铺大炕、一个锅灶、一口大缸。外边有两张腿歪面裂的八仙桌子，桌旁胡乱操着几条狭窄的木凳。①

Yu Zhan'ao darted into the doorway beneath the tattered tavern flag. No inner walls separated the shacks, and a bar made of adobe bricks divided the room in two, the inner half of which was furnished with a brick kang, a stove, and a large vet. Two rickety tables with scarred tops and a few scattered narrow benches constituted the furnishings in the outer half of the room. ②

文化负载词是标志着某种文化中特有事物的词，在一定程度上有着较明显的区域和文化特色，对这些词语的准确翻译传递着译者对异域的文化认同。小说中的"炕"是指由砖和夯土砌成的、常见于中国农村地区，主要是用来取暖的床。译者为了较好地保留中国文化的独特韵味，将其译成"a brick kang"，并没有译成"a hated brick used in the Northern Chinese areas"（中国北方农村使用的热砖床）。虽然这较好地保留了原语的文化特色，但还是在一定程度上给目标读者带来了阅读困难。谈到目标读者，葛浩文曾指出："译者不应该让原作者或目标读者失望，但最重要的是不要让目标读者失望而不是让作者。"③ 由此可见，译者应该强调不同文化间的转变，而不是简单语言层次的转换，这意味着将一种语言翻译成另一种语言，正如奈达所说的"判断翻译的有效性，不仅仅是依赖于词汇语意、语法水平及修辞手段的对应，重要的是目标读者是否能够欣赏或接受目标文本"④。

---

① 莫言：《红高粱家族》，解放军文艺出版社1978年版，第92页。

② Mo Yan, *Red Sorghum: A Novel of China*, translated by Howard Goldblatt, New York: Viking Press, 1994, p. 101.

③ 季进：《我译故我在——葛浩文访谈录》，《当代作家评论》2009年第6期。

④ Nods, A. Eugene, *Culture and Translating*, shanghai: Shanghai Foreign Language Education Press, 2001, p. 110.

4. 对习语的翻译操纵

习语语言是文化的载体，习语又是语言的精华，因而习语在体现语言的文化特点方面比其他语言成分更具有典型性。[①] 它通常包括成语、俗语、熟语、格言、歇后语、谚语、俚语、行话等。莫言的小说中穿插着大量的中国成语和歇后语，他们有着浓厚的民族色彩和鲜明的文化内涵，自始至终都营造着浓厚的中国韵味。成语是中国传统文化的一个特色，其意思精辟，往往隐含于字面意义之中，其真正的语意超出了单词本身的字面意义。而歇后语大多都是流传于中国民间的言简意赅的短语，反映了劳动人民的生活实践经验。成语和歇后语在很大程度上反映出一个国家的思维方式、信仰、习俗和宗教。因此，这些词语的翻译一直是翻译界争论不休的话题。这些词语中文化的不可译性成为中西方文化沟通的一大障碍，限制了文学艺术价值的体现。有些译者认为应该采用直译，而另一些译者则认为意译应该是翻译的主要策略。因此，我们应该制订有效的跨文化交流策略，探索不同国家的审美共性，从而跨越文化障碍、超越狭隘的文化民族主义，建立真正意义上的跨文化交流。葛浩文作为一位杰出的翻译工作者，他在翻译过程中意识到习语和谚语的文化维度，并采取合适的翻译技巧向西方读者准确地传达中国的文化元素。一方面，他采用适当的翻译策略来努力传达中国文化的独特性；另一方面，在翻译中他充分发挥他的创造力和想象力，帮助西方人更好地了解新中国形象。下面就以葛浩文对莫言小说的翻译实例为例加以说明。

例 1：

因此我串通了数十个弟兄，一齐发难，要黑眼请您入会，这叫作引虎入室之计。你在会里效越王勾践，卧薪尝胆，争取同情和声望。[②]

My comrades and I demanded that Black Eye bring you into the society. It's that they call "inviting the tiger into the house". When you're one of us, if you can sleep on firewood and drink gall, like the famous king of

---

① 参见冀一志《从跨文化角度看习语翻译》，《外语教学》1993 年第 1 期。
② 莫言：《红高粱家族》，解放军文艺出版社 1978 年版，第 282 页。

Yue，you'll gain everyone's sympathy and respect. ①

例 2：

　　"昨天我们骚扰了平度城，迫使鬼子仓皇撤退，这是'围魏救赵之计'吧，江队长？"爷爷破口大骂，"睁眼看看你救的赵吧！全村的人都在这里啦！"②

　　"We were harassing the town of Pindu and forcing the Japs to retreat in panic. You could call that the classic 'Encircle the Wei to rescue the Zhao' ploy, would't you say, Commander Jiang？" "Fuck your old lady, PockyLeng！" Granddad growled. "Feast your eyes on the Zhaos you rescued！ All the villagers are right here. "③

例 3：

　　一个念头像闪电般在罗汉大爷脑袋里一亮：老少东家就死在这个女人手里！一定是她沟通奸夫，放了一把大火，调虎离山，杀了单家父子，拔了萝卜地面宽，从今后她就可肆意妄为……④

　　A thought flashed into Uncle Arhat's mind：the old master and his son came to grief because of this woman. She must have taken a lover, who had set the fire to "lure the tiger out of the mountain"，then had killed father and son to clear the way for himself. ⑤

以上三个成语均来自我国经典著作。例 1 中，"卧薪尝胆"这个成语来自

---

　　① Mo Yan, *Red Sorghum*：*A Novel of China*, translated by Howard Goldblatt, New York：Viking Press，1994，p. 101.

　　② 莫言：《红高粱家族》，解放军文艺出版社 1978 年版，第 190 页。

　　③ Mo Yan, *Red Sorghum*：*A Novel of China*, translated by Howard Goldblatt, New York：Viking Press，1994，p. 201.

　　④ 莫言：《红高粱家族》，解放军文艺出版社 1978 年版，第 111 页。

　　⑤ Mo Yan, *Red Sorghum*：*A Novel of China*, translated by Howard Goldblatt, New York：Viking Press，1994，p. 121.

在中国被公认为史书典范的《史记》。"卧薪尝胆"讲述了我国春秋时期吴王成功地征服了越王勾践,勾践和他的妻子被迫留在吴国做俘虏。三年后,勾践被释放回岳国。为了不忘记他在吴国遭受的羞辱,他每天都睡在坚硬的木柴上,吃饭和睡觉前都要品尝一下苦胆。经过十年的艰苦奋斗,越国变得国富兵强,越王最终战胜了吴国并进军中原,成为春秋末期的强国。这个成语常常用来形容一个人忍辱负重、发奋图强,时刻不忘雪耻。葛浩文面对这些有着丰富文化底蕴的习语,有时会通过电话或电子邮件与原作者沟通。在这句话中,葛浩文将"卧薪尝胆"译成了"if you can sleep on firewood and drink gall, like the famous king of Yue"。这种译法不仅表达出词语中的隐含意义,而且还向西方读者传递了中国的文化形象。文化形象是一个民族的智慧和文化的结晶,翻译的过程不仅是知识的传递和理解的创造,也是文化的传递。例2的对话中,莫言使用了"围魏救赵"这个成语,不但简洁而准确,还提供了丰富的语意。这个成语来自中国古典四大名著之一的《三国演义》,原指战国时齐军用围攻魏国的方法,迫使魏国撤回攻赵的部队而使赵国得救。后来常用作袭击敌人后方的据点来解救被包围的人。在这句话中,译者采用了异化策略,将其翻译成"Encircle the Wei to rescue the Zhao"。这里的"魏"和"赵"代表战国时期两个不同的国家。从例子中可以看出,葛浩文的异化翻译可能会使目标读者产生一定的困惑,但在更深远的意义上来说,却给读者带来了原文化。例3中的成语"调虎离山"源自我国古代第一部浪漫主义章回体长篇神魔小说《西游记》。语意是设法使老虎离开原来的山冈,常用来比喻用计谋引诱敌人离开原来的有利地位。葛浩文从字面上将其翻译为"lure the tiger out of the mountain",产生了和原文近似的生动、幽默效果。

例4:

> 你一慕单家财产,二贪戴氏芳容,所以巧设机关,哄骗本官。你简直是鲁班门前抢大斧,关爷面前耍大刀,孔夫子门前背《三字经》,李时珍耳边念《药性赋》,给我拿下啦![1]

---

① 莫言:《红高粱家族》,解放军文艺出版社1978年版,第112页。

It must have been you who murdered Shan Tingxiu and his son, so you could get your hands on the Shan fortune and the lovely woman Dai. You schemed to manipulate the local government and deceive me, like someone wielding an ax at the door of master carpenter Lu Ban, or waving his sword at the door of the swordsman Lord Guan, or reciting the Three Character Classic at the door of the wise Confucius, or whispering the Rhapsody on the Nature of Medicine in the ear of the physician Li Shizhen. Arrest him! [①]

例4中，"鲁班门前抢大斧""关公门前耍大刀""孔夫子门前背《三字经》""李时珍耳边念《药性赋》"这些歇后语都指在行家面前炫耀自己的才能，不自量力。"鲁班""关云长""孔夫子""李时珍"都是中国文化中的典型人物。鲁班被认为是我国建筑行业的鼻祖、关羽是我国古典小说《三国演义》中被誉为武圣的常胜将军、孔子被誉为我国古代最伟大的圣贤、李时珍是我国古代中国最伟大的医药学家。这些都是距今久远的、我国古代著名人物，都有着深厚的历史背景，译者采用了异化策略较好地保留了中国文化。

例5：

珍禽择佳木而栖，良马见伯乐而鸣。我想来想去，偌大个高密东北乡，只有余司令您是个大英雄。[②]

Our ancestors had a saying: Birds perch on the best wood, a good horse neighs when it sees a master trainer. After thinking it over, I've concluded that in all of northeast Gaomi Township, you, Commander Yu, are the only true leader. [③]

---

① Mo Yan, *Red Sorghum : A Novel of China*, translated by Howard Goldblatt, New York: Viking Press, 1994, p. 122.

② 莫言：《红高粱家族》，解放军文艺出版社1978年版，第282页。

③ Mo Yan, *Red Sorghum : A Novel of China*, translated by Howard Goldblatt, New York: Viking Press, 1994, p. 248.

例5中"珍禽择佳木而栖，良马见伯乐而鸣"是一句充满了中国民间智慧的歇后语，指的是"优质的禽鸟选择名贵的树木来栖息，良马遇到伯乐才能发挥他的才能"，其含义是人要择优而取。葛浩文在翻译过程中以读者为导向，将其译成"Birds perch on the best wood, a good horse neighs when it sees a master trainer"，从字面上较好地传递了中国文化。

通过以上的例子和分析，我们可以看到作为中国文化的积极传播者，葛浩文一直在努力再现原作的特点和风格。然而，当面对一定数量的习语时，他并不总是拘泥于原语文化，而是十分重视目标读者的接受。葛浩文的译法一方面使西方读者可以有机会体验中国文化的异国风情；另一方面较好地保留了原文的表达并增加了一些必要的信息，使译文尽量忠实于原文并为美国读者所接受。

三 赞助人观照下的翻译改写

根据勒菲弗尔的操控理论，除意识形态和诗学外，赞助人也是影响翻译操控的一个重要因素。勒菲弗尔早在其1981年发表的《翻译文学：对一个完整的理论》（*Translated Literature: Towards an Integrated Theory*）一文中首次提出"赞助"（patronage）这一概念，认为："有一种赞助会极力支持某一诗学或是某一意识形态。"[①] 第二年，在其发表的《勇气妈妈的黄瓜：文学理论的文本，系统和折射》一文中明确指出了赞助的三个要素："意识形态要素（ideological component），文学需要和社会中的其他系统保持步调一致；经济因素（economic component），赞助人让作者能够维持生计；地位因素（status component），作家因赞助而获得一定的社会地位。"[②] 这三个要素在不同的体系中可以相互组合、相互作用。勒菲弗尔在1992年出版的《翻译、改写以及对文学声名的制控》一书中对"赞助"给出了明确定义："那些可以发展或是阻碍文学阅读、写作和改写的权力（个人或机构）。"[③] 由此得出，"赞助"可以由一群人、一个宗

---

① Andre Lefevere, "Translated Literature: Towards an Integrated Theory", *Bulletin of the Midwest Modern Language Association*, No. 2, 1981.

② Andre Lefevere, "Mother Courage's Cucumbers: Text, System and Refraction in a Theory of Literature", *Modern Language Studied*, No. 12, 1982.

③ Andre Lefevere, *Translation, Rewriting and the Manipulation ofLiterary Fame*, London & New York: Routledge, 1992, p. 15.

教团体、一个政治人士及一个社会阶层来施加和决定，通过调节文学系统与其他系统之间的关系而构成。勒菲弗尔指出"似乎存在一种双重控制因素，确保文学系统不会与社会其他子系统的步调相差太远"①。

伦敦大学以翻译研究而闻名的西奥·何曼斯（Theo Hermans）教授曾对勒菲弗尔的贡献做如下总结："文学系统有两个制约因素：其一，从文学系统外部发挥作用，保证文学和环境之间的关系，这其中又有两个要素：赞助和意识形态；其二，从文学系统内部发挥作用，也包括两个要素：诗学和一个相对界定比较模糊的群里，在勒菲弗尔的定义中时常发生变化，被称为'专家'（expert, specialist）、'专业人士'（professional）或是'改写人'（rewriter）。"② 由此可见，"赞助"与意识形态同属于文学系统的外部制约因素，与文学内部制约要素相对存在。在此基础上，我们沿用勒菲弗尔对赞助系统的三分法，即意识形态因素、经济因素、地位因素，将赞助人系统分解为："'诗学赞助人'（poetological parton），即文学系统内部、具有诗学权力的人或机构，其中包括教育机构及勒菲弗尔所谓的'专业人士'（expert, specialist, professional, rewriter）；'意识形态赞助人'（ideological parton），即文学系统外部的、具有意识形态权力的赞助人，其中包括政党、社会阶层、皇室、宗教机构；'经济赞助人'（economic parton），其中包括发行商和大众传媒。"③ 以上这些赞助要素共同制约着文学翻译，也在一定程度上决定着文学系统的发展方式，有时甚至可以将所选文本塑造成经典。接下来就以莫言这部从小说到电影的《红高粱家族》在美国传播过程中呈现出的赞助人要素进行分析。

例1：

　　回到家上了炕，面对窗板上新糊的白纸，操起了剪刀绞窗花。奶奶心灵手巧，在娘家为闺女时，与邻居家姑嫂姐妹们剪纸绣花，往往能出奇制胜。奶奶是出色的民间艺术家，她为我们高密东北乡

---

① Andre Lefevere, *Translation, Rewriting and the Manipulation of Literary Fame*, London & New York: Routledge, p. 14.

② Theo Hermans, *Translation in Systems: Descriptive and System-oriented Approaches Explained*, Manchester: St. Jerome Publishing, 1999, p. 126.

③ 卢志宏：《再次解读 Patronage》，《中国翻译》2015 年第 4 期。

剪纸艺术的发展，作出了突出的贡献。

高密剪纸，玲珑剔透、纯朴浑厚、天马行空、自成风格。

奶奶拿起剪刀，绞下一方红纸。心中忽然如电闪雷鸣般骚乱。身在炕上，一颗心早已飞出窗枝，在海一样的高粱上空像鸽子一样翱翔……①

After returning home, she climbed onto the kang beside the window with its brand-new white paper covering and began making paper cutouts for window decorations. She has always produced paper cutouts and embroidery that were so much nicer than anything the neighbor girls could manage—delicate and fine, simple vigorous, in a style that was her own.

As she picked up the scissors and cut a perfect square out of the red paper, a sense of unease and struck her like a bolt of lightning. ②

这一段是关于奶奶优秀剪纸技巧的详细描述，这不是邻居女孩所擅长的。从上面的例子中，我们可以看到英文翻译中省略了对奶奶为家乡作贡献的赞美。莫言用三段文字描写了奶奶高超的剪纸技艺。然而，译者葛浩文通过重新组织段落，省略非叙事性的评论，将前两段结合起来。葛浩文的这一译法受出版商的影响，因为出版商不希望他们的目标读者阅读后产生不知作者所云的感觉，他们认为省略后使得故事情节发展看起来更加紧凑、连贯、有吸引力。《红高粱家族》在美国的出版商是隶属于企鹅出版集团的维京出版公司（Viking Press）。创立于1953年的企鹅出版集团是收购《狼图腾》英文版权并在全球图书销售市场取得巨大成功的知名出版集团，出版了许多中国著名的小说，如《红楼梦》《围城》《聊斋志异》等。维京出版公司作为其重要分支机构，也出版了许多重量级的作家作品，其中就包括5位诺贝尔文学奖的得主的作品。此外，该出版集团出版的图书获得了国家图书奖（The National Book Award）、普利策小说奖（The Pulitzer Prize for Fiction）、布克国际文学奖（The Booker Prize）等多个重要图书奖项。维京出版公司凭借其在出版界较高的知名

---

① 莫言：《红高粱家族》，解放军文艺出版社1978年版，第120页。

② Mo Yan, *Red Sorghum*: *A Novel of China*, translated by Howard Goldblatt, New York: Viking Press, 1994, p. 131.

度助推莫言小说进入美国文学场域的同时，也以其赞助人的话语权操纵了葛浩文对原作品的改写。

此外，媒体作为操纵文学作品海外传播的赞助因素之一，对《红高粱家族》在海外的销售起到了重要的作用。莫言的《红高粱家族》出版后，引起了报纸、杂志、电视、网络等媒体对其的高度关注。莫言的这部作品在 1993 年被译成英语在海外销售，而早在 5 年前即 1988 年就已被中国著名导演张艺谋改编成了电影，并于 1988 年的柏林电影节上获得了大奖。就像莫言所说："这部小说出名，是因为电影。"① 张艺谋作为当代中国最具代表性的导演之一，可以说是为中国当代文学的海外传播间接作出巨大贡献的第一人，他不但能准确地从浩瀚的文学作品中选取作为影视母体的优秀文学作品，而且能在其改编成影视作品的过程中融入自身的美学读解。他先后改编的多部影片在获得了国际电影大奖的同时带动或扩大了海外读者对中国文学作品的阅读兴趣，并有效地促进了海外市场对国内文学作品的翻译出版。莫言对张艺谋导演对该影片在海外传播作出的贡献也是赞许的，认为张艺谋导演对中国文学走向世界发挥了先头部队的作用。② 另外，这部影片在美国的传播也彰显了译者的主体性。影片译者通过对原影片的欣赏和理解，将欣赏过程中获得的审美体验通过字幕输送给海外观众，译者是原文艺术的再现者。对影片字幕翻译而言，译者对翻译、原作、译本功能、读者等的认识不同和译者个人的审美取向、学识修养等的不同又会不同程度地影响译者的翻译，译者因此受到来自语内、语外和自身的、外在的等各方面的影响，而这些影响互相作用、互相融合，动态地影响着译者能力的发挥。通过对电影《红高粱》字幕的研究，可以看到，译者的文化身份使得字幕翻译不仅是两种语言文字间的简单转换，更是两个文化层面的交流，这使得蕴藏在译者文化身份中的三个要素都在字幕翻译中产生影响，即意识形态、诗学及赞助人，这同时也使得译者的主体性得到了极大的彰显。影片的译者葛浩文先生虽从小生活在美国，英语成为他的母语，但他对汉语也非常精通，是少有的能够熟练掌握英汉两种语言的翻译家，同时他对深厚

---

① 莫言：《我在美国出版的三本书》，《小说界》2005 年第 5 期。
② 参见莫言、李锐《"法兰西骑士"归来》2006 年 11 月，搜狐网，http：//www. cul. sohu. com/20061111 /n246328745. shtml。

的中华民族文化有着独有的认知观念和视野。因此，葛浩文先生不可避免地以此为标准，对影片的字幕翻译进行权衡，不但力争影视字幕用词的精准，而且注重译文能否满足译入语观众的期待。影片《红高粱》是以我国 20 世纪三四十年代抗日战争为背景展开的，但影片没有着重对英雄人物和气势恢宏的战争场面进行渲染，而是刻画了历史战争中珍惜自由、反抗压迫的生命激情，其情节奇幻、修辞多样、语言狂欢，充满了丰富而又独特的民俗气息并混合着自由的激情和原始野性与生命力，这都超出海外观众的观赏经验。因此，这要求译者对词语的把握要精准，使用删改、省略、增译等翻译手段使译文结构紧凑，情节连贯，从而呈现出形象生动的字幕语言，使海外观众在欣赏影片的同时能够体会和理解异域文化，使富有文学价值和审美意义的文学作品进入海外市场，从而达到文化交流的目的。

勒菲弗尔成为翻译研究领域第一个也是唯一一个提出作为翻译学科范式的"改写"理论并展开深入研究的学者，这一理论革新了传统的翻译研究模式，增强了对翻译现象的揭示力度，其所折射出的多彩光谱照亮了整个西方翻译学界，也对中国当代文学在海外的译介研究有着深远的指导意义。

第二节　误读中的跨文化对话

美国著名文学批评家、理论家哈罗德·布鲁姆（Harold Bloom）最早提出了误读这一理论。在他撰写的《影响与焦虑》（*The Anxiety of Influence*）一书中将"误读"命名为"克里纳门"（clinamen），这一词原指物理学中的原子偏离使得宇宙的变化成为可能。[①] 目前，国内从文化角度对误读现象进行分析的成果中，北京大学的乐黛云教授与勒·比松（Le Bison）主编的《独角兽与龙——在寻找中西文化普遍性中的误读》一书中对误读的阐释是引用率最高的，该书将"误读"定义为："人们在与他种文化接触时，很难摆脱自身的文化传统、思维方式，往往只能按照自己所熟悉的一切来理解别人。人类在理解他族文化时，首先自然按照自己

---

① 参见 Harold Bloom, *The Anxiety of Influence*, New York: Oxford University Press, 1973。

习惯的思维模式来对之加以选择、切割，然后是解读，这就产生了难以避免的文化之间的误读。"① 中国当代小说作品在美国的接受过程可视为美国读者对中国文学作品的选择、阅读、解读的过程，它既包括美国读者对中国当代小说作品中人物形象、艺术技巧、语言形式的认识，也包括对中国当代小说作品整体价值的把握与探寻。在这种认识、把握与探寻的接受过程中，部分美国研究者因为受到本土政治文化的影响，在对外来文学接受过程中产生了有意识的误读行为。这些误读既是外来文学被接纳的一种方式，同时也是异质文化交流中的障碍，但有些误读现象却因接受方根据实际文化接受需要和文化传播意图，将外来文学中的相似因子解读为本土文学范式，这在一定程度上为研究不同文化之间的交流文创造了契机。

首先，中国当代小说作品在美国文学场域正在逐步地获得更广泛的认可，但有些媒体在宣传及评论中为迎合读者的阅读兴趣，不乏套用西方的政治意识形态或文学审美观念对作品的阐释产生误读。以余华的小说作品为例，因为余华是我国少数几位被大量译介并广受美国读者、研究者关注的当代作家之一，对其小说在美国译介过程中的误读现象进行分析，既具有一定的典型性，又为我国中国当代文学的西渐及中国文化的海外传播提供借鉴。一部分美国评论者站在西方政治意识形态话语立场上，将余华作品中的"文化大革命"视为政治上异质的"他者"文学，主导的政治因素致使他们对作品的解读在一定程度上变为一种政治化误读。譬如美国评论家莫琳·科里根（Maureen Corrigan）在《〈兄弟〉是对现代中国的全面讽刺》（"Brother" Offers A Sweeping Satire of Modern China）一文中评论道："从中国'文革'的残酷到市场经济的洗礼，余华涤荡了近半个世纪的中国历史，把粗野怪诞的故事重现在我们面前……所有中国传统社会中的丑恶及'文革'记忆都在其中涉及……能够感受到的是一个受诅咒的世界。"② 还有德鲁·卡尔弗特（Drew Calvert）在《探索隐藏的中国》（Exploring the Hidden China）中对余华创作中所描写的

---

① 乐黛云、［法］勒·比松：《独角兽与龙——在寻找中西文化普遍性中的误读》，北京大学出版社1995年版，第1页。

② Maureen Corrigan, "'Brother' Offers A Sweeping Satire of Modern China", *National Public Radio*, February 9th, 2009.

"文化大革命"进行评论，他认为："余华笔下的中国骚动不安，沉重压抑，畸形发展。"① 一方面，这些评论忽略了作品的整体倾向性，仅对"文化大革命"这一事件进行孤立分析，没有从中国"文化大革命"产生的时代背景和作家想要表达的主观倾向去思考，较多的是从个人阐释意图去剖析作品。余华大部分作品的故事情节都是围绕着我国"文化大革命"时期及20世纪中后期市场经济发生重大变革时期的底层平民的生存状况而展开的。这与其童年和少年时期正值"文化大革命"有着紧密的关系，余华通过在典型中国环境中塑造的大量多维人物形象，如有着强烈生命韧性的受难者福贵、许三观、善良温顺的忍辱负重者家珍、许玉兰等，来表达中国底层平民在面对生活苦难和社会动荡时对寻求生存意愿所展现的韧性品质，这为西方研究者用歧视话语形塑动乱的中国形象提供了机会。另一方面，这些强势的西方政治文化误读也更进一步为满足美国读者对中国社会的猎奇心理提供了途径，促进美国读者在作品中去寻找、探索中国社会的变迁来满足其好奇心理之需求。

其次，文化误读在某种程度上可以有助于文化的融合与创新。虽然美国学界对中国当代小说的解读中有着误解、对峙甚至冲突，但是中美两国在已建立起的文学交流的基础上，文化误读可能促进两国的文化互动与创新，特别是文化交流中充当传播媒介主体的个人或群体有意识地利用文化误读的心理机制和传播机制来理解他国文化，并试图将其融入本国文化，从而达成预期的传播效果。这在美国研究者对余华创作中独特的叙述艺术进行阐释时表现得尤为明显。部分美国学者将余华的作品视为有机整体，以西方文学艺术体裁为标准去衡量文本，肯定其中符合西方文学审美标准的语言风格和叙事技巧，并将其视为西方文学体裁的一种。《国际信使》（*International*）周刊将首届外国小说奖授予余华的《兄弟》并称该作品为"一本伟大的流浪汉小说"②。此后，美国的《波士顿环球报》《纽约人》《洛杉矶时报》等在对该作品的评论中也都纷纷采用了"流浪汉小说"的提法。美国学者奥利弗·科恩斯（Oliver Kohns）在对该作品的解读中也提道："以流浪汉小说的方式写出了中国近40年

---

① Drew Calvert, "Exploring the Hidden China", *Boston Globe*, No. 12, February 2010.

② Prix Courrier, "International", *Courrier International*, No. 2, September 2008.

从血腥的‘文化大革命’到荒诞的资本主义的转型。"① 流浪汉小说是 16 世纪中叶产生于西班牙的一种叙事结构形式，其独特的艺术结构对此后的欧美文学产生了深远的影响。在题材上，流浪汉小说与余华作品中的民间文学有着相似之处，都是以描写社会底层人民的生活为素材，两者都擅长用夸张的、喧闹的语言描绘出荒诞的效果，从而广泛深刻地揭示各种丑恶的社会现象。但流浪汉小说是采用第一人称，以流浪汉自述的形式描写主人公的所见所闻，而余华的小说的主角既不是流浪汉，体裁也不是自述体，并且流浪汉小说式的文学创作在中国的文学传统中也不存在。仅是余华部分作品中与其存在着相似的文学因子，美国评论界就将其误读为西方文学范式的一种。从某种角度来说，这些艺术审美层面上的误读可视为积极误读，美国读者更容易在余华的作品中找到他们亲切熟悉的叙述方式，从阅读中读出文化认同与回归。这与余华在写作之初就一直追寻从国际文学大师的经典作品中汲取营养，在全球范围内寻求各种精神上的对话有着紧密的联系。② 1999 年 8 月，新世界出版社出版了由余华编选的《影响我的十部短篇小说》，其中国外作家作品有 9 部之多。其中对余华有着较大影响的作家弗朗茨·卡夫卡在其长篇小说《美国》（America）中采用现实主义手法，在形式上明显受到流浪汉小说的影响。余华称："卡夫卡解救了我，卡夫卡的自由叙述把我从思想的束缚里解放出来，让我把思想和情感表达得更加充分……卡夫卡教会我的不是描述方式，而是写作方式。"③ 余华正是因为受到这些外国文学大师及作品的熏陶和滋养，使其作品中蕴含着西方文学色彩，美国读者才更容易在他的作品中找到他们亲切熟悉的叙述方式，从阅读中读出文化认同与回归。这种误读既丰富了余华小说文本的含义，又激发美国读者的阅读期待、减少阅读中对异域文学的陌生感，这是西方解读者在其文化本质特征过滤下以其自身的艺术和思想标准去接近和再现中国文化的创造性叛逆。

由此可见，余华作为为数不多的能被译介到美国并受到西方研究关注的中国当代作家，对比其作品在国内外的接受认知可见其有着较大的

① Oliver Kohns, "Grotesque Humour and Undignified Life in Yu Hua's Novels", *American Comparative Literature*, No. 6, 2009.

② 参见洪治纲《余华评传》，郑州大学出版社 2004 年版。

③ 余华：《没有一条道路是重复的》，上海文艺出版社 2004 年版，第 113 页。

差异。这种文化差异在中美文化交流、碰撞中，又不可避免地产生了文化误读。余华作为中国文化在西方被接受的重要代表，其作品在美国的接受，误读在一定程度上反映出中国当代文学在美国传播过程中的各种译介因素与文学作品接受的关系，其译介经验为中国文学西渐提供了一定的借鉴和启示。虽然中国当代小说作品在美国得到了一定程度的传播和较高赞誉，但对其作品在接受过程中的误读也让我们意识到，美国文学场域对认知和接受中国当代小说作品独特的叙事艺术和语言表达的译介之路，还有待进一步探索，这也为我们分析西方读者对接受中国当代文学的心理动机和期待视野提供了不可多得的机会。

第三节　接受中的跨文化阐释

"'阐释'这一术语源于拉丁语 interpres，意思是说在两者之间的一个媒介，因此阐释具有传播、沟通和传译的意思。阐释有两个维度：时间维度和空间维度。在时间上，年代久远的古代文献因为时间的阻隔而无法被当代人所理解，因而需要阐释；在空间上，异族他国的文字因空间的阻隔而无法为本族和本国人所理解，因而也需要阐释。在这个意义上讲，'阐释'一词本身就具有跨文化的含义，既跨越古今文化，又跨越不同的民族文化。"[1]我们从阐释学的空间维度来解析中国当代小说在西方的译介与读者接受过程，更多的是强调用一国的文学理论、文化理论对异质文学作品和文学现象进行阐释，与异质的文化体系相互启发和对话，以形成一种具有开放眼光的文学理论的新视野。

我们以同为诺贝尔文学奖的得主，又同是美中两国文坛上非常具有代表性的作家威廉·福克纳和莫言为例。美国福克纳研究专家托马斯·英奇在《莫言和福克纳：影响和汇合》一文中指出"福克纳与莫言之间存在着影响与被影响的关系。"[2]这一点也得到莫言本人的证实，莫言在2012年瑞典学院发表诺贝尔文学奖致辞"我是一个讲故事的人"中也提到"美国作家威廉·福克纳给了我重要启发"[3]。集多种创作风格于一身

---

① 李庆本：《阐释与跨文化阐释学》，《文学理论前沿》2015 年第 8 期。
② 参见杨守森《莫言研究三十年》，山东大学出版社 2013 年版。
③ 莫言：《我是一个讲故事的人》，《法治资讯》2012 年第 12 期。

的现代作家威廉·福克纳，作品中诙谐的民间故事风格和怪诞的人物形象塑造对莫言的创作产生了重要的影响，使他们的作品在狂欢化叙事方面有着多方面的契合和印证。因此，以米哈伊尔·巴赫金的狂欢化诗学理论为框架，从汪洋恣肆的戏拟语言、诙谐怪诞的人体形象和走出藩篱的女性来论述福克纳对莫言的创作影响及两者之间的默契，探索从跨文化阐释的视角来找寻中西文学作品中相似的文化因子，为中国当代小说作品在美国的读者接受提供借鉴。

一 狂欢化诗学与福克纳、莫言作品的可比性

狂欢化理论是苏联著名的思想家和文论家巴赫金毕生研究的核心问题之一，它在巴赫金的整个批评过程中占有极其重要的位置。在谈到狂欢化问题的时候，巴赫金指出：文学狂欢化的问题，是历史诗学，是体裁诗学非常重要的课题之一。其中体裁诗学的体裁主要指小说。[1]因此，巴赫金的狂欢化理论正是他在小说的研究过程中形成的。具体来说，巴赫金着重以对文艺复兴时期法国著名作家拉伯雷的怪诞现实主义小说和俄国 19 世纪的伟大作家陀思妥耶夫斯基的复调小说为基础，深入到小说体裁结构的内部，从一些鲜明的特征和历史演变状况来考察和研究狂欢化诗学问题，并分析、归纳出其所包含的文学性因素及文化内蕴，从而总结出狂欢化诗学所具有的一些具体而显著的艺术特征。一方面，巴赫金在官方与非官方两级对照中彰显了狂欢化诗学的民间性。从民间文化入手，巴赫金指出文艺复兴时期文学巨擘拉伯雷笔下的狂欢世界以民间笑谑和对封建教会的戏拟为主导，将民众的、粗野的污言秽语、方言土语移入优雅的文学语汇，使神圣和卑俗相互倒置，从而反叛旧的社会道德规范，讴歌充满生命力的创造精神。另一方面，怪诞形象是巴赫金狂欢诗学的又一重要特征。怪诞形象是指以有关人体整体及这一整体之边界的特殊观念为基础的，以"物质—肉体"因素为中心的一系列形象。[2]在巴赫金的理论视野中，这些怪诞形象主要有死亡、诞生形象，魔鬼、

---

① 参见［苏］米哈伊尔·巴赫金：《陀思妥耶夫斯基诗学问题》，刘虎译，中央编译出版社 2010 年版。

② 参见［苏］米哈伊尔·巴赫金《巴赫金全集》（第 6 卷），钱中文译，河北教育出版社 1998 年版。

地狱形象，怪诞肉体形象等7种系列。①因此，在某种程度上说，怪诞形象就等同于"怪诞人体"或"怪诞肉体"。

福克纳的作品在一定程度上体现着狂欢化的叙事特点，如在语言上对《圣经》、史诗《奥德赛》中神圣的权威话语进行了大量的讽刺性戏拟；在《八月之光》《我弥留之际》中呈现出的一系列的怪诞人体形象，如大腹便便的瘦老头牧海托华，鼓着金鱼眼、鸭子般身材的新本德仑太太。同时，还塑造了大量与男权社会相悖离的狂欢化女性形象，如《喧哗与骚动》中的凯迪、《八月之光》中的莉娜。莫言在《两座灼热的高炉》一文中，把福克纳比喻成"灼热的火炉"，"离他太近，就很容易被融化"，并称"他的作品像鸦片一样，一旦吸食就很容易上瘾"。②法国的《费加罗报》称莫言为"中国的福克纳"③。由于深受福克纳创作的影响，莫言的多部作品中都呈现出一定的狂欢化叙事特点。莫言在《透明的红萝卜》发表之后的小说中，语言的运用越来越呈现出狂欢化的鲜明特征。在怪诞人体形象塑造方面则更侧重对女性器官的描述。与此同时，作品中同样塑造了一系列的敢于冲破传统的束缚女性形象，如《红高粱》中的"我奶奶"、《丰乳肥臀》中的来弟等。

综上所述，福克纳和莫言的作品在一定程度上、在一定的范围内都含有巴赫金所说的狂欢化诗学的因素或因子，与巴赫金的狂欢化诗学理论是存在着契合。这种契合一方面使我们体会到了巴赫金狂欢化理论的世界性意义和强大的生命力，更为重要的是它使我们能够从一个新的角度去理解、感受福克纳和莫言的小说世界，并借此探讨莫言小说作品在美国译介与读者接受的背后一些或显或隐的社会的、历史的文化内涵。

二 福克纳和莫言笔下的狂欢化叙事特征

福克纳和莫言虽身处不同时代、不同地域、不同文化背景中，但纵观二人作品，他们恰恰都是以狂欢的眼光观察世界，以非官方的文化，

① 参见［苏］米哈伊尔·巴赫金《巴赫金全集》（第6卷），钱中文译，河北教育出版社1998年版。

② 莫言；《两座炽热的高炉》，转引自李文俊《世界文学》，中国社会科学出版社1986年版，第3页。

③ 王晓明：《莫言获奖的海外回声》，2012年10月，新华社，http://www.zgfxnews.com/wh/content/2012-10/12/content_60487.htm。

即在破坏传统权威的同时，以让大众感受到解放的民间价值立场为基础，汪洋恣肆的戏拟语言、诙谐怪诞的人体形象和男权社会相悖离的女性都使他们的作品更具狂欢化风格。这些狂欢化的叙事书写在福克纳、莫言作品中有着惊人的相似，这也使得美国文学场域在莫言小说作品的接受中找到熟悉的文化因子。

（一）汪洋恣肆的戏拟语言

戏拟是巴赫金在《陀思妥耶夫斯基诗学问题》和《拉伯雷研究》这两部论著中反复使用的术语，用来描述陀思妥耶夫斯基和拉伯雷小说的语言特色。戏拟是对社会语言的再度模仿或表现。[①]在福克纳和莫言作品中，这类语言并不少见，主要是对权威话语的戏拟，进而达到一种嘲讽、蔑视、解构的目的。这对于处于生活在压抑和黑暗现实中的底层人民来说，这类语言是生活的慰藉和与现实进行斗争的思想武器，建构了一个相对自由的乌托邦理想王国。

福克纳在作品的语言表达方面运用了大量的讽刺性戏拟。比如《八月之光》中的克里斯默斯是一个不清楚自己身世、因被怀疑是黑白混血儿而失去身份的社会边缘人，由于出生在圣诞夜而被取名为克里斯默斯"Christmas"。在《押沙龙，押沙龙！》中，百里地的暴君托马斯·萨德本是一位冷酷无情、自私偏执的人物，凭借种种巧取豪夺的手段却成为萨德本百里地的主人，他模仿《圣经》中上帝在开天辟地时"要有光"[②]这一神圣表达，让萨德本百里地的崛起充满了戏谑色彩。萨德本还用"柏涅罗柏"来称呼自己心爱的母马。"柏涅罗柏"是著名史诗《奥德赛》主人公奥德修斯妻子的名字，象征着对爱情忠贞不渝、富有美德的女子，而这一具有崇高意义的人名却被用来命名一头牲畜。对权威话语的戏拟，已经成为莫言小说语言的一种重要的话语方式。比如《红高粱家族》中，"我奶奶"仅是一个为了个人的爱欲、幸福和自由进行抗争的人，对于奶奶的死却用了在特定革命年代用来赞扬为国家和民族的崇高利益献出宝

---

① 参见［苏］米哈伊尔·巴赫金《陀思妥耶夫斯基诗学问题》，刘虎译，中央编译出版社2010年版。

② ［美］威廉·福克纳：《押沙龙，押沙龙！》，李文俊译，上海译文出版社2004年版，第98页。

贵生命的革命烈士的"生的伟大""永垂不朽"①来进行评价。再如《三国演义》中刘备三顾茅庐见到诸葛亮后，共同分析未来三足鼎立政治走向的"隆中对"对话被用在一个既无远大抱负，又无王者风范，仅在民间黑帮充当"狗头军师"小头目口中，一种滑稽、调侃、嘲讽的意味就不可阻挡地产生了。②由此可见，这些原本代表着神圣与权威的话语遭遇了"降格""贬低化"处理，从而把那些被限定在某些狭小范围内的、已经被凝固化了的、具有神圣色彩的赐予从天上拉到了地下。

（二）诙谐怪诞的人体形象

巴赫金的怪诞人体形象是在《弗朗索瓦·拉伯雷的创作与中世纪和文艺复兴时期的民间文化》一书中提出的。巴赫金认为，这是降格，即将一切高级的、精神性的、理想的和抽象的东西转移到这个不可分割的"物质—肉体"层面、大地和身体的层面。③在福克纳和莫言作品中的怪诞的人体形象则是利用欢快、滑稽的"物质—肉体"因素，把"恐惧"的严肃性贬低为诙谐怪诞。

福克纳作为美国南方作家，在创作中吸纳了南方民间故事中的夸张手法。通过大量使用怪诞元素塑造出非常态或"走形"的人体形象，从而使作品呈现出怪诞风格。如《八月之光》中被废黜的教会老牧师海托华，受到清教主义的压抑来到杰弗生镇去追寻找不回的家族辉煌。他对现实世界的忽略导致了妻子的死亡，从而被赶下神坛，过着离群索居、浑浑噩噩的隐居生活，这些都在他的身体上呈现出怪诞的色彩。海托华的上身"骨瘦嶙峋"，却拖着个"像装着面粉的松松垮垮的大肚子"④，"像怀了个怪胎"⑤，预示这一个濒临衰老枯竭的肉体重获新生的可能。《我弥留之际》中艾迪·本德仑太太是一位内心孤独、沉默自闭的家庭主妇。本德仑太太的生命处于最后阶段时，干瘪凹陷的身体"显露出一根根白色的棱条"，深陷的眼睑"像两支蜡烛"，"烛泪可以滴落进铁烛台槽

---

① 莫言：《红高粱家族》，上海文艺出版社 2008 年版，第 105 页。
② 参见莫言《红高粱家族》，上海文艺出版社 2008 年版。
③ 参见［苏］米哈伊尔·巴赫金《巴赫金全集》（第 6 卷），钱中文译，河北教育出版社 1998 年版。
④ ［美］威廉·福克纳：《八月之光》，蓝仁哲译，上海译文出版社 2004 年版，第 56 页。
⑤ 同上书，第 63 页。

孔里的蜡烛"。^①在本德仑太太尸骨未寒之际，一家之主的安斯·本德仑却配上了假牙，娶回了一位散发生命神采"鸭子模样""鼓着一对金鱼眼"^② 的新本德仑太太，这于本德仑太太那干瘪、凹陷的身体及被钻洞的脸形成了鲜明的对照。莫言在作品中对于怪诞人体形象的塑造主要聚焦在女性的"乳"和"臀"上，特别强调女性高大的身体、丰满的乳房、结实的臀部等。在小说《筑路》中对白荞麦有着这样的描述"走起路来腰拧得像麻花，两瓣屁股像两个塞饱了肉馅的水饺……"^③而在长篇小说《丰乳肥臀》中，这样的描写更是俯拾即是，"窝窝头一样的乳房"^④，"熟透了的胸脯"^⑤，"耀武扬威的乳房"^⑥，"两瓣表情丰满的屁股"^⑦，等等。巴赫金认为"女人在本质上是与物质—肉体相联系的"^⑧。与巴赫金的理解相同，莫言认为女性的丰乳肥臀象征着大地，是生命的基点。莫言对女性肉体性特征的诙谐怪诞性的描述，实际是对生命力的彰显，包含了巨大的魅力。

（三）走出传统道德藩篱的狂欢化女性

狂欢化女性形象基本上是不拘泥于传统道德的藩篱，高举个性解放旗帜的女性形象。福克纳和莫言笔下塑造的女性大多数都生活在被奴役、被支配的男权社会中，但她们却都勇敢地与传统的男尊女卑的道德伦理进行抗争，在大胆地追求自我欲求满足中呈现出蓬勃的生命力。

福克纳在《喧哗与骚动》中塑造的凯迪·康普生出生在美国南方没落的贵族康普生家族。受到南方传统社会父权制和妇道观的影响，女性的贞操被视为高于一切、神圣而不可侵犯的东西。从小就具有反抗传统压抑妇女自然成长的凯迪，大胆追求爱情与幸福。凯迪的失贞被家人视为玷污了康普生家族的荣誉而将她赶出门，因生活流离失所，最终凯迪

---

① ［美］威廉·福克纳：《我弥留之际》，李文俊译，上海译文出版社 2004 年版，第 5 页。

② 同上书，第 225 页。

③ 莫言：《筑路》，转引自莫言《莫言文集：怀抱鲜花的女人》，作家出版社 2012 年版，第 11 页。

④ 莫言：《丰乳肥臀》，作家出版社 2012 年版，第 55 页。

⑤ 同上书，第 95 页。

⑥ 同上书，第 225 页。

⑦ 同上书，第 150 页。

⑧ ［苏］米哈伊尔·巴赫金：《拉伯雷研究》，河北教育出版社 1998 年版，第 276 页。

沦落为了纳粹军官的情妇。《八月之光》中的莉娜·格罗芙是美国南方社会的一名下层农民，敢于冲破南方社会对妇女禁欲和贞洁观的禁锢，与镇上的青年卢卡斯交往，未婚先孕后遭到抛弃。莉娜没有让这些成为自己摆脱不掉的梦魇，也没有在现实面前迷茫与彷徨，而是冷静从容地寻找孩子的父亲，成为生活的主宰者。这些形象饱满、性格鲜明的女性形象反映了社会变革，透视了世态人情。莫言在作品中同样也塑造了多个不屈服于命运，敢于冲破传统束缚的女性，如《红高粱家族》中的"我奶奶"是一个敢于追求爱情幸福，强烈要求个性独立的女性。她是封建婚姻的受害者，被父亲为了换取一头骡子而强迫嫁给财主家患有麻风病的独子单扁郎。她经历着人性在扭曲中的内在冲突，美丽青春、旺盛情欲同肮脏婚姻、悲苦命运的尖锐冲突激起了她的抗争。"我爷爷""我奶奶"在高粱地醋畅淋漓的野合，大胆地展示出女性的情感与欲望，塑造出极具叛逆品格的狂欢化女性形象。再如作品《丰乳肥臀》中上官家的大女儿来弟是上官鲁氏和姑父于大巴掌的女儿。中华民国初期，来弟受封建家长制指婚，被迫与哑巴孙大言订婚。这时的来弟却与抗日黑驴鸟枪队队长沙月亮一见钟情。来弟不屈服于命运，面对生活的苦难和命运坎坷颠覆了对女性的传统定位，用行动改变自身处境，毅然与沙月亮私奔，塑造出极具叛逆品格的狂欢化女性形象。由此可见，福克纳和莫言塑造的这些女性狂欢化人物颠覆了官方传统的"阴柔、脆弱、被动"的女性形象。福克纳笔下的不幸女性多是受到南方父权制的影响，而莫言笔下的女性悲剧主要是由男尊女卑的封建传统思想导致。另外，莫言笔下的悲剧女性在与福克纳笔下的女性同样遭受精神方面的压抑、束缚的同时，还要承受物质生活的艰难。

三 福克纳和莫言笔下狂欢化叙事的根源

巴赫金在论述陀思妥耶夫斯基复调小说产生的原因时多次强调了社会的、历史的因素。他认为陀思妥耶夫斯基所处的时代对其创作产生了巨大的甚至决定性的影响，指出复调小说只有在资本主义时代才能出现。因为处于多种思想相互碰撞的社会形态，其矛盾本质就会显得尤为突出，因此也具有了多元世界的独特面貌。这为复调小说的多元化和多声部性质提供了客观前提条件。①由此可见，社会和历史因素对创作者的观念、思想有着深刻的影响，而矛盾的、多元的社会形态在一定程度上又促进了文学新形态的产生。福克纳和莫言两位作家所处的创作现实环境正是一个矛盾的、多元的文化环境。

（一）个人体验与传统文化、时代精神的融合

福克纳生长于美国南方密西西比州北部富有浓厚地域文化的纽埃尔巴尼小镇，那里被誉为"南方腹地"，有着讲述荒诞故事的传统。这些荒诞不经却幽默生动的动物及鬼怪故事，特别是有关奴隶制、黑人和他祖先们的故事，都激发了福克纳的文学创作的丰富想象力。福克纳的父亲终生没有什么作为，他与父亲的感情也不好。从小缺乏父爱的福克纳一直依赖母亲并深受母亲刚毅、坚强性格的影响。母亲爱好文学并靠自己的努力完成了高等教育，福克纳从小就在母亲的良好的教育指导下开始了文学阅读。福克纳虽然只读到了中学，但是他对文学的沉迷使他阅读了大量西方世界的文学经典，他的眼界和知识面得到迅速拓宽，这为他日后的文学创作奠定了坚实的基础。福克纳成长和创作的 20 世纪上半叶的美国正处于南方文艺复兴运动。南方文艺复兴运动是美国内战前后社会变革时期的产物，代表着新兴资产阶级思想家对封建意识形态的全面批判，帮助人们从专制主义、教权主义和封建特权的统治中解放出来。南方文艺复兴运动体现在文学上，则表现出崇尚个人自由、回归自然等，这些都极大地启发了民智和反封建意识。在文艺复兴运动思想的影响下，福克纳的创作正是用以清教思想为基础的资产阶级道德体系来提倡美德，其作品不但表达了伦理道德领域里的启蒙思想，而且还表达了软弱的城乡中小资产阶级的情感，使众人在阅读的愉悦中心悦诚服地接受道德训诫，完成粉碎封建宗教道德牢笼的伟大革命，建立新兴资产阶级的道德新秩序。

跟福克纳相似，莫言的成长环境与创作时特殊的社会精神风貌都赋予其作品独特而深邃的艺术魅力。莫言的故乡位于山东高密一个偏僻的小村庄，该县地处山东半岛东部，土地并不肥沃，但却有着丰厚的地域文化传统。莫言小学读到五年级，因"文化大革命"爆发辍学。"文化大

―――――――

① 参见［苏］米哈伊尔·巴赫金《陀思妥耶夫斯基诗学问题》，刘虎译，中央编译出版社 2010 年版。

革命"时代的教育背景，使童年的莫言并没有接受几年正规的教育；落后的经济条件，也使当时农村难得有几本书，但丰富的民间文化资源，正好给知识饥渴时期的莫言提供了极好的知识营养。民间口耳相传的神话传奇、轶闻趣事、民谣戏曲、婚丧嫁娶等重大活动中的习俗仪式，日常生活中一脉相承的观念语言、行为模式等，都为莫言提供了一本本活的教科书。莫言是在20世纪80年代初期走上文学创作道路的，那时的中国进入了全面改革和对外开放的新时期，文艺界也随之呈现出了新的气象。国家政治意识形态对中国的政治要求不再是首要目的，作家们可以相当自由地创作，一些原本属于禁区的创作题材和领域成了可以探讨和涉足的话题。正是在这样的环境之下，莫言带有反叛封建传统道德，解构政治意识形态，颠覆传统审美原则和艺术规范的狂欢化写作才得以进行。在此时期西方文学思潮的涌入，其现代派文学精神、艺术手法和个性思维观念的融合恰好与此时莫言的创作达成契合。因此，莫言的作品最大限度地发挥了创作主体的强烈个性特征和自我感情色彩的主观创造精神。另外，莫言小说中的狂欢广场语言特色与20世纪80年代中期以来我国文坛整体上存在的语言脱雅趋俗的审美倾向有关。莫言摒弃了语言选择的典雅与优美，以更加生活化的语言来描述生活场景，这给中国当代文坛带来了一种全新的审美景象，扩展了人们的审美视野，感受到了一种新的审美体验。莫言就是在这样的文学转变过程中开辟出自己的文学道路的。在此意义上，与其说莫言的创作是其个人选择的结果，不如说是时代精神气候影响之必然。

（二）福克纳和莫言的女性观

福克纳在成长过程中亲身感受到在南方种族主义和清教妇道观中饱受束缚和压迫的女性的苦难，在创作中他将常见的婚恋事件中的女性意识、阶级意识和中产阶级的意识形态等融合起来，在小说文本中构造了一个各种声音和意识相互对话的复杂的话语场，使小说具有了思想的深度，也使女性人物具有了形象的生动性和丰富性。福克纳对妇女问题的极大兴趣，一方面，是为了最大限度地迎合女性的欣赏趣味。随着日益增长的女性读者，即上、中层社会的闲暇女性和女佣，她们构成了可观的读者市场，在写作和出版越来越市场化的语境中更是专业作家的新型"恩主"和"衣食父母"。另一方面，是因为福克纳"有一种深深的异性自居的心理，它远远超出了与异性交往中的偏爱或教养使然的密切关系"。在弗吉尼亚大学的一次座谈会上，福克纳曾坦言："描写女人有着更多的乐趣。因为我认为女人很了不起，令人惊叹。"①另外，在福克纳的成长过程中，母亲的坚强意志和黑人佣仆卡洛琳·巴尔大妈对他无微不至的关爱，都让福克纳对女性有着一种钦佩与眷恋之情。因此，福克纳倾向于以女性为小说主人公，并在叙述女性情感经历的过程中获得了替代性的满足。

女性题材在莫言的作品中也起着非常重要的作用。这些作品塑造了20 世纪初至 21 世纪初真实可感的中国女性形象。莫言在作品中塑造的女性形象通常具有内在的善良和外在的个性独立。莫言在其创作的作品中对女性形象的塑造缘于他 20 余年的农村生活经历，为他小说中女性人物的塑造提供了写作素材、文学观念。莫言出生在一个兄弟姐妹众多的贫苦农民家庭，成长中缺乏关爱，因而渴望着能多些关心和爱护。在莫言年少的成长过程中，经常受到年长男性的欺凌。莫言在读小学五年级的时候，因冒犯老师而被开除；莫言 12 岁那年，因为饥饿偷了生产队的一个萝卜，遭到父亲和二哥暴打，险些丧命……但莫言身边的女性，他的奶奶、妈妈、姑姑及妻子对他总是关爱的、温和的，则让莫言对女性有着一种深深的眷恋。特别是莫言的母亲，对莫言极其疼爱。虽生活拮据，但对莫言的教育却从不吝啬。每当家庭面对艰难险阻或重大转折时，母亲总是表现得比父亲更加的坚强。另外，莫言年少时在农村的成长经历，又让他深刻地感受到在封闭农村生活中女性的苦难。②他在创作过程中塑造了大量的这类女性，从中反射出莫言对男尊女卑的男权社会中悲苦女性的反思和关照。与此同时，莫言又受到男女有别的传统思想的影响。因而，莫言对女性有着一种既畏惧又眷恋的矛盾的情感。他将外在的压抑和内心的激情，通过丰富的想象力在作品中塑造了一系列竭力挣脱社会规则的束缚，努力张扬个性，在有限的世界里尽可能地扩张自由边界的女性人物，她们无所顾忌的言行表现出浓烈的狂欢色彩。

本节从跨文化阐释的视角出发，在巴赫金的狂欢化诗学理论下，以

---

① Frederick L. Gwynn and Joseph L. Blotner, *Faulkner in the University*. New York：Vintage，1965，p. 45.

② 参见郭小东《看穿莫言》，武汉大学出版社 2012 年版。

汪洋恣肆的戏拟语言、诙谐怪诞的人体形象和走出传统道德藩篱的女性对照了福克纳对莫言多部作品的创作影响及两者之间的创作默契。他们作品中这些相似的狂欢化叙事特征既是个人体验与传统文化、时代精神的融合，又是缘于他们相似的女性观，为中国当代小说作品在西方文学场域的读者接受提供了一个新的解读视角。这不但颠覆了传统体制下制度化语言及文学人物形象的塑造、开辟了文学叙述的新方式，而且也使得莫言的小说文本在狂欢化叙事的影响下产生了更多的"非文学性"的功能。西方读者在体验莫言狂欢化叙事带来的精神享受和思维的解放的同时，使得历史和现实中存在的许多貌似合理的等级结构、生活秩序在狂欢化的虚幻世界里完成对现存世界的重构。

第 五 章

中国当代小说在美国的
译介与研究个案分析

　　没有哪个时代的中国文学像 20 世纪中国文学那样，如此详尽地得到记录，如此一再地被翻译，如此深入地被文学研究者挖掘，可谈到其文学价值，也没有哪个时代像它那样多地招受争议。① 由此可见，中国文学在海外的传播，尤其是 20 世纪以来经历了曲折式的不断向前发展，进而今日的中国文学在世界文学的舞台上获得了越来越多的关注和肯定。从 1978 年 12 月党的十一届三中全会以后，我国进入了全面改革和对外开放的新时期，我国文学作品开始大量的译介到国外，这是增进国际社会对当代中国文学及文化了解和认识的重要平台。美国作为政治、经济、文化都较为领先的西方强国，对于中国文学的翻译与研究较以往任何一个时期都更加详尽、细致，但与此同时这些翻译和研究也受到了更多的争议，这种情形在中国改革开放后表现得尤其突出。作为中国文学重要组成部分的中国当代小说是美国了解中国文学的手段之一，一直延续至今，也是美国读者了解并接受中国现当代文学家的重要途径，这同时也推动了中国文学走向世界。

　　美国文学界对中国当代小说的关注源于其历史价值，海外学者们将中国当代小说作为社会考察的对象，对其艺术审美的评价几乎没有任何的标准，大部分美国研究者们试图通过中国当代小说的表层文本叙述来挖掘其内在的隐含信息，这些隐含信息正是满足最初美国研究者们对中

---

① 参见 Wolfgang Kubin, *The History of Chinese Literature in the 20th Century*, Munchen: KG Saur, 2005。

国社会面貌认知的好奇心。因此，对于美国的翻译者和研究者而言，他们对中国当代小说的接触动机并不是单单的审美，而是用其异域的解读视角来揭开中国当代小说被遮蔽的中国社会现象。海外学者们对中国文学的最初动机和视角随着我国改革开放的不断深入而发生改变，从单纯的审美、政治解读视角向文学本身的价值进行探索，开始以优秀的世界文学衡量标准作为中国当代小说在美国文学价值的测量坐标。这一世界文学的衡量体系以其更高的标准即语言的表达、形象的塑造、精神的渗透等方面来衡量中国当代小说作品，其评价可谓喜忧参半。在这种整体性的批判背景之下，为数不多的中国当代小说作家在美国文学视域里获得广泛关注与肯定，这些作家作品的海外译介研究值得我们为之深入地探析和借鉴。本章将选取残雪、余华与莫言这三位在中国当代文学乃至世界文学发展中都极具影响力的作家作为例证，细致分析他们的小说作品在美国的传播与接受，以他们经典作品被关注的研究来分析他们之所以比同时代作家受欢迎、走得远的原因，试图借此找寻那些在美国获得更多赞誉的中国当代小说作家作品的某些典型个性气质，并从传播学的角度来反观国内同时代其他作家作品，以此阐析中国当代小说大规模走出国门，提升国际影响力，在传播方面所要借鉴与发展的可能性，以期为未来的研究提供一定的典型性的观照价值。

第一节　残雪在美国的译介与研究

　　残雪是中国当代文坛为数不多的在国内外都有着广泛影响力的女性作家。美国对残雪作品的译介研究始于 20 世纪 80 年代，已成为残雪作品传播最为广泛、最具影响力、研究载体最多、研究范围最广的英语国家。由于其作品独特的创作风格和精神风貌，以及创作中鲜明而又独特的女性主义特色，打破了对女性传统审美模式的认知，受到美国读者的高度关注。美国对残雪作品的译介持续至今并达到高潮，呈现出译介数量多、持续时间长、译介载体权威性和学术性强、译介效果明显等特点。目前美国对残雪作品的译介研究呈现出从单一研究向纵横比较研究的趋势，研究的聚焦点日益凸显，主要集中在梦魇叙事艺术研究、自我意识研究及女性主义研究三个方面，这既是其作品与美国视域相契合的结果，也是美国关注中国社会现实的需要、译介主体熟知中西文化与语言、作者本人重视国际交流的结果。追溯残雪作品在美国的译介历程，其作品在美国的发展经历了开端、发展和鼎盛三个阶段，而分析各阶段的译介特点，探求残雪在美国受关注的原因，进而勾勒出残雪在美国译介研究的图谱，既可以为中国文学的西渐提供借鉴，也可以为观察美国读者对中国文学的心理期待提供启示，这为中国文学在海外的传播及研究走向提供了多维度的参考。

1985 年 1 月，残雪在《新创作》上发表了她的短篇小说处女作《污水上的肥皂泡》，同年又陆续发表了短篇小说《山上的小屋》《公牛》，因其作品主题的超前性，艺术审美的独特性，以及审美多维度的开辟与超验世界的探索，那时并未在国内文坛立刻引起广泛的关注。但与 20 世纪 80 年代中期至 90 年代末期国内对残雪的作品关注滞后形成鲜明对比的是，其作品在美国获得了高度关注，呈现出"墙内开花墙外香"的现象。残雪的作品《公牛》和《山上的小屋》被目光敏锐的译者钟鸣积极地译介到英语世界，从此残雪走进了美国读者的视野。残雪作品的独特的创作风格和精神风貌给国外读者很强的震撼，赢得了国外读者的高度评价。残雪至今已有 700 余万字的作品被译介到美国，她是在美国被翻译、出版作品最多的中国当代女作家，美国文学界称她为"20 世纪中叶以来中国最具创新精神、最重要的作家"。其《最后的情人》获美国唯一的翻译文学奖"最佳翻译图书奖"；入围有着"美国诺贝尔文学奖"美誉的文学终生成就奖"纽斯达克文学奖"，之后还获得"独立外国小说奖"。残雪小说已成为美国哈佛大学、康奈尔大学、哥伦比亚大学等著名高等院校亚洲文学课的教材，她也因此成为唯一一位被收入美国大学教材的中国作家。残雪作为中国当代文坛极少数在国内外都享有高知名度的作家，其作品在美国的译介研究可视为中国文学在海外传播过程中值得持续关注并倾力研究的重要对象，为中国文学"走出去"提供借鉴。

一　残雪作品在美国的译介研究概述

残雪的作品被译成英语、日语、法语、意大利语、德语、瑞典语、韩语等文字，其中被译成英语和日语的作品数量占主导，而英语作品的数量大于日语。残雪的英语作品在美国主要通过三种路径被广泛传播。

第一种是以英文单行本的形式,由国外的出版社出版发行、海外汉学家翻译的影响较大的小说集和长篇小说;第二种是国外的文学期刊刊登、出版了残雪的部分短篇小说;第三种是一些国外或旨在面向国外的中国当代文学选集收录了部分残雪的作品。①

　　据统计,国外出版社以英文单行本形式出版的残雪作品主要有 8 部,按出版时间的先后排序,分别是由美国西北大学出版社在 1989 年和 1991年出版的《天堂里的对话》②、《苍老的浮云》(包括《黄泥街》和《苍老的浮云》)③,1997 年美国亨利·霍尔特出版公司出版的《绣花鞋》④,2006 年美国新方向出版公司出版的《天空里的蓝光和其他故事》⑤,2009年耶鲁大学出版社出版的《五香街》⑥,2011 年美国罗切斯特大学的公开信出版社出版的《垂直运动》⑦,2014 年耶鲁大学出版社出版的《最后的情人》⑧ 和 2016 年公开信出版社出版的《边疆》⑨。其中《五香街》和《最后的情人》为长篇小说,其他单行本为小说集。从英文单行本的出版机构来看,多以美国的大学出版社为主,以商业出版商为辅。这些大学出版社都隶属于美国知名院校。大英百科全书曾将美国西北大学列为世界著名大学之一,美国西北大学出版社成立于 1983 年,是一个具有悠久历史、出版经验丰富的出版机构。耶鲁大学是和哈佛大学、普林斯顿大

---

① 该统计列表参考了世界图书馆联机检索 (World Cat),http://web. mit. edu/ccw/can - xue/works - english. shtml。

② 参见 Can Xue, *Dialogues in Paradise*, translated by Ronald R. Janssen and Jian Zhang, Evanston: Northwestern University Press, 1989。

③ 参见 Can Xue, *Old Floating Cloud*: *Two Novellas*, translated by Ronald R. Jansen, Evanston: Northwestern University Press, 1991。

④ 参见 Can Xue, *The Embroidered Shoes*, translated by R. Jansen and Jian Zhang, New York: Henry Holt, 1997。

⑤ 参见 Can Xue, *Blue Light in The Sky and Other Stories*, translated by Karen Gernant and Chen Zeping, New York: New Directions Books, 2006。

⑥ 参见 Can Xue, *Five Spice Street*, translated by Karen Gernant and Zeping Chen, New Haven: Yale University Press, 2009。

⑦ 参见 Can Xue, *Vertical Motion*, translated by Karen Gernant and Chen Zeping, New York: Open Letter, 2011。

⑧ 参见 Can Xue, *The Last Lover*, translated by Annelise Finegan, New Haven: Yale University Press, 2014。

⑨ 参见 Can Xue, *Frontier*, translated by Karen Gernant and Chen Zeping, New York: Open Letter, 2016。

学齐名的院校，其出版社成立于 1908 年，也同样在世界上享有盛名。值得一提的是，2008 年该出版社投入了 200 万美元启动了"玛格洛斯共和世界系列"项目，主要是将一些非英语国家的优秀文学作品翻译成英文出版发行，该项目进一步推动了残雪的《五香街》在美国的传播。美国罗切斯特大学是一所建立于 1850 年的综合性大学，在全美综合排名第 10 位左右，该校的公开信出版社是专门从事文学翻译且口碑良好的出版社。出版残雪作品的主要商业出版商为美国的亨利·霍尔特出版公司和新方向出版公司，分别成立于 1866 年和 1936 年，前者是全球三大巨头出版社之一的麦克米伦出版有限公司的子公司；后者是美国纽约著名的综合性出版社。由此可见，这些出版机构都具有悠久的历史且在出版界享有盛名，这不但可以增强读者对出版作品的信任度，还可较好地满足英语读者的阅读审美和阅读期待。

刊载残雪作品的国外期刊多是专业文学期刊且分布比较广泛，其中美国文学期刊《形态》（*Formations*）是最早将残雪的作品译介到美国的期刊。早在 1987 年，该刊登载了残雪的 3 篇短篇小说《布谷鸟叫的那一瞬间》①、《山上的小屋》②、和《公牛》③。20 世纪 90 年代以来文学期刊《联结》刊载了残雪的大量小说作品，如《两个身份不明的人》④、《归途》⑤、《天空中的蓝光》⑥、《城堡的起源》⑦ 等。进入 21 世纪以来，所刊登残雪的作品的文学期刊更具影响力，如国际著名的文学翻译期刊《渐

---

① 参见 Can Xue, "The Instant When The Cuckoo Sings", translated by Jian Zhang, *Formations*, Vol. 4, No. 2, 1987。

② 参见 Can Xue, "Hut on the Mountain", translated by Zhong Ming, *Formations*, Vol3, No. 3, 1987。

③ 参见 Can Xue, "The Ox", translated by Zhong Ming, *Formations*, Vol3, No. 3, 1987。

④ 参见 Can Xue, "Two Unidentifiable Persons", translated by Ronald R. Janssen and Jian Zhang, *Conjunctions*, No. 21, 1993。

⑤ 参见 Can Xue, "Homecoming", translated by Ronald R. Janssen and Jian Zhang, *Conjunctions*, No. 28, 1997。

⑥ 参见 Can Xue, "Blue Light in the Sky", translated by Karen Gernant and Chen Zeping, *Conjunctions*, No. 45, 2005。

⑦ 参见 Can Xue, "The Castle's Origin", translated by Rong Cai, *Conjunctions*, No. 50, 2009。

近线》刊载了《陨石山》①，核心期刊《无国界文字》登载了《毒药》②、《旧蝉》③ 等。从整理收录残雪作品的文学期刊信息来分析，这些文学期刊多选取的是残雪的短篇小说作品，除《城堡的起源》是对卡夫卡作品解读的评论文章。这些文学期刊作为文学作品传播的重要载体之一，对残雪作品的对外译介起到了一定的推动作用。

此外，在国外出版发行的、具有较大权威性的中国当代作家作品选集中也收录了残雪的部分作品，如 2003 年由夏威夷大学出版社出版的《迷舟及其他中国故事》中收入了残雪的短篇小说《世外桃源》④，2013 年由外文出版社出版发行的中译英文学选集《路灯：中国新时代作品集》是另一个美国推介中国文学的重要文集，翻译发表了残雪的短篇小说《影族》⑤。这些作品集收录了我国新时期著名作家作品，这也为英语世界的读者了解中国当代最具有实力的作家提供了一个很好的"拼盘"。

通过梳理残雪作品在美国的译介与传播，其呈现出三个特点。一是作品翻译的数量多，不仅有先锋时期的作品，更有其创作转型后反映现实的小说。残雪的作品在美国得到了较为全面的译介并得到了一定程度的认可。二是作品被翻译成英语语种的历时长，从 1989 年其小说集《天堂里的对话》被译成英语开始，27 年来一直没有间断。不但新作被及时译成不同的语种，而且旧作也不断地走进国外出版社的视野。三是出版残雪作品的海外出版社和文学期刊都具有较强的权威性和学术性。

残雪的作品不仅在美国得到大量译介，而且也得到了广泛的认可和赞誉，这从她的作品在英美两国获得国际知名度较高的重要文学奖可见。一是长篇小说《最后的情人》获得 2015 年美国第八届最佳翻译图书奖，

① 参见 Can Xue, "Crow Mountain", translated by Karen Gernant and Chen Zeping, *Asymptote*, No. 5, 2015。

② 参见 Can Xue, "The Bane of My Existence", translated by Karen Gernant and Chen Zeping, *Words Without Borders*, No. 11, 2007。

③ 参见 Can Xue, "The Old Cicada", translated by Karen Gernant and Chen Zeping, *Words Without Borders*, No. 6, 2013。

④ 参见 Can Xue, "The Land of Peach Blossoms", in *The Mystified Boatand Other New Stories from China*, translated by Karen Gernant and Chen Zeping, Honolulu: University of Hawaii Press, 2003。

⑤ 参见 Can Xue, "Shadow People", in *Pathlight: New Chinese Writing*, translated by Karen Gernant and Chen Zeping, Beijing: Foreign Language Press, 2013, pp. 45 – 71。

该奖项是美国唯一的翻译文学奖，每两年评选出获奖小说和诗歌各一本书，残雪成为获得这一奖项的唯一中国作家。二是入围 2016 年美国纽斯达克文学奖提名奖，该奖项被誉为"美国的诺贝尔文学奖"，被认为是最有威望的、仅次于诺贝尔奖的国际文学奖项。三是 2015 年获得由英国《独立报》主办，英国书界最著名的年度文学翻译奖"英国伦敦的独立外国小说奖"的提名奖，该奖项用来奖励在英国出版的最佳英译外国小说。另外，残雪是中国唯一被收入美国大学教材的作家，她的小说作品已成为多所美国著名大学的文学教材，如享誉世界的顶尖名校哈佛大学、美国八大常春藤盟校的康奈尔大学和哥伦比亚大学、美国首府华盛顿声誉最高的综合性大学乔治城大学等。美国布朗特大学教授、当代知名的后现代主义小说家、剧作家罗伯·库弗（Robert Coover）称赞为"不容置疑，残雪是中国最重要的先锋作家"[1]。美国著名的艺术评论家、文学家苏珊·桑塔格认为"残雪是中国唯一有可能获得诺贝尔文学奖的作家"[2]。虽然残雪没有获得诺贝尔文学奖，但上述的梳理能够较形象、直观地反映出美国文学界对残雪及其作品的高度认可。

残雪作品在美国的大量译介也引发着研究者们的持续关注。早在1988 年，美国著名文学杂志《联结》编辑安妮·韦德尔斯伯格（Anne Wedellsborg）以《局外人：中国文学中一个长期缺失的角色的再现》[3] 对残雪《山上的小屋》的叙事手法进行了述评。以"残雪"作为关键词，通过 Google Scholar、CALIS 学术搜索、EBSCO 数据库等进行检索，并对检索结果进行综合筛选，剔除相关度不高的文献资料，最终共收集有关残雪在美国译介研究的文献共 161 篇。这些文献资料的时间跨度从 1988年至今，每年都至少有一篇相关的研究论文出版，主要来源有四个方面。首先，文学学术期刊是美国刊发残雪研究文献数量最多的载体，相关的研究者主要是文学编辑、文学评论者和书评人等。从其中的纸质文学期刊整理出有关残雪研究的述评 70 余篇，相对集中在《比较文学研究》

---

① Bradford Morrow, *An interview with Can Xue*, http：//web. mit. edu/ccw/can-xue /apprecia-tions-bradford-morrow. shtml.

② Ibid. .

③ 参见 Anne Wedell-Wedellsborg, "Inside the Outsider：The Reappearance in Chinese Literature of A Long Absent Type of Character", *The Copenhagen Journal of Asian Studies*, Vol. 2, No. 1, 1988.

《现代小说研究》《文学与艺术研究》等专业文学期刊。另外，在世界范围内都有着广泛影响力的电子文学期刊《今日世界文学》《无国界文字》《纽约人》等登载有关残雪研究的学术论文 30 余篇。其次，著作是美国对残雪研究成果的最重要组成部分，且最具代表性、最能体现美国对残雪研究的特点及接受程度。一些颇具影响力的文学评论著作专门开辟章节来对残雪作品进行研究，共计 21 部，研究者多是知名高等院校致力于文学相关研究的学者、汉学家，有西方汉学界知名的中国现当代文学评论家、翻译家杜博妮与雷金庆著的《二十世纪的中国文学》[①]、哈佛大学东亚语言文明系及比较文学系的王斑教授撰写的《历史的崇高形象：20世纪中国的美学与政治》[②] 等。再次，硕士学位论文、博士学位论文是对残雪进行较为全面深入研究的重要载体，共搜集到相关博士学位论文 2 篇、硕士学位论文 6 篇，研究者以海外的华人学者居多。博士学位论文分别来自美国威斯康星大学李映红的《中国先锋小说对虚无主义的颠覆：以余华为代表的冷漠主义和以残雪为代表的荒谬虚无主义为例》（1998）[③]和美国霍夫斯特拉大学张健的《中美两国十二所大学读者间的跨文化交流研究》（1991）[④]。除此之外，美国的主流报纸《卫报》《纽约时报》《巴尔的摩太阳报》也有少部分有关残雪论著的评论文章。由此可见，美国对残雪的研究已形成一定规模。

二　残雪作品在美国译介研究的聚焦分析

残雪的作品不仅在美国得到广泛译介，也引起了美国评论界和研究者的关注，是中国当代作家中为数不多的走进美国主流阅读群的新时期作家。可以结合美国译介残雪的文献资料，如访谈、文学评论等，来展

① 参见 Bonnie S. McDougall & Kam Louie，*The Literature of China in the Twentieth Century*，New York：Columbia University Press，1997。

② 参见 Wang Ban，*The Sublime Figure of History*：*Aesthetics and Politics in Twentieth-Century China*，Stanford：Stanford University Press，1997。

③ 参见 Li Yinghong，*Nihilist Vision through Literary Subversion in Mainland Chinese Avant-garde Fiction*：*Two Cases*：*Nihilism of the Indifferent as Exemplified by Yu Hua and Nihilism of the Absurd as Exemplified by Can Xue*，PhD thesis，University of Wisconsin，1998。

④ 参见 Zhang Jian，*A Cross-Cultural Study of Story Transactions among Twelve College-Level Readers in The United States and The People's Republic of China*，PhD thesis，Hofstra University，1991。

开美国译介残雪的"实况"。美国译介残雪的历程大体可分为下三个阶段。

第一，《天堂里的对话》是美国译介残雪作品的开端。该作品是她的第一部英文版小说集，该小说集 1989 年在美国一经面世，美国著名作家丹尼尔·鲍尔（Daniel J. Bauer）就在《亚洲民间故事研究》中撰文指出："《天堂里的对话》一定会吸引那些对中国当代文学感兴趣的普通读者和研究者。这部小说集的突出特点是怪诞，里面的人物无论在身体上还是心理上，无一不是扭曲变形的，在令人窒息的压抑中鲜血淋淋，喘不上气来。"① 《天堂里的对话》是，以"你"和"我"之间的对话展开的，并总是处在"你""我"相互寻找的过程中，这使人性中自我超越和自我否定的这对矛盾得到最彻底的体现，然后又从本质的层面重新将世俗生活创造出来。屈辱、痛苦和罪恶感是整个作品的基本情调。美国作家、汉学家布拉德福·莫罗作为美国文学刊物《联结》第 40 期的编者暗中称赞残雪是"中国最著名的作家"。他还在文章《残雪进入了我的小说》中不吝赞美之词："1989 年春，西北大学的乔纳森·布伦特赠送给我一本残雪《天堂里的对话》。由于当时我正在忙于撰写我的长篇小说《年历分支》，所以将这本书放在一边无暇翻阅。但是这本书似乎有着神奇的魔力迫使我翻开它，我只读了开头的两个故事，就立刻被其所吸引，以至于我相信残雪一定会介入我的长篇小说《年历分支》。"② 《太平洋事务》上也登载该作品的评论文章："残雪的作品的独特性……表现在她大胆而又艺术地探索挖掘人类的下意识领域，把人的不幸遭遇转变成荒诞的梦魇。必须指出的是，阅读她的小说是一个痛苦的跋涉过程。更有甚者，对于那些初次接触她作品的人来说，读到最后可能一无所获。只有那些信念坚定、要挖掘下意识领域宝藏的读者，方能有所收获。"③

第二，《天堂里的对话》为残雪的作品在美国的译介打开了一扇窗，

---

① Daniel J. Bauer, "Review of Can Xue's Dialogues in Paradise", *Asian Folklore Studies*, Vol. 2, No. 49, 1990.

② ［美］布拉德福·莫罗：《残雪进入了我的小说》，《中华读书报》2004 年 5 月 12 日第 18 版。

③ Lu Zhengwei, "Review of Can Xue's Dialogues in Paradise", *Pacific Affairs*, Vol. 4, No. 63, 1990.

《苍老的浮云》则是 20 世纪 90 年代使残雪受到美国更多关注，作品得到更多评价的助推剂，这也进一步推动残雪作品在美国译介的发展期。美国学者夏洛特·英尼斯（Charlotte Inner）在《苍老的浮云》英文版前言中对残雪作品的独特性给予了高度评价，认为"残雪是极富想象力的女作家，一直致力于心灵文学的创作"①。《苍老的浮云》成熟而大气，可以看作残雪早期中篇小说的代表作，在残雪的创作历程中具有里程碑的意义。在这部小说里，以虚汝华为主人公展开夫妻之间、父子母女之间、同事邻居之间、情人之间的日常关系，用中国传统从未有过的方式描写了人类的精神体验和灵魂挣扎，展现了人类生存的另外一种状态。美国著名作家丹尼尔·鲍尔（Daniel J. Bauer）在《纽约时报》（New York Times）上刊文对这部小说进行了评价，他认为："像残雪其他的作品一样，《苍老的浮云》和《黄泥街》给我们提供了特殊历史时期噩梦般的生活图景。残雪有时被拿来与 20 世纪化腐朽为神奇的文学大师，特别是与卡夫卡相比。像他们一样，残雪用新颖的意象来描摹那个二度处于病态的世界。她的对话可能不带任何感情色彩，但并不缺乏我们所熟悉的怨恨、流言、忌妒和哀鸣。"② 中国现代文学博士，美国女汉学家弗朗斯·拉夫尔（Frances LaFleur）在《今日世界文学》对此发表书评，认为："残雪似乎决心通过各种古怪的意象，发掘值得珍视和追求的东西。正是残雪作品中那些变幻莫测的东西吸引着读者从噩梦和不合逻辑的事物中寻找意义。"③

第三，进入 20 世纪，海外的读者、评论家和出版机构对残雪及作品投入更多的热情和关注，加之其作品简体中文版的出版数量急速上升，残雪的作品更多地被译介到美国，达到美国译介残雪作品的鼎盛时期。2015 年残雪凭借长篇小说《最后的情人》一举获得美国第八届最佳翻译图书奖（Best Translated Book Award）和英国伦敦的独立外国小说奖（The Independent Foreign Fiction Prize），该作品由安妮莉丝·菲尼根（Annelise

---

① 残雪：《残雪文集》，湖南文艺出版社 1998 年版，封二海外评语。

② Daniel J. Bauer, "Review of Old Floating Cloud: Two Novellas by Can Xue", *New York Times*, No. 12, 1991.

③ Frances LaFleur, "Review of Old Floating Cloud: Two Novellas by Can Xue", *World Literature Today*, Vol. 67, No. 1, 1993.

Finegan）于 2014 年将其译成英文并由耶鲁大学出版社出版发行，这也标志着残雪作品进入美国译介的鼎盛时期。小说以丈夫乔夫和妻子玛丽亚、情人里根、爱达之间复杂、曲折甚至诡谲的关系为主线，他们对彼此充满了幻想，展开了"永不停止的猜谜游戏"。比如对书痴迷的乔夫常将书内外的世界混成一团，而他的妻子玛丽亚则是一个思想深沉而情感丰富的女人，时常有一种异常强烈的、近于进入幻觉的状态，会与祖先通灵；比如农场主里根将正在扩大中的农场交给守林人，来感受生命原来的本真和虚无。还有里根与充满激情的亚洲女子爱达之间赤裸、疯狂的性爱及对性爱的恐惧；比如公司老板文森特经历的夜半的死囚赌窟；还有他的妻子丽莎分不清是梦还是实在的"长征"……这些都表现出这些人物脱离世俗的欲望、情感、恐惧与挣扎。英国《独立》报资深的专栏作家博伊德·唐金（Boyd Tonkin）对该书发表评论："残雪是一位特立独行的中国作家，在最近的一次采访中形容自己是'带有强烈哲学气质的实验小说家'。没错，《最后的情人》会无限地延伸你的思维，作为出现在英语世界中残雪的首个大规模作品……安妮奈斯·瑞尔斯将作品所要表达的梦幻世界清晰地用英文再现，残雪引导着我们通向这个迷人的地方。"①美国芝加哥大学内尔·帕克（Nell Pach）教授在《音乐与文学》中撰写了对该作品的长达上万字的评论，他这样评论残雪的这篇小说："残雪不仅找到了文学创作的一个新方向、新维度，而是将小说推进到意识体验空间和时间里的彼此释放、超凡脱俗的新领域。《最后的情人》在此方面取得了非凡的成就。"② 美国著名文学评论家亚历克斯·麦克尔罗伊（Alex McElroy）对该小说的分析更鞭辟入里，他指出："《最后的情人》在东西方文化的融合中、在梦魇世界与现实人生的交织中，展示了一个怪诞、神秘和诡异的幻想世界。残雪在创作过程中可能受到卡夫卡或卡尔维诺的影响，但是该作品最终发出纯正而独特的声音。"③

由此可见，大部分美国学者认可残雪作品，但也有少数学者对残雪作品的评价有所保留，如美国学者夏洛特·英尼斯（Charlotte Inner）在

---

① Boyd Tonkin："Review of the Last Lover by Can Xue"，*The Independent*，No. 12，2015.

② Nell Pach，"The magic of virtual reality：Review of the Last Lover by Can Xue"，*Music and Literature*，No. 12，2015.

③ Alex McElroy，"Review of the Last Lover by Can Xue"，*Colorado Review*，No. 3，2015.

《苍老的浮云》英文版前言中高度评价了残雪作品的独特性，但在 1989 年 9 月 24 日的美国《纽约时报》上他这样写道："中国女人写的这些奇妙的使人困惑的小说，跟同时代中国文学的现实主义，几乎没有关系。她令人想起的是艾略特的寓言、卡夫卡的妄想、噩梦似的马蒂斯的绘画。"① 美国作家丽莎·米歇尔斯（Lisa Michaels）在 1997 年 10 月 19 日的《纽约时报》上也发表评论，认为："残雪的叙述一会儿向这里转，一会儿又向那里转，没有一根连贯的线索。阅读她的作品，就像黑暗中从山上往下跑，你有跑的力量，但不知道跑向何处。"② 由此可见，尽管在美国有很多人对残雪作品评价甚高，并把她的创作和卡夫卡相提并论，但上述这些截然相反的评论可以看作文化多元化的一种阐释。这也表明，残雪文学作品所蕴含的独特风格被海外读者认知与接受还需要一个长期的过程。综上所述，美国对残雪作品的译介研究已取得了显著成果，近 30 年来的研究历程呈现出一定的发展轨迹和研究特点。虽然美国对残雪作品的研究是一个动态发展的过程，不同时代背景下的不同研究者们都试图用其独到的视角对残雪作品进行研究与阐释，但因残雪创作风格的相对稳定性和其在海外传播的作品类型和体裁的相对趋同性，使美国研究者们在对残雪作品的研究方向和所关注的问题上又呈现出相对接近的趋向，研究的聚焦点也日益凸显。

聚焦点之一是梦魇叙事艺术研究。独有的"残雪式"梦魇叙事风格为美国文坛注入了异域的鲜活力量，是美国对残雪研究最早展开的批评视角。1988 年在残雪作品传入美国的次年，美国著名文学杂志《联结》编辑安妮·韦德尔斯伯格最早发表了残雪的评论文章《局外人：中国文学中一个长期缺失的角色的再现》③。在韦德尔斯伯格看来，残雪梦魇般叙述与西方文论的本质特征有着一定的契合性，这打破了西方学者对中国当代作家创作手法的固化印象，也唤起美国研究者们对残雪的研究向纵深发展。一方面集中将其与西方现代主义文学大师卡夫卡进行比较研究。美国

---

① 残雪：《残雪文集》，湖南文艺出版社 1998 年版，封二海外评语。

② Lisa Michaels, "A Stomach Full of Needles：Review of The Embroidared Shoes by CanXue", *New York Times*, No. 10, 1997.

③ 参见 Anne Wedell-Wedellsborg, "Inside the Outsider：The Reappearance in Chinese Literature of a Long Absent Type of Character", *The Copenhagen Journal of Asian Studies*, Vol. 2, No. 1, 1988。

译者扎培德（Zha Peide）首次在《现代主义：弗兰兹·卡夫卡和残雪》[①]一文中对两位作家作品之间相似的叙事模式和美学价值进行了分析比较，后续研究者美国埃默里大学俄国与东亚语言文化系的阿希姆·库尔兹教授（Joachim Kurtz）[②]、罗曼·哈尔夫曼（Roman Halfmann）[③]，分别从性别意识、文体风格、哲理意蕴等对两者进行对比研究。另一方面主要是从哲学和政治角度来解读残雪笔下的梦魇叙事风格。文学研究者苏珊娜·珀斯伯格（Susanne Posborg）[④] 从存在哲学观来找寻打开残雪梦魇叙事迷宫的钥匙，以作品《一株柳树的自白》中被赋予拟人化的柳树在面对"死亡"威胁时梦魇般的自白为主体，阐释了意识世界的外化与探寻人类生存境遇的内在意识存在之间的哲学关系。还有一些美国研究者亦注重将哲学理论与残雪梦魇叙事背后所蕴含的对人类的诸如人性、灵魂、欲念等方面进行分析。美国哥伦比亚大学亚洲文化研究中心迈克尔·杜克教授[⑤]、霍夫斯特拉大学的张健（Zhang Jian）[⑥] 都曾就此撰文。另外，还有美国莱斯大学亚洲研究中心的塔尼·巴罗教授（Tani Barlow）[⑦]、美国作家约翰·多米尼（John Domini）[⑧]、美国资深撰稿人丹尼尔·鲍尔（Daniel J. Bauer）[⑨] 等侧重从政治视角来揭示残雪笔下的梦魇叙事风格。

[①]　参见 Zha Peide，"Modernism Eastward：Franz Kafka and Can Xue"，*Asian Review*，No. 5，1991。

[②]　参见 Joachim Kurtz，*The Castle's Will：Reading Kafka's Castle*，Los Angeles：Green Integer，2006。

[③]　参见 Roman Halfmann，"Literature of the Soul：The Influence of Kafka in the Fiction of Can Xue"，*Orbis litterarum*，Vol. 64，No. 7，2009。

[④]　参见 Susanne Posborg，"Can Xue：Tracing Madness"，*In Inside Out：Modernism andPostmodernism in Chinese Literary Culture*，ed.，Wendy Larson and Anne Wedell-Wedellsborg，Aarhus，Denmark：Aarhus University Press，1993。

[⑤]　参见 Michael S. Duke，"World Literature in Review：Review of Dialogues in Paradise by Can Xue"，*World Literature Today*，Summer，1990。

[⑥]　参见 Zhang Jian，*A Cross-Cultural Study of Story Transactions among Twelve College-Level Readers in the United States and the People's Republic of China*，PhD thesis，Hofstra University，1991。

[⑦]　参见 Tani Barlow，*In Gender Politics in Modern China：Writing and Feminism*，Durham，NC：Duke University Press，1993.

[⑧]　参见 John Domini，"A Nightmare Circling Overhead"，Review of Can Xue's Old Floating Cloud：Two Novellas，*New York Times*，December 29，1991。

[⑨]　参见 Daniel J. Bauer，"Review of Old Floating Cloud：Two Novellas by Can Xue"，*Asian Folklore Studies*，No. 1，1993。

　　聚焦点之二是自我意识研究。美国学者对残雪作品生存主题的研究成果总量仅次于对其梦魇叙事艺术的研究。美国埃默里大学俄国与东亚语言文化系蔡荣教授的《疯狂的人群：残雪小说中的自我和他者》① 发表在 1997 年第一季的《中国信息》中，该学术期刊旨在传播中国文学和艺术研究领域的前沿信息。此文是 20 世纪 90 年代出现在美国期刊上的有关残雪自我意识创作的较具代表性的评论文章，也是蔡荣在 2004 年出版的专著《当代中国文学中的主题危机》② 中的第四章。蔡荣将残雪作品中的自我意识视为新中国文学的独特存在，正是受残雪成长中经历的中国"文化大革命"特殊年代的洗礼和西方现代主义文学思潮的影响。蔡荣认为残雪作品中充满了自我与他者的对立，自我作为独特个体在与他者的对抗与倾轧中被发现、被审视。还有一些研究者们以残雪的单部英文作品为例展开文学批评，有美国威斯康星大学的李映红③，知名文学编辑安妮·韦德尔斯伯格④，威斯康星州大学教授、文学评论家约瑟夫·劳拉（Joseph S. M. Lau）⑤，他们分别对《山上的小屋》中叙述者通过怪异感官体验描绘出的"我"和家人的势不两立、《污水上的肥皂泡》中的"我"亲眼看着母亲化作一木盆肥皂泡、《阿梅在一个太阳天里的愁思》中特立独行的"阿梅"与母亲之间的对抗和隔膜进行分析阐释，将残雪在非理性叙述中对亲情异化拒斥的"我"视为自我意识觉醒的镜像，从自我对现实的抗争与个体命运的对抗中去寻找自我意识突围的出口。此外，还有纽约城市大学教授萨拉·鲁特科夫斯基（Sara Rutkowski）⑥、哈佛大学东亚语言文明系及比

---

① 参见 Cai Rong, "In the Madding Crowd: Self and Other in Can Xue's Fiction", *China Information* 11, No. 4, 1997。

② 参见 Cai Rong, *The Subject in Crisis in Contemporary Chinese Literature*, Hononlulu: University of Hawaii Press, 2004.

③ 参见 Li Yinghong, *Nihilist Vision through Literary Subversion in Mainland Chinese Avant-garde Fiction: Two Cases: Nihilism of the Indifferent as Exemplified by Yu Hua and Nihilism of the Absurd as Exemplified by Can Xue*, PhD thesis, University of Wisconsin, 1998。

④ 参见 Anne Wedell-Wedellsborg, "Ambiguous Subjectivity: Reading Can Xue", *Modern Chinese Literature* 8, No. 1, 1994。

⑤ 参见 Joseph S. M. Lau, "China Deconstructs: The Emergence of Counter-Tradition in Recent Chinese Writing", *The Stockholm Journal of East Asian Studies* 5, 1994。

⑥ 参见 Sara Rutkowski, "Between Histories: Chinese Avent-grade Writing of the Late 1980s and 1990s", *Modern Fiction Studies*, Vol. 62, 2016。

较文学系王斑教授①将其分别与国内作家韩东、余华在创作中对弱者人物
形象在自我意识觉醒中的异同进行横向比较研究。

聚焦点之三是女性主义研究。残雪作为女性作家，在其作品中体现
出的"个人欲望书写、女性话语权等方面超越了传统女性文学的创作"②，
深受美国研究者们的青睐。在这个研究领域作出突出贡献的当数路易
斯·爱德华（Louise Edwards）教授，她从历史、文化和政治的角度出版
多部有关亚洲女性创作研究的专著，同时她也是美国最早对残雪作品中
的女性书写特征进行研究的学者。早在1992年，爱德华撰写的《拓宽视
野：亚洲女性的表现》③对残雪《天堂里的对话》中贯穿始终的第一人
称梦幻叙述者"我"，一个执着的女作家的精神形象进行分析。爱德华认
为残雪把女性批判、女性改写的理想梦幻置于叙述之上，发出了女性被
囚禁的灵魂内部的声音。另外，美国康奈尔大学比较文学教授安德里
亚·巴赫纳（Andrea Bachner）④基于实验写作风格将其与法国后现代女
权主义作家海琳·西克苏展开横向的比较研究，对两者创作中的女性写
作立场及叙述策略等展开条分缕析的论述。还有美国研究者侧重从女性
形象、两性关系、自我意识与身份构建等方面来揭示残雪笔下的女性的
生存状态和残雪的女性主义思想，如美国加州大学专门从事中国现代文
学研究的温迪·拉森教授（Wendy Larson）⑤着重对残雪早期作品中塑造
的一系列的恶魔式母亲形象进行研究，美国塔夫茨大学的致力于中国当
代文学研究的钟雪萍教授⑥则偏重对残雪作品中的有着性别倒错倾向的复
仇式女性进行研究。研究者们认为残雪作品中的这些女性形象被赋予了

---

①　参见 Wang Ban, *The Sublime Figure of History：Aesthetics and Politics in Twentieth-Century China*, Stanford：Stanford University Press, 1997。

②　Lee, Lily Xiao Hong and A. D. Stefanowska, *Biographical Dictionary of Chinese Women*, *The Twentieth Century*, 1912–2000, Armonk, NY：M. E. Sharpe, Inc., 2003, pp. 26–30.

③　参见 Louise Edwards, "Broadening Horizons：Representations of Women in Asia", *Bulletin of Concerned Asian Scholars*, Vol. 24, 1992。

④　参见 Andrea Bachner, "New Spaces for Literature：Can Xue and Helene Cixous on Writing", *Comparative Literature Studies* 42, No. 3, 2005。

⑤　参见 Wendy Larson, *From Ah Q to Lei Feng：Freud and Revolutionary Spirit in 20th Century China*, Stanford, CA：Stanford University Press, 2009。

⑥　Zhong Xueping, *Masculinty Besieged? Issues of Modernity and Male Subjectivity in Chinese Literature of the Late Twentieth Century*, Durham, NC：Duke University Press, 2010.

深厚的文化内涵和隐喻色彩，重新阐释了女性文化价值观。美国文学评论家布兰登·休斯（Brendan Hughes）[①] 对残雪在演绎《五香街》性史时以一位男性叙述者来描述 X 女士的叛逆举动为入手点，认为这是一直以来女性在意识层面上发挥着像阴霾一样控制力的对性和性别禁忌的嘲讽和忤逆，彰显出中国女性在解放叙述中对男权意识的反抗。哈佛大学的王斑[②]教授认为《苍老的浮云》中女性对自身主体性建构的深刻内省凸显了残雪作品的先锋性。

三 残雪作品在美国接受中的阐释

据中国作家协会统计，目前已有 230 作家的 1000 余部当代文学作品被译介到海外，涉及 25 个语种，但其中被译成英语的中国当代文学作品只有 166 部。[③] 任何外国文学要在西方（尤其是以美国为重心）的英文市场打开局面都不是件容易的事。[④] 与美国文学有着较大文化差异的中国文学则更加不易被美国读者接受，此现状之下的残雪作品译介现象显得尤为突出。将美国对残雪作品译介研究的三个聚焦点贯穿起来正是对残雪创作过程的一个深度挖掘，更像是将残雪作品视为一个生命体的成长历程。梦魇叙事是西方读者最容易感知的、不同于中国现代作家创作传统的亮点，研究者们以探究其非理性叙述的根源为入手点，从作品表现出的人与人之间的紧张与隔膜中去寻找自我突围的出路，从而为解读中国女性作家的书写增添了一抹神秘色彩。针对上述美国对残雪作品译介研究的聚焦点来分析其作品在美国文学场域的接受原因，可以为我国当代文学的西渐及观察西方读者对中国文学的心理期待提供启示。

（一）从梦魇叙事的诡异中寻求文化形式认同

美国《纽约时报》评论道："就中国文学来说，残雪是一次革命……

---

① 参见 Brendan Hughes，"Can Xue's *Five Spice Street*"，*Words without Borders*，No. 6，2009。

② 参见 Wang Ban，"The Sublime Subject of History and Desublimation in Contemporary Chinese Fiction"，*Comparative Literature* 47，No. 2，1995。

③ 吴赟、顾忆青：《困境与出路：中国当代文学译介探讨》，《中国外语》2012 年第 5 期。

④ 参见季进《当代文学：评论与翻译——王德威访谈录》，《当代作家评论》2008 年第 5 期。

似乎从病入膏肓的世界里创造了一种象征的、新鲜的语言。"① 残雪独有的梦魇叙事打破了美国对中国作家固有的叙述镜像，研究者们试图通过残雪的梦魇叙事风格来揭开其神秘的面纱。西方读者在接受和解读的诧异中，发现其作品呈现出与西方文学创作风格和手法近似的梦魇因子，如安妮·韦德尔斯伯格指出："《山上的小屋》读起来更像是对一个梦境的原始描述，怪诞、夸张和梦幻般的创作手法是对内在自由的局限所产生的焦虑和挫折的释放……利用梦魇意识打开内在的深层世界，这种另类叙述与西方的现代主义文学主旨不谋而合。"② 在韦德尔斯伯格及部分美国学者看来，残雪梦魇般叙事的根源是对现实生活的隐晦折射，作品中的叙事迷宫、呓语独白与西方文论的本质特征有着一定的契合性。鲁斯·本尼迪克特（John Stotesbury）在对文化认同的层面分析中指出："文化形式的认同是文化认同的表现层，是人们对文化的物质表现形式方面的认同……是一种肯定的文化价值判断。"③ 美国读者用西方文学范式解读来自异域的残雪作品并找寻两者之间的内部关联，这种文化形式上的认同在一定程度上促进了残雪作品在美国被接受和传播的主动性、积极性。但因这种文化在形式上的认同仅仅是表层的文化因素判断而缺乏深层的本质认知，所以残雪的作品在美国的接受过程中不可避免地产生了一些文化误读。一部分美国学者认为"残雪从日常理性中演绎出的是卡夫卡现实主义式荒诞风格"④，"残雪的小说跟同时代中国文学的现实主义几乎没有关系……她令人想起的是卡夫卡的妄想"⑤ 等。残雪深受卡夫卡的影响，甚至被评论者称为"东方的卡夫卡""卡夫卡的中国传人"。卡夫卡作为西方现代主义文学的鼻祖，与残雪的关系，并不只是简单的影响、接受或超越的关系，而是三者的综合。美国评论界仅以卡夫卡这把

---

① Lisa Michaels, "Review of The Embroidered Shoes by Can Xue", *The New York Times*, October 19, 1997.

② Anne Wedell-Wedellsborg, "Inside the Outsider: The Reappearance in Chinese Literature of a Long Absent Type of Character", *The Copenhagen Journal of Asian Studies*, Vol. 2, No. 1, 1988.

③ Jaki Kupiainen, Erkki Sevanen and John Stotesbury, *Cultural Identity in Transition*, New Delhi: Atlantic Publishers and Distributors, 2004, p. 125.

④ Roman Halfmann. "Literature of the Soul: The Influence of Kafka in the Fiction of Can Xue", *Orbis litterarum*, Vol. 64, No. 7, 2009.

⑤ 残雪:《残雪文集》, 湖南文艺出版社 1998 版, 封二海外评语。

文化标尺来剪裁残雪创作的误读，掩盖了其有别于卡夫卡的独特文学价值及深厚的中国文化底蕴的特质，这些艺术审美层面上的误读可视为一种积极的文化误读，使美国读者在寻求其与本土文化互证、互识的接受过程中减少了对异域文学的陌生感，以西方文化本质特征过滤下的文化形式认同和再现对中国文化的创造性叛逆。正如克尔凯郭尔的"精神"是灵魂与肉体的综合一样①，残雪小说的卡夫卡是在现代主义的影响下对之接受与超越的关系中完成的。残雪在创作中借鉴了卡夫卡的西方现代主义小说的叙事方法，在内在的精神诉求和形式表现方面与卡夫卡极其相似，使残雪小说具有了"卡夫卡式"的文学风格特征。这不仅扩大了残雪在创作中表现生活的范畴，也拓展了艺术的表现空间。在美国读者看来，残雪的作品在回归母体的同时，也带来了东方情调，残雪东方式的深奥背景可以令他们浮想联翩。残雪自己曾说："对于外国人来说，我的作品具有东西方两种风味。我把东方文化丰富的色彩美同西方的层次感糅合在一起，既激发人的冥想，又给人带来形式逻辑思维的愉悦。"②

（二）从共通的文化价值中唤起中西方共鸣

美国当代著名文化人类学家鲁斯·本尼迪克特指出："文化认同的核心是对文化价值的认同，包括了对文化的价值取向、审美观念、理想信念等方面的认同。"③ 文学作为文化对外传播的重要载体，要使"文学的国际化特质获得世界性意义的途径之一是作品中所包含的超越种族和地域限制的'人类性'共同价值的含量"④。这种共通的文学价值，不仅仅指两国文学在表现手法方面的相似性，而且还是对文学作品中共同人性、普世价值的理解与认同。研究者们对残雪作品中"自我意识"的关注正是对这种共通的"人类性"文学价值的表现。美国威斯康星大学教授、文学评论家约瑟夫·劳拉认为"残雪的非理性叙述所表现出的人与人之间的紧张和隔膜直接指向人的本性探索。作品中压抑、孤独的非理性自

---

① 参见［丹麦］克尔凯郭尔《概念恐惧，致死的病症》，京不特译，上海三联书店 2004 年版。

② 舒晋瑜：《十问残雪》，《中华读书报》2007 年 8 月 29 日。第 19 版。

③ Jaki Kupiainen, Erkki Sevanen and John Stotesbury, *Cultural Identity in Transition*, New Delhi: Atlantic Publishers and Distributors, 2004, p. 323.

④ 张清华：《关于文学性与中国经验的问题——从德国汉学教授顾彬的讲话说开去》，《文艺争鸣》2007 年第 10 期。

我意识活动正是对人类社会生存状态的深层次思索，表达出人类共同的心理特征"①。美国埃默里大学俄国与东亚语言文化系蔡荣教授认为，残雪文本中的"自我意识与生存困境的变形示现是一个关乎人类本身的'自我寓言'与'生存寓言'"②。从美国学者对残雪作品自我意识的解读中可以看出正是其与西方文学共通的"人类性"元素，进一步唤起西方读者对残雪的接受和认同，这同时也是美国学者对残雪作品的研究从表层形式分析到共同核心价值研究的深化。2007 年，残雪的《陨石山》与被誉为"意大利国宝级作家"普利莫·列维（Primo Levi）的《被淹没和被拯救的》一起登上了美国纽约著名的"交响空间"大剧院，由美国著名演员康妮·布里顿来朗诵，之后又以广播的形式在全美进行宣传。残雪的作品在国际舞台上与他国文学艺术作品交相呼应，正是其作品中呈现出的文化共通性使其超越种族、跨越地域，与世界多元文化融合与共生的表现。

（三）从女性书写来满足对中国社会的猎奇心理

美国布朗大学文学教授、小说家罗伯特·库佛（Robert Coover）称"残雪发出本世纪中叶以来中国文学最有创造性的声音"③。残雪作为一名独树一帜的中国女性作家，其作品中怪诞的女性形象和潜在的性别意识，消解了西方固有观念中的中国社会以男权主义为中心的女性形象，彰显了中国女性不断提升的自我主体意识，吸引着美国读者从其作品的阅读中了解中国社会。美国文学评论家布兰登·休斯曾指出《五香街》中"女性们张扬的欲望是女性意识的解放，体现着中国文化的性别反省……女性在解放叙述中完成对男权意识的反抗"④。上述评论及西方学者对残雪女性书写的研究焦点的分析可视为"镜像式"的阅读。其一是从文本来观照现实，从残雪的作品中看到女性意识觉醒下中国社会的发展；其二是习惯性的政治解读，部分西方研究者为迎合读者们的阅读兴趣不乏

---

① Joseph S. M. Lau, "China Deconstructs: The Emergence of Counter-Tradition in Recent Chinese Writing", *The Stockholm Journal of East Asian Studies* 5, 1994.

② Cai Rong, "In the Madding Crowd: Self and Other in Can Xue's Fiction", *China Information* 11, No. 4, 1997.

③ Anonymity, *Can Xue-Titan of Avant Garde Chinese Writing*, https://www. edbookfest. co. uk/news/ can-xue-titan-of-avant- garde-chinese-writing.

④ Brendan Hughes, "Can Xue's *Five Spice Street*", *Words without Borders*, No. 6, 2009.

套用西方的政治意识形态对作品中女性形象的阐释产生误读。美国莱斯大学亚洲研究中心塔尼·巴罗教授（Tani Barlow）认为"残雪作品中女性怪诞的生存方式是对中国特殊年代'文革'噩梦的真实表现，这是中国特色的'政治寓言'"①。美国研究者的政治指向性的解读与诠释将残雪作品中所描写的人物生活同中国特殊的"文化大革命"时期画上等号，充斥着强烈的政治意识形态批判色彩，忽略了作者成长中的"文化大革命"经历及作者通过这些女性形象表达的自我存在与人类存在的紧密联系，仅试图从这些意象灵动、扭曲变形的梦魇叙事中指认中国，这为形塑动乱的中国提供了机会，也为迎合西方读者的猎奇心理提供了途径。另外，残雪作品在美国受欢迎的另一个重要原因是美国读者对当代中国的关注。随着中国国际地位的不断提升，美国越来越想要认识和了解中国，许多美国民众当然希望通过中国文化来更多地了解中国。我国倡导和谐共处、合作共赢的外交政策，期待通过加强文化交流来增进与美国人民的思想情感，而文学作品则是文化的一个重要载体。在阅读中国文学作品时，美国人不仅关注故事情节和文笔表达，更关注其中反映的中国人的心理状态和社会现象。因此，越是前人所未涉及的领域，越能引起他们的兴趣；越是新锐的观点和非主流的文学形式，越能让他们觉得有所启发。残雪的小说在一定程度上本真地展现了中国社会的本质，虽然这种本质的展现是通过艺术构思的方法进行的，比如对中国性文化的深层反思，对中国传统礼仪文化的深度挖掘，对中国人潜意识中窥视欲的展示，对中国国民性的剖析，等等。有些美国读者在残雪那逻辑混乱、情节疏离、语言梦呓、臆想纵横、含义暧昧不明、故事荒诞离奇的作品中，读到了所谓的中国社会的扭曲，甚至从中得到快感。

（四）从中西译介主体的合璧来搭建架对外交流的桥梁

译者是残雪作品在美国传播的原动力，也是其作品在美国被接受和认同的一个关键环节。残雪作品在美国得到接受，在很大程度上要归功于译介主体的跨文化传播作用。通过梳理残雪的作品，20世纪八九十年代大量刊登在《联结》上的短篇小说和三部英译单行本都是由美国汉学家罗兰·詹森（Ronald R. Janssen）和张健合作完成。张健同时也是残雪

---

① Tani Barlow, *In Gender Politics in Modern China：Writing and Feminism*, Durham, NC：Duke University Press, 1993, p. 10.

作品的研究者，其撰写的有关残雪研究的博士学位论文较好地丰富了早期的残雪研究素材。后来因为詹森身体不适，残雪的译本在英语世界沉寂了7年之久，直至2006年遇到美国汉学家、南俄勒冈大学中国历史学教授杰南特·凯伦（Karen Gernant）和福建师范大学文学院教授陈泽平。进入21世纪以来，他们共同翻译完成了4部残雪的单行本和30余篇短篇小说。这种中美合璧的翻译模式，可以最大限度地发挥美国汉学家和中国学者的语言文化优势，他们作为译介的主体，在翻译过程中有效地沟通形成合力，既可以使译本符合西方读者的阅读和审美习惯、满足西方读者的阅读期待，又可以将原文的写作风格、本民族的文化形象较好地融入译本，这也为中国文学"走出去"的译介主体模式提供了参考。另外，从20世纪90年代起，残雪开始努力学习英文，坚持阅读其作品译者的译文并经常与译者沟通，这对译者更精准地传达其作品的内涵有着很大的帮助。

（五）从多重对外译介因素的合力来助推残雪作品的传播

首先，权威出版机构的品牌效应是残雪作品打开海外市场的有效译介途径。以残雪在美国传播最广的英语单行本为例，出版这些单行本的出版社都具有悠久历史且在出版界享有盛名，主要集中在三所知名大学出版社及两个权威商业出版商，分别是美国耶鲁大学出版社、美国西北大学出版社、罗切斯特大学公开信出版社、亨利·霍尔特出版公司和新方向出版公司。这些海外出版媒介既彰显了残雪作品较高的文学价值，又为积极引导美国大众的阅读兴趣发挥了重要的作用。其次，重视西方文学推介活动是残雪作品在海外广泛传播的催化剂。从20世纪90年代后期起，残雪的文学理念逐渐成熟，也是从那个时候残雪开始重视与国外的交流活动。她造访过许多国家，参与了大量与文化交流有关的活动。残雪本人认为这种交流有利于双方的相互理解和拓宽的眼界。通过把世界作为中国的参照系，能清楚地看到本国的成绩、力量，同时也能看到不足。[1] 2007年5月，残雪的《陨石山》以戏剧的形式搬上了美国纽约世界级舞台大都会剧院，把作品中的理性与非理性、凡俗与灵性、精神和灵魂深处的痛苦和纠结，以戏剧化方式表现出来，将西方观众带入了

---

[1]　参见舒晋瑜《十问残雪》，《中华读书报》2007年8月29日第19版。

无限冥想的世界。之后该作品又以广播的形式在全美进行了宣传，这使
残雪的作品逐步走进美国民众的视野。2010 年 5 月，残雪在被誉为"世
界理工大学之最"的美国麻省理工学院建立了个人文学网站（http：//
web. mit. edu/ccw/can-xue），为世界的中国文学爱好者提供了交流的桥梁
与纽带。2015 年 9 月，召开以"残雪的文学"为主题的国际学术研讨会，
来自美国、丹麦、日本、瑞典等国际国内的汉学家、学者云集，聚焦于
被誉为"写作女巫"的残雪的作品，这使残雪在国外有了更高的知名度，
国外对其人其作也给予越来越多的关注。此外，残雪还接受由多个国际
文学期刊等举办的文学访谈、参与由国外知名大学主持的读书会等。残
雪内心对"走出去"的强烈渴望及她在国外参与的一系列活动，扩大了
她在读者群中的知名度和影响力，这也有利于其作品在西方的译介。

　　中国文学作品的对外译介是一个长期而复杂的过程，残雪作为中国
当代文坛为数不多的作品被大量译介到美国并得到西方研究关注的中国
当代作家，纵观 30 多年美国对残雪作品在认知和接受中由表及里逐渐发
展的内化过程，这在一定程度上反映出中国当代文学在海外传播的过程
中受文化过滤与文化误读及多重译介要素的影响，其译介经验为中国文
学西渐提供借鉴和启示的同时，也让我们进一步意识到研究残雪在美国
的译介之路还有待于进一步探索。残雪作品在美国社会受到持续关注并
逐渐成为经典，这在一定程度上反映出中国文学从国内生产走向海外传
播过程中的各种因素与文学作品接受的关系。中国文学在西方传播一方
面要具备与西方文学中所共通的文化，这不仅仅是文学表现手法的相似
性，还有基于共同人性、普世价值的理解与认同，这些是容易让西方读
者感受、接受并唤起共鸣的部分；另一方面，文学作品中要具有独异的
文学经验，包括作品鲜明的、浓厚的本土文化及作者独特的创作风格和
精神风貌等，这都是激起西方读者阅读的兴奋剂。此外，也应充分发挥
中西合作的译介主体优势，积极开展对外文化交流活动，从而推动我国
文学对外译介模式的革新与进步，促进中国文学走向世界。

第二节　余华在美国的译介与研究

　　余华是我国最具代表性的先锋作家，他和他的小说作品已成为中国

当代文学发展历程中不可或缺的重要组成部分。自20世纪80年代余华步入文坛，他的小说作品一直饱受争议和关注。尽管从1995年余华的创作遭遇了近十年的停滞，但在此期间余华的小说作品却先后被译成英语、法语、德语、西班牙语、日语、韩语等20余种文字，在全球近30个国家出版发行，并屡获国际文学大奖。余华的小说作品在海外以英译本的数量为最，美国是其作品传播最广泛、最具影响力的英语国家。余华成为中国当代为数不多的走进美国读者群并引起共鸣的中国作家，美国文学界称余华为"能塑造一个既能反映一代人，又代表一个民族灵魂的人物，余华是享誉世界的中国作家"①。余华作品在美国的译介与研究既是中国当代文学在海外传播的代表，同时也是中国文化在西方被接受的重要代表。美国对余华的译介研究始于20世纪90年代，持续至今并达到高潮，呈现出译本数量多且形式多样、译介途径多元化、译介载体权威性、传播时间久、译本间隔时间短等特点。余华的小说作品在美国的译介使得其文学思想和文学生命力在美国文化语境中得以扩展与延伸，但由于美国有其特殊的文化语境、社会背景，译者和研究者对作品有着不同的解读方式，因此余华的小说作品在美国的译介和研究过程中显现出不同于原文的特点。本书以下主要梳理余华的小说作品在美国的译介历程，阐释其译介与研究特点，分析余华的小说作品在美国文化语境中被接受的原因，为中国文学的对外译介提供借鉴。

一　为美国读者写中国：余华小说在美国的影响与译介

余华的作品主要通过五种途径在美国被广泛地传播。一是出版社以英文单行本的形式，翻译出版了余华作品中影响较大的散文集、小说集和中长篇小说；二是由美国翻译出版的中国新时期当代作家作品集，知名期刊中收录、刊登了余华的部分短篇佳作；三是作为在全世界发行、具有广泛影响力的美国《纽约时报》的特邀专栏作家，余华将个人独到的观点与评论通过报纸传播到海外；四是在全球文化大融合的网络时代，运用网络平台向世界传播其文学作品及文化精髓；五是余华的作品走进

---

① Anonymity. The Seattle Time，http：//www.randomhouse.com/highschool/catalog/display. pperl.

了美国多所著名大学的中国当代文学课堂，如柯克·丹顿（Kirk Denton）教授在国际顶尖研究型名校俄亥俄州立大学开设的"中国现当代文学译介"课程、理查德·史密斯（Richard Smith）教授在世界著名的私立研究型大学莱斯大学讲授的"中国当代文学与艺术"课程等。

　　据统计，美国出版社以英文单行本形式出版的余华的作品主要有 9 部，这是余华文学作品英译的最主要的形式。它们是 2012 年由美国万神殿出版社出版的散文集《十个词汇里的中国》①；1996 年由美国夏威夷大学出版社出版的短篇小说集《往事与刑罚：八个故事》②；2014 年由美国万神殿出版社出版的中短篇小说集《黄昏里的男孩》③；1998 年由美国杜克大学出版社出版的中篇小说《一九八六年》④。长篇小说主要有 2003 年、2007 年由美国安佳出版社出版的《活着》⑤、《在细雨中呼喊》⑥，2004 年、2009 年、2015 年由美国万神殿出版社出版的《许三观卖血记》⑦、《兄弟》⑧、《第七天》⑨。上述出版机构主要集中在美国的两个权威的商业出版商和两所知名大学出版社。其中美国万神殿出版社和安佳出版社都隶属于克诺夫道布尔迪出版集团，该出版集团始建于 1915 年，作为世界上最大的出版商之一，出书品种涵盖了各个学科，其销售量位居美国大众类图书出版社的前列。而成立于 1942 年的美国万神殿出版社主要出版高端文学作品和政要图书，旗下拥有众多的世界知名作家。安佳出版社创办于 1953 年，是美国有着最悠久的平装书历史的出版机构，很早就关注中国当代文学的创作，拥有余华、莫言、戴思杰等多个中国

---

① 参见 Yu Hua, *China in Ten Words*, translated by Allan Barr, New York：Pantheon, 2012。

② 参见 Yu Hua, *The Past and the Punishments：Eight Stories*, translated by Andrew Jones, Hawaii：University of Hawaii Press, 1996。

③ 参见 Yu Hua, *Boy in The Twilight*, translated by Allan Barr, New York：Pantheon, 2014。

④ 参见 Yu Hua, *Yi Jiu Ba Liu Nian*, translated by Andrew Jones, Durham：Duke University Press, 1998。

⑤ 参见 Yu Hua, *To Live*, translated by Michael Berry, New York：Anchor Books, 2003。

⑥ 参见 Yu Hua, *Cries in the Drizzle*, translated by Allan Barr, New York：Anchor Books, 2007。

⑦ 参见 Yu Hua, *Chronicle of a Blood Merchant*, translated by Andrew Jones, New York：Pantheon, 2004。

⑧ 参见 Yu Hua, *Brothers*, translated by EileenCheng-yin Chow and Carlos Rojas, New York：Pantheon, 2009。

⑨ 参见 Yu Hua, *The Seventh Day*, translated by Allan Barr, New York：Pantheon, 2015。

当代作家作品的版权。美国杜克大学和夏威夷大学都是在国际上享有较高学术声誉的研究性大学，分别创建于1921年和1947年的隶属于两所美国知名大学的出版商，在出版界也同样享有盛名。美国杜克大学出版社获得2014年出版领域全球重要奖项——"IFLA/Brill开放获取奖"，开创了图书推广的新模式。近些年，夏威夷大学出版社在出版发行有关亚洲及亚美文学、艺术、历史等领域的图书处于世界领先地位，这都进一步推动了余华作品的全球化传播。

　　美国收录余华单篇作品的选集及期刊在文学界都有着较大的影响力，它们收录的作品大都是具有一定权威性的中国当代作家作品的译文。据统计，余华共有20余篇短篇小说作品被收录其中，如1995年，被誉为"西方首席汉语文学翻译家"葛浩文主编的首部进入美国的中国新时期作家作品文学集《毛主席会不高兴的：今日中国小说》中收录了《往事与刑罚》①；1996年，由美国哥伦比亚大学出版社出版，刘绍明和葛浩文主编的中国现当代文学在海外的权威文学载体《哥伦比亚中国现当代文学作品选集》中收录了余华早期从传统写作模式转向先锋式反叛时期的短篇小说《十八岁出门远行》②，该作品集以知名大学出版社为载体，是第一部覆盖面广、规模最大、贯穿整个现代文学阶段的综合性英文选集；1998年，由美国杜克大学出版社出版、王晶主编的《中国先锋小说选》中收录了7位具有代表性的先锋作家作品，余华的《西北风呼啸的中午》③、《现实一种》④、《此文献给少女杨柳》⑤收录其中，该文集已成为美国大学课程中关于亚洲文学的理想教学材料；2003年，由国际著名的美国当代亚洲文化中心出版的亚洲文学专业期刊《柿子》上登载了《蹦

---

①　参见 Yu Hua，"*The Past and the Punishments*"，Howard Goldblatt，*Chinaman Mao Would Not Be Amused*，New York：Grove Press，1995。

②　参见 Yu Hua，"On the Road at Eighteen"，Joseph S. M. Lau & Howard Goldblatt，*The Columbia Anthology of Modern Chinese Literature*，New York：Columbia University Press，1996。

③　参见 Yu Hua，"The Noon of Howling Wind"，Wang Jing，*China's Avant-Grade Fiction：An Anthology*，Durham：Duke University Press，1998。

④　参见 Yu Hua，"One Kind of Reality"，Wang Jing，*China's Avant-Grade Fiction：An Anthology*，Durham：Duke University Press，1998。

⑤　参见 Yu Hua，"The Story is for Willow"，Wang Jing，*China's Avant-Grade Fiction：An Anthology*，Durham：Duke University Press，1998。

蹦跳跳的游戏》① 并转评。

此外，余华自 2009 年 5 月成为美国《纽约时报》的特邀专栏作家，他以其具有前瞻性、独到性的观点发表了大量关于中国社会问题的评论文章。《纽约时报》是美国报纸中的领导者，有着良好的公信力和权威性，其版面以严肃著称。2016 年，该报获得美国新闻界的最高荣誉奖——"普利策新闻评选奖"。同年，《纽约时报》刊登了对余华的专访《浮躁中国的沉稳作家》，对余华在海外畅销作品《活着》《许三观卖血记》《兄弟》等都有大篇幅的报道。1996 年，《纽约时报》公司通过网络技术平台，提供了在线阅读，被评为全美最佳报纸网络版。一方面使得余华作品在英语世界得到更广泛的传播；另一方面也启发了余华在 2000 年与巴金、余秋雨共同成立了"中文在线"网站。余华成了网络新文化传播运动的先锋，运用网络通道和平台将其文学作品及中华文化推广到世界。正因为这些有效的译介途径，使得余华的作品在美国多次获得重要的文学奖项，主要有 2004 年《许三观卖血记》获得"巴恩斯——诺贝尔新发现图书奖"，2011 年《兄弟》获得"英仕曼亚洲文学奖"，2014 年《黄昏里的男孩》领跑"影响力最大的中国文学译作排行榜"。②除在美国获得的这些奖项之外，余华在其他海外国家还获得了多项重要的文学奖项，主要有 1998 年获意大利最高文学奖"格林扎纳·卡佛文学奖"、2002 年作为中国首位作家获得澳大利亚"悬念句子文学奖"、2004 年获法国文学艺术界最高荣誉"法兰西艺术与文学骑士勋章"，2009 年获法国"国际信使外国小说奖"。

通过梳理余华文学作品在美国的译介历程，其呈现三个特点。一是英译本数量多、形式多样且译介途径多元化。不仅有从现实主义走向先锋时期的作品，更有其创作转型后对现实主义小说传统回归的作品，种类齐全，包括 5 部长篇小说、1 部中篇小说、20 余部短篇小说、1 部散文集、2 部中短篇小说集等。这些作品既有通过传统的出版渠道发行，又有

---

① 参见 Yu Hua, "The Boisterous Game", translated by Allan Barr, *Persimmon*, No. 7, 2003。

② 该排行榜数据来源依据全球图书馆收藏数据 OCLC（Online Computer Library Center），检索包括全世界 112 个国家和地区的 470 多种语言、两万多家图书馆。2014 年在海外出版的中国文学翻译作品已达 100 多种，收藏图书馆数量在 30 家以上，约为总图书馆数量的 1/100 强，排名影响力最大的中国当代文学译作 20 部。

运用网络技术的创新推广。二是出版余华文学作品的美国出版社及收录其文学作品的文学集、期刊都具有较大的权威性和学术性。三是余华的文学作品在美国译介传播的时间久、翻译成英文的密度大，获得的重要奖项多。从 1995 年至今一直都有作品不断被译成英文，有些年份甚至有多部作品被推介到美国，从而使余华的作品在海外的影响力不断扩大。

二　墙内开花墙外香：美国学者眼中的余华及其文学创作

余华是在美国被翻译、出版、获奖最多的中国当代作家。美国文学界称"余华作为中国顶级作家获得了应有的国际声誉"①。余华的经典文学作品经由多种途径被译介到美国，引起了出版社、主流媒体、文学评论家、学者及民众读者的广泛关注。虽然从 20 个世纪 90 年代中期余华的创作经历了近十年的停滞，但在此期间美国研究者却对其作品保持着持续的关注。作为 20 世纪中国当代作家中为数不多的能走进西方主流阅读群的作家，可以结合美国的主流媒体述评、文学界观点及大众读者评论，来展开美国对余华文学作品的译介实况。

美国文学界对余华作品的研究起于 20 世纪 90 年代，其中知名海外汉学家的文学选集为余华及其作品进入西方国家读者群做了很好的铺垫。1995 年春，葛浩文的论文集《毛主席会不高兴的：今日中国小说》将余华的作品首次推介给美国读者。同年，该作品集受到有着"美国图书界圣经"之称的、专注国际图书出版业务的《出版人周刊》的关注，资深文学评论家玛丽亚·西姆森（Maria Simson）对收录其中的《往事与刑罚》进行了评述："有着与常规小说不同的叙述语言来表现人性中的暴力、嗜血和死亡，让我率先感受到中国从传统步入新时期社会进程中国文学所经历的困扰和痛苦的旅程。我推荐这部作品给大众读者……还有学生和学者。"② 西姆森认为余华的作品对荒诞、暴力、血腥的场面描写深刻地揭示了人性之恶，引起了美国读者的阅读兴趣和对现实人生的反思。该作品也引起英美学界重量级文学评论期刊《今日世界文学》的关注并称赞余华作为中国的"先锋"作家，"从根本上解决了现实与写作程

---

① Anonymity, *New York Times*, https：//www. nytimes. com/topic/person/yu-hua.

② Maria Simson, "*The Past and the Punishment*", *Publishers Weekly*, No. 26, 1995.

序之间的困惑。其作品对主观性叙事的改造运动，将使他成为文学界一道耀眼的风景"①。实际上早在 1994 年，余华作品就已引起美国汉学家、加州大学伯克利分校东亚语言与文化系的教授安德鲁·琼斯（Andrew F. Jones）的关注。琼斯教授的研究主要是围绕余华早期创作展开的，他将其与被誉为"中国新文学现代主义鼻祖"的施蛰存的暴力叙事进行对照，从外部环境、理论主张和艺术特征来阐释两者作品中的相似和差异。② 其后，权威文学选集《哥伦比亚中国现当代文学作品选集》《中国先锋小说选》将余华的《十八岁出门远行》《现实一种》《此文献给少女杨柳》等作品陆续推介到国外。随即引发研究者们，如丹麦汉学家韦德尔斯伯格、美国汉学家蔡荣、作家玛莎·瓦格纳等对余华作品中的"暴力书写"和"死亡叙述"的关注，大部分学者对这种"恶"的力量持肯定的态度。韦德尔斯伯格在美国汉学期刊《中国文学：散文、文章与评论》中以"一种中国的现实——阅读余华"为题对余华的暴力叙事进行解读，认为："这是余华早期从传统写作模式转向先锋创作时期的代表作品，以残酷冷漠的叙事笔调和特殊的人生体验营造了一个个充满暴力和血腥的荒诞场面，这些描写深刻揭示了余华在 20 世纪 80 年代对暴力、人性及世界的认识。"③ 这些权威的文学载体，在为余华作品进入美国拉开完美序幕的同时，也引起了美国主流媒体的关注。美国文学界重量级文学评论期刊《今日世界文学》称赞余华为中国的先锋作家，"余华的小说让我率先感受到中国 20 世纪 90 年代中国文学及文化的变革，把我们带入从传统步入新时期社会进程中的中国……在根本上解决了现实与写作程序之间的困惑。余华对主观性叙事的改造运动，将使他的作品成为文学界一道耀眼的风景"④。

21 世初的前十年是余华作品译介的发展期。这一时期，余华的三部长篇小说《活着》《许三观卖血记》和《在细雨中呼喊》在美国陆续出版发行，其中前两个单行本尤其得到美国民众读者的认可。这一时期余

---

① Fatima Wu, "The on the Road at Eighteen", *World Literature Today*, No. 1, 1998.

② 参见 Andrew F. Jones, "The Violence of The Text: Reading Yu Hua and Shi Zhicun", *Positions* 2, No. 3, 1994。

③ Anne Wedell-Wdellsborg, "One Kind of Chinese Reality: Reading Yu Hua", *Chinese Literature: Essays, Articles, Reviews*, Vol. 18, 1996.

④ Fatima Wu, "The on the Road at Eighteen", *World Literature Today*, No. 1, 1998.

华开始转向平和理性的创作，作品中带有明显的情感回归特征，从对暴力、血腥的迷恋转向对人生苦难的温情诉说，这是使西方读者产生共鸣的重要因素。另外，这一时期的长篇小说故事情节大多围绕 20 世纪中国社会的历史变迁来展开的，体现了民族文化底蕴的深邃性，让西方读者在阅读中了解异域文化，也在一定程度上满足了西方读者对中国文化的好奇心。值得一提的是张艺谋导演将《活着》改编成电影，并获得了第 47 届戛纳电影节评委会大奖。此外，致力于介绍中国当代作家作品的《人民文学》英文版杂志《路灯》力推这部小说为最受外国媒体青睐的五本中国书之一。① 这些都助推着余华的作品引起更多美国读者的关注。资深撰稿人迈克尔·拉里斯（Michael Laris）在美国华盛顿最具影响力的《华盛顿邮报》上刊文对此进行高度评价："余华发出了今日中国最深刻的声音。小说描绘了让人难以忘记的民间社会的悲伤和伤痛……结构巧妙，叙事语调质朴、温和，散发出一种神秘的光环……值得将其书放在书架的最高处。"② 从中可见，这一时期余华作品中虽然不乏暴力、死亡的元素，但是越来越多的研究者们更关注的是这些暴力、死亡背后所呈现的关于人生苦难的悲悯与救赎。美国杜克大学亚洲与中东研究系的刘康教授在《短暂的先锋文学及其变革：以余华为例》中以《活着》塑造的人物形象来剖析余华创作风格的转向，"该作品是余华创作中的转折……故事的主人公及主要受暴者徐福贵作为父亲所散生出的温情在暴力叙述下显得更为伟大与动人"③。美国汉学家、史密斯学院东亚语言文学系的教授桑禀华（Sabina Knight）从作品背后的中国社会政治状况去解读，"余华作品中的暴力源从人性内部转移到了每一个个体所身处的历史时代中，几乎囊括了整个中国现代社会发展史……作者将这些暴力置于社会底层并且通过这些来自于底层的温情与暴虐对历史与人性进行反

---

① 参见 Joshua Dyer, Found in Translation：Five Chinese Books You Should Read, http：// www. rmwxzz. com/ pathlight. php。

② Michael Laris, "To Live"，*The Washington Post*，December 1, 2003.

③ Liu Kang, "The Short-lived Avant-Grade Literary Movement and Its Transformation：The Case of Yu Hua"，*Globalization and Cultural Trends in China*，Honolulu：University of Hawai'I Press，2004，pp. 102 – 126.

思"①。对此也有着少数质疑者的反驳，如汉学家韦德尔斯伯格在美国期刊《国际小说评论》发文指责"余华作品中对苦难人生的创作缺乏明确的价值评判和情感渗透，是站在非人间的立场上"②。余华的另外一部长篇小说《许三观卖血记》承续了2003年由美国安佳出版社出版的长篇小说《活着》中生活磨难的基本主题，主人公许三观面对一次次生活的难关，用自己的鲜血开始了漫长的救赎。该作品获得了美国的重要文学奖项"巴恩斯—诺贝尔新发现图书奖"，这在促进余华的作品得到越来越多主流媒体、评论人认可的同时，还引起一些美国知名高等院校学者的关注。美国肯特州立大学从事亚洲研究的查理德·金教授（Richard King）撰文对该作品进行评论："卖血仪式化特征的情节重复，使整个小说的悲情力量不断地提升……作品以博大的温情描绘了磨难的人生……通过极致性的生存方式，表达了对苦难的承受勇气，展示了生命的坚韧质地。"③

21世初的后10年，余华作品的译介之花在美国得到了全面盛开，对其作品的研究也随之达到鼎盛时期。这一时期余华独具匠心的苦难书写更侧重对现实生活层面普通人坎坷人生故事的体恤，对人性深度挖掘的余华在创作中依旧延续缜密的叙述方式和新奇的语言风格，使得《兄弟》《黄昏里的男孩》和《第七天》成为近年来美国的热销图书。2009年，余华的英文版长篇小说《兄弟》一经问世，美国的三大报《纽约时报》《洛杉矶时报》《华盛顿邮报》，英国最有影响力的《独立报》及其他主流报纸《波士顿环球报》《纽约人》《国家邮报》等都给予了高度评价。《纽约时报》周末版用6个版面对《兄弟》进行评论："余华文字的尖锐、幽默，加上富有洞察力的眼睛和对普通民众生活的同情心，叙述了在中国'文化大革命'时期一个重组家庭历经劫难而崩溃的过程……作品中悲剧及荒诞的交替出现使《兄弟》成为一本不朽的杰作，创造了不同寻常的时空。"④ 另外，美国著名的新闻刊物《时代周刊》《新闻周刊》和国际著名的文学期刊《无国界文字》《出版人周刊》等也相继发表评论文

---

① Sabina Knight, "Capitalist and Enlightenment Values in 1990s Chinese Fiction", *Text Practice*, Vol. 16, December 2002.

② Anne Wedell-Wdellsborg, "Haunted Fiction: Modern Chinese Literature and the Supernatural", *International Fiction Review*, No. 32, 2005.

③ Richard King, "To Live&Chronicle of a Blood Merchant", *MCLC Journal*, March, 2004.

④ Brendan Hughes, "*Yu Hua's Brothers*", *New York Times*, September, 2009.

章。2011 年，《兄弟》获得了世界文坛上有着较大影响力的"英仕曼亚洲文学奖"；2014 年，美国知名的中国当代文学研究家阿兰·巴尔（Allan Barr）教授将余华的中短篇小说集《黄昏里的男孩》译成英文并由美国万神殿出版社出版发行，权威的出版社加之得力的译者，使得该作品在"影响力最大的中国文学译作排行榜"中取得领先排名①；2015 年，万神殿出版社又出版发行了余华的长篇小说《第七天》。该作品既有余华先锋创作时期的暴力与荒谬，又有他对苦难与温情的演绎。被认为"最能够代表余华全部风格的小说"的《第七天》在海外掀起了又一轮"余华热"的浪潮。②以 2017 年 1 月美国亚马逊网站的数据为例③，对该作品销售业绩评论用户达到 139 条，还有众多没有发表评价的读者。亚马逊网站采用五级制评分标准。以五级和四级作为好评，读者对该作品的五级好评率为 47%，四级好评率为 41%。因此，正面评论达到了 88%。大部分西方读者被余华作品中的独特艺术表现形式及异国情调吸引，而美国研究者们则更多关注的是余华作品在暴力叙事中对演绎人间苦难与温情的着眼点变化。美国福特汉姆大学的黄易菊在国际著名学术期刊《世界比较文学评论》撰文对《第七日》叙事技巧的突破和转型进行了分析，认为余华"以杨飞死后七天阴阳两界的故事为线索，叙述语调主要表现为绝望与荒诞，但故事中的亲情与爱情又使叙事语调多了些温暖与感伤。叙事语言运用了较多的反讽、幽默等修辞手法，具有较强的表现力"④。美国学者理查德·皮尔（Richard Pierle）从叙事空间解读了该作品："用荒诞叙事构建出现实的安息空间和理想化的阴阳两界平行叙述空间……荒诞的叙事空间上演了中国底层世界的冷暖人生。在荒诞与合理、残缺与完美的对比中引发人类对生存感悟的更深刻认识。"⑤

　　统观余华及其作品在美国的译介研究，其呈现出三个特点。第一，

---

① Boy in The Twilight，http：//www. chinanews. com/cul/2014/12 – 05/6848894. shtml.

② 参见余华《余华回应争议：〈第七天〉最能够代表我全部风格》，《信息时报》2013 年 7 月 12 日第 9 版。

③ The Seventh Day，https://www. amazon. com/ Seventh-Day-Novel-Yu-Hua/ dp/ 0804197865.

④ Huang Yiju，"Ghosts and Their Contemporary Return：The Case of Yu Hua's The Seventh Day"，*Nelhelicon*，Vol. 43，No. 1，2016.

⑤ Richard Pierle，"The Generation and Dissipation of Space Thinking in Yu Hua's The Seventh Day"，*Asia Major*，March，2017.

权威的文学选集为作品译介开启良好了的开端，长篇小说单行本助推其快速译介，加之多个国外文学奖项的影响力和主流媒体的宣传推动，余华作品译介迎来了21世纪以来的鼎盛时期。第二，美国的主流媒体、研究者及读者对余华作品的评价整体持欣赏、肯定的态度。这些评论散见于文学期刊、各类报刊、图书网站及国外学者在余华作品上所做的序言介绍中。但是大多数的评论选取的都是余华的单部作品，缺乏将余华的单部作品置于其纵向的创作脉络中来考察。第三，大部分研究者们对余华的作品都有着明显的侧重点并能对其展开集中深入的探究。早期研究主要集中在余华从传统写作模式转向先锋反叛创作中的暴力叙事，进入20世纪以来，研究者们更多的是从余华作品中的暴力、死亡叙事中去发掘人生苦难的悲悯与救赎，近些年一些研究者则重点关注余华叙事视角的突破与转变。因此，纵观余华作品的译介研究，从整体到局部，正反映了美国学界对余华创作不断加深的认识过程。

三 余华作品在美国译介出版的原因

余华是我国最具代表性的先锋作家，其作品在美国的译介出版自20世纪90年代持续至今并达到鼎盛。余华在美国不仅拥有一定的读者群，而且还有一批学者在关注、研究他的作品，甚至其部分作品已成为美国多所大学课程中亚洲文学课的教材，这促使着余华作品在美国获得深层次的大量译介和出版发行，究其原因，主要有六点。

第一，权威的海外出版机构助推余华的作品进入美国文化市场。余华的作品自从进入海外市场以来一直依托海外出版机构进行传播和推广。国际知名比较文学专家、中国译介学创始人谢天振教授曾建议中国文学的海外传播应以国外出版机构出版发行为主，这才能使中国文学更容易进入海外的社会传播系统。① 目前，在美国出版发行的这9部余华作品英语单行本的出版社都有着悠久历史且在出版界享有盛名，其中5部是由美国万神殿出版社出版的，两部是由安佳出版社出版的，另外两部分别是由美国杜克大学出版社和夏威夷大学出版社出版的。余华的中短篇小说集《黄昏里的男孩》及长篇小说《第七天》等作品正是得力于被公认

---

① 参见谢天振《译介文学作品不妨请外援》，《中国文化报》2013年1月10日第12版。

为亚洲及太平洋地区主题图书出版领域领袖的万神殿出版社的大力推广。具有公众影响力的万神殿出版社，在助推《黄昏里的男孩》和《第七天》这两部作品获得多项国际文学奖项及众多海外读者的同时，促使这两部作品在美国收藏图书馆数量分别达到443家和360家。美国杜克大学出版社和夏威夷大学出版社在受益于隶属知名大学品牌效应的同时，又提升了其出版图书的品牌影响力。余华作品经这些海外知名出版机构的出版发行，不但彰显出作品较高的文学价值，而且还能积极引导大众的阅读兴趣，这在推广余华作品上起到了非常关键的作用。

第二，余华对外国文学的借鉴吸收让美国读者从阅读中找到母体回归之感。余华在创作过程中深受西方作家弗兰兹·卡夫卡和威廉·福克纳的影响。作为西方现代主义文学奠基人的卡夫卡，他的作品不仅变革世界文学秩序，而且对余华的创作产生了重要影响。余华称"卡夫卡的自由叙述，可以使我的思想和情感表达得更加充分。"① 卡夫卡特有的话语方式与审美思考，为余华的文学观念和创作带来了两个根本性的启示。一方面，卡夫卡打破时空制约的叙述方式使余华创作的想象力获得了充分解放，冲破了叙述形式上的各种限制；另一方面，卡夫卡的创作启发着余华跳出既定的逻辑叙事秩序去探求精神世界的真实，使他对人类的生存境遇和难以言说的人性状态找到从容的表达方式。如果卡夫卡引领着余华走上了写作之路，那么美国作家福克纳的写作技巧则帮助余华解决了现实与自我的紧张关系。余华称福克纳是"一位能够教会别人写作的为数不多的作家"②。福克纳对残酷现实和苦难人生体恤的精神立场及独特的繁复叙事方式对余华创作的再次飞跃起着重要的作用。余华自1991年发表《在细雨中呼喊》开始，就注重在写作中融入福克纳式的创作风格，使作品中的种种苦难开始具有了温情的现实生活色调，并在作品中发掘人的生命价值和人性魅力，这都使得余华的作品更广泛地得到了美国读者的认可。

第三，余华创作中的"先锋性"唤起美国读者的文化认同感。20世纪80年代，中国进入了全面改革和对外开放的新时期，大量西方的先锋文学思潮涌入中国，正是这个时期步入文坛的余华在创作中深受其影响。

---

① 余华：《没有一条道路是重复的》，上海文艺出版社2004年版，第120页。

② 余华：《我能否相信自己》，人民日报出版社1998年版，第149页。

在颁发给余华"悬念句子文学奖"的颁奖词中提道："余华的作品反映了社会的多个侧面……可将作品中对苦难人生的执着探索和对人性的深度挖掘的特质与西方先锋文学作家作品联系起来。"① 余华认为："任何一位优秀作家，都应该有强烈的先锋意识，这种意识是流淌在作家的血液里的。"② 从余华先锋创作开始的短篇小说《十八岁出门远行》到先锋创作飞跃时期的《许三观卖血记》《活着》等作品，余华用自身独到的探索与体验的先锋性描写了中国底层百姓在拯救苦难过程中所彰显出来的非凡勇气，以种种不可预测的劫难展示了人物在寻求生存意愿中所表现出来的坚强信念。余华在先锋意识影响下创作的作品中的这种深厚的人道主义力量和悲悯情怀，都是人类自我关怀的重要组成部分，这也是能使美国读者产生强烈共鸣的重要因素。

第四，得力的文本译者为余华作品的对外传播架起桥梁。余华作品的英译主要是由美国高等院校知名的汉学家、翻译家完成的，他们出色的翻译及良好的国际声誉加之对中国文化的谙熟和对西方读者阅读喜好的准确把握，为余华作品在英语国家的广泛传播起到了积极的作用。最早将余华作品带入美国的是葛浩文先生。葛先生将余华的短篇小说《往事与刑罚》翻译并收录到他的首部进入海外的中国新时期作家作品文学集《毛主席会不高兴的：今日中国小说》中。葛浩文先生以其在国外翻译界的号召力和公信力，为余华作品在西方社会的译介开启了良好的开端。20世纪90年代余华的大部分作品是由安德鲁·琼斯翻译完成的，之后的大部分作品是由在美国波莫纳学院、加州大学从事中国当代文学研究的白亚仁教授、白睿文教授翻译完成的。琼斯教授擅长使用短句和地道的口语表达来传递余华作品语言的简洁、生动特色，在翻译策略选择上表现出鲜明的归化倾向；而白亚仁教授对其作品中的幽默色彩及内涵信息的把握较为准确，以富有文学色彩的语言将作品中的隐含意义较为准确地表达出来。从中可见，从事余华作品翻译的英译者们都是海外知名高等院校致力于汉语文学研究的学者们。这些海外汉学家精通英汉两种语言，熟知两种不同文化背景的同时又兼具作家创作的敏感，在较好地保留原文本内容的同时又使其符合西方读者的阅读期待和审美习惯。

---

① 洪治纲：《余华评传》，郑州大学出版社2004年版，第198页。

② 徐正林：《先锋余华》，浙江文艺出版社2003年版，第21—22页。

另外，值得一提的是《兄弟》这部作品是由杜克大学从事中国文学与文化研究的卡洛斯·罗哈斯（Carlos Rojas）教授和哈佛大学的周成荫（Eileen Cheng-yin Chow）教授合译完成的。他们作为中西合璧的译介主体模式，充分地发挥了西方汉学家和中国学者的双方语言文化优势，最大限度地跨越了文化差异，在准确翻译文本内容基础上能够呈现出原作的精神风貌并使之符合西方读者的期待规范和文化想象，这也是使该作品英文版一经问世就获得西方主流媒体的高度评价及读者的广泛赞誉的原因，这可谓文学对外译介的理想主体范式。

第五，有效的文学推介活动促进了余华作品在美国的广泛传播。20世纪90年代以来，随着余华的作品不断地被译介到国外，余华开始由拒绝海外宣传逐渐转变为重视国外交流活动。1999年5月，余华开启了首次赴美一个月的交流访问。之后，余华多次出国参加国际文学交流活动，如澳大利亚悉尼文学节、爱尔兰都柏林作家节等。2009年8月，余华受邀参加了美国大学"国际写作计划"，并在哈佛大学、耶鲁大学、斯坦福大学、哥伦比亚大学等30所美国著名高等院校进行巡回演讲，这进一步扩大了余华作品作为教材走进美国大学课堂的受众面。2012年7月，召开以"余华的文学"为主题国际研讨会，来自美国、英国、澳大利亚、德国等国内外作家、汉学家云集，学者聚焦于被誉为"中国的查尔斯·狄更斯"的余华的作品。此后，余华又多次应邀在美国加州的柏克莱大学、马里兰大学、波莫纳学院开展文学讲座、主持读书会等文化交流活动。近年来，余华应邀参加了多次国际大型书展，如法兰克福书展、哥德堡国际书展、塞尔维亚贝尔格莱德国际书展等，余华的作品在这些书展上都得到有效推介，余华及其作品正在逐步地获得美国文学界的广泛认同。

第六，余华作品在美国的广泛的译介受众推动其作品的有效传播。受众，是传播活动中读者、听众、观众等信息接受者，是传播效果的具体体现者。[1]受众在传播过程中占有重要的地位，是传播过程赖以存在的前提和条件。译介受众与传播受众一样，是译介活动的一个重要环节。译介受众是对译介活动反馈的信息之源，是译介主体根据译介受众的特性来甄选和决

---

① 参见段京肃《传播学基础理论》，新华出版社2003年版。

策译介内容、译介媒介的重要依据，是译介活动顺利开展和进行的社会基础和前提。译介主体应以译介受众为中心，以读者群的立场出发了解译介受众的阅读兴趣、阅读需求，契合受众的期待视野和审美意识，从而反观译介行为。余华作品的海外传播主要是与西方世界的专业人士、高等院校读者群体和大众读者进行对话。专业人士在这里主要是指西方汉学界和翻译界的专家学者，这些学者致力于中国文学与文化研究并精通英汉双语，尤其是美国的专业人士，如美国文学翻译协会（ALTA）、美国口笔译研究协会（ATISA），他们力求从余华的作品中认知当代中国的客观情况，形成富有时代感的中文文学研究。同时，专业人士作为社会主流意识的构建者，他们对余华及其作品的评价、观点和态度直接影响着普通读者的阅读指向。另外，余华的部分作品已走进西方大学课堂，成为大学课程中关于亚洲文学的理想教学材料。1996 年由美国哥伦比亚大学出版社出版的第一部规模最大、贯穿整个现代文学阶段的综合性英文选集《哥伦比亚中国现当代文学作品选集》中收录了余华的《十八岁出门远行》、1998 年由美国杜克大学出版社出版的《中国先锋小说》中收录了余华的《西北风呼啸的中午》《此文献给少女杨柳》。两部作品集都以知名大学出版社为载体，成为哥伦比亚大学、哈佛大学、普林斯顿大学等多所海外大学的东亚研究或汉语研究专业进行中国文学教学的典范教材。高等院校读者群体作为大众读者的引领者，同时也是专业人士的后备力量，是不可忽视的读者群体。此外，西方普通受众是余华作品在海外的主要读者群，他们对余华及其作品的认同和接受是使其作品在西方广泛传播的前提。英语国家民众的教育程度普遍较高，有文学阅读的优良传统，他们希望通过阅读加深对国外社会的认识。余华作品恰好满足了西方受众关注中国社会现实的需要，作品对发展中的中国社会的描述和对深刻的人文关怀的关注，契合了西方文学审美趣味和受众的阅读定势，最终达到被受众接受的目的。因此，余华的作品的译介是在清楚客观地对西方传播格局和受众现状的认识下进行的，既为外国专业读者、高校读者群体提供了中国当代文学与翻译研究的目标文本，又为海外普通读者开启了瞭望当代中国的文学之门。

从 1995 年葛浩文先生将余华的短篇小说《往事与刑罚》首次译介到美国至今，已有 800 余万字余华的作品被译介到美国。余华是中国当代文坛极少数在国内外都享有高知名度的作家，而美国又是其作品传播最广泛、最具影响力的英语国家。这既得力于海外权威出版机构的推广，也是其个人与外国文学有着很深的渊源，作品符合美国读者阅读兴趣，得力的文本译者、个人积极开展推介活动及拥有广泛的译介受众的结果。通过追溯余华作品在美国译介出版历经的序幕、拓展和鼎盛三个阶段并总结各阶段的研究特点，探求余华作品在美国被广泛译介的原因，使其作品在美国的译介经验可以为中国当代文学走出国门提供借鉴和启示。

第三节　莫言在美国的译介与研究

莫言作为中国首位荣获诺贝尔文学奖的中国籍作家，其作品被广泛地翻译到国外，并多次荣获国际文学的重要奖项，如"法兰西艺术与文学骑士勋章""意大利诺尼诺国际文学奖""美国最佳翻译图书奖""英仕曼亚洲文学奖"等，是中国文学对外译介中较为成功的案例。美国作为最多译介莫言作品的国家，一直是莫言海外传播的重要领地。莫言的中篇小说《红高粱》于1986年刊登在《人民文学》的第3期，随即在国内引起轰动并获第四届全国中篇小说奖。该作品也是莫言在美国崭露头角并获得声誉的作品，荣获"美国纽曼华语文学奖"。随后莫言陆续在国际上获得重要文学奖项，其国际知名度和影响力的提升使其作品不断地被翻译和出版，莫言逐渐受到了美国不同读者群体的关注，其作品获得了"美国最佳翻译图书奖""纽斯特国际文学奖"等多个重要文学奖项。

莫言可谓是一位在海内外文学市场都收获颇丰的当代作家，其小说作品的英译本十余年来在美国持续出版并获得广泛认可。这一方面与其作品独特的文学特性有着密切的关系；另一方面也归因于这些译本在海外文学场域译介过程中所涉及的各环节，即译介主体、译介内容、译介途径、译介受众和译介效果的有效运作。这与传播学奠基人之一的哈罗德·拉斯韦尔（Harold Lasswell）在《传播在社会中的结构与功能》中提出的经典的"拉斯韦尔模式"的本质如出一辙。拉斯韦尔模式的五个基本构成要素即：谁传播（传播者）、传播了什么（传播内容）、通过什么渠道传播（传播媒介）、向谁传播（受众）、取得了什么效果（传播效果）。① 该模式条理化、逻辑化、系统化地阐述了传播过程中的各主要构成要素，这对于探索文学的对外译介模式具有指导意义。因此，基于拉斯韦尔传播模式分析莫言作品在海外译介的成功经验，探索包括译介主体、译介内容、译介途径、译介受众、译介效果在内的有效译介模式，可以给中国当代文学作品的"西传"提供借鉴与参考。

一 莫言小说在美国的行旅

莫言的小说作品主要通过三个途径进入美国。第一是单行本的形式，主要由美国知名出版社出版发行，以莫言的短篇小说和中长篇小说为主。据统计，目前莫言共有 11 部单行本在美国出版发行，分别是由隶属于香港中文大学的中文大学出版社出版的《爆炸及其他故事》②，由世界最著名的英语图书出版商企鹅出版集团出版的《红高粱》③、《天堂蒜薹之歌》④、《蛙》⑤，由美国著名的专门从事文学作品出版的拱廊出版公司出版的《酒国》⑥、《师傅越来越幽默》⑦、《丰乳肥臀》⑧、《生死疲劳》⑨，由专注于英语翻译的海鸥书屋出版公司出版的《变》⑩、《四十一炮》⑪，由美国

---

① 参见［美］哈罗德·拉斯韦尔《传播在社会中的结构与功能》，何道宽译，中国传媒大学出版社 2015 年版。

② 参见 Mo Yan, *Explosions and Other Stories*, translated by Janice Wickeri, HK：Research Centre for Translations, Chinese University of Hong Kong, 1991。

③ 参见 Mo Yan, *Red Sorghum：A Novel of China*, translated by Howard Goldblatt, New York：Viking Press, 1994。

④ 参见 Mo Yan, *The Garlic Ballads：A Novel*, translated by Howard Goldblatt, New York：Penguin Books, 1995。

⑤ 参见 Mo Yan, *Frog*, translated by Howard Goldblatt, New York：Penguin Books, 2016。

⑥ 参见 Mo Yan, *The Republic of Wine：A Novel*, translated by Howard Goldblatt, New York：Arcade Publishing, 2000。

⑦ 参见 Mo Yan, *Shifu, You'll Do Anything for A Laugh*, translated by Howard Glodblatt, New York：Arcade Publishing, 2001。

⑧ 参见 Mo Yan, *Big Breasts and Wide Hips：A Novel*, translated by Howard Goldblatee, New York：Aracade Publishing, 2004。

⑨ 参见 Mo Yan, *Life and Death Are Wearing Me Out：A Novel*, translated by Howard Goldblatee, New York：Aracade Publishing, 2008。

⑩ 参见 Mo Yan, Change, translated by Howard Goldblatt, New York：Seagull Books, 2010。

⑪ 参见 Mo Yan, Pow, translated by Howard Goldblatt, New York：Seagull Books, 2012。

著名高等学府俄克拉荷马大学出版社出版的《檀香刑》①。其中有两部短篇小说集，一部是《爆炸及其他故事》，收录了《爆炸》《老枪》《苍蝇》《飞艇》《断手》《金发婴儿》6 部短篇小说；另一部是《师傅越来越幽默》，收入了《师傅越来越幽默》《人与兽》《翱翔》《灵药》《爱情故事》《沈园》《弃婴》7 部短篇小说。第二是美国翻译出版的中国当代作家作品集的形式，以莫言的短篇小说为主，如 1989 年由全球最大出版集团旗下兰登书屋出版的《春竹：中国当代短篇小说集》中收录了莫言的短篇小说《枯河》②，这是莫言英译作品最早被收录到海外作品集中的小说。1991 年由国际艺术与科学出版社出版发行的中国文学选集《中国现代小说世界》，翻译发表了莫言的短篇小说《白狗秋千架》③。1994 年、1995 年、2006 年由美国哥伦比亚大学出版社出版发行的《狂奔：中国新一代作家》《哥伦比亚中国现当代文学作品选集》《喧哗的麻雀：中国当代小说选译》作品集中分别收录了莫言的短篇小说《神嫖》④、《秋水》⑤、《马语》⑥、《奇遇》⑦。1995 年由美国有着悠久出版历史的格罗夫出版社出版发行的《毛主席会不高兴的：今日中国小说》收录了莫言的短篇小说《灵药》⑧。2005 年由中国外文出版发行事业局和香港联合出版集团共同投资并设立在美国的长河出版社出版的《家乡和童年》作品集中收录了

---

① 参见 Mo Yan, *Sandalwood Death：A Novel*, translated by Howard Goldblatt, Norman：University of Oklahoma Press, 2013。

② 参见 Mo Yan, "Dry River", in *Spring Bamboo：A Collection of Contemporary Chinese Short Stories*, translated by Jeanne Tai, New York：Random House, 1989。

③ 参见 Mo Yan, "White Dog and the Swings", in *World of Modern Chinese Fiction*, translated by Michael Duck, Armonk：M. E. Sharpe, 1991。

④ 参见 Mo Yan, "Divine Debauchery", in *Running Wild：New Chinese Writers*, translated by Andrew F. Jones, New York：Columbia University Press, 1994。

⑤ 参见 Mo Yan, "Autumn Waters", in *The Columbia Anthology of Modern Chinese Literature* by Richard F. Hampsten and Maorong Cheng, New York：Columbia University Press, 1995。

⑥ 参见 Mo Yan, "Horse Talk", in *Loud Sparrows：Contemporary Chinese Short-Shorts* by Aili Mu, Julie Chiu, and Howard Goldblatt, New York：Columbia University Press, 2006。

⑦ 参见 Mo Yan, "Square Encounter", in *Loud Sparrows：Contemporary Chinese Short-Shorts* by Aili Mu, Julie Chiu, and Howard Goldblatt, New York：Columbia University Press, 2006。

⑧ 参见 Mo Yan, "The Cure", in *Chairman Mao Would Not Be Amused：Fiction from Today's China* by Howard Goldblatt, New York：Grove Press, 1995。

莫言的短篇小说《我的故乡和童年》①。第三是刊登在美国知名的文学专业杂志上莫言的小说作品,主要有中国官方主办的旨在将中国文学推向海外的英文期刊《中国文学》,从 1988 年至今刊登了莫言的短篇小说《民间音乐》②、《大风》③、《白狗秋千架》④、《优秀的文学没有国界》⑤、《檀香刑》⑥ 等。还有香港中文大学主办的致力于译介中国古代和现当代文学的《译丛》杂志早在 1989 年就刊登了莫言的《养猫专业户》⑦、《翱翔》⑧ 等。另外,美国的一些知名文学期刊,如在世界范围内都有着广泛影响力的电子文学期刊《今日世界文学》刊登了莫言的《我在美国的三本书》⑨。美国的文学期刊《格兰塔》刊登了莫言的《蛙》⑩、《与大师的约会》⑪ 等。

　　除上面提到的传统的媒介传播之外,电影对莫言小说作品在美国的推介也发挥了重要的作用。莫言的中篇小说《红高粱》由莫言、陈建宇和朱伟三人共同改编成《红高粱》的电影剧本,而后与张艺谋合作将其搬上了电影舞台。1988 年春,电影《红高粱》在第 38 届柏林电影节上获金熊奖,这是我国当代电影首次获得国际大奖,从此该影片引起海外观

---

① 参见 Mo Yan, "Memories of My Old Home", in *Hometowns and Childhood* by Ren Zhong and Yuzhi Yang, San Francisco: Long River Press, 2005。

② 参见 Mo Yan, "Folk Music", in *Chinese Literature*, translated by Yu Fanqin, Spring, 1988。

③ 参见 Mo Yan, "Strong Wind", in *Chinese Literature*, translated by Mei Zhong, Winter, 1989。

④ 参见 Mo Yan, "White Dog Swing", in *Chinese Literature*, translated by Christopher Smith, Winter, 1989。

⑤ 参见 Mo Yan, "A Writer Has a Nationality, but Literature Has No Boundary", in *Chinese Literature*, translated by Yao Benbiao, Summer, 2010。

⑥ 参见 Mo Yan, "Sandalwood Death", in *Chinese Literature*, translated by Howard Goldblatt, Vol. 2, No. 2, 2012。

⑦ 参见 Mo Yan, "The Cat Specialist", in *Renditions*, translated by Janice Wickeri, Autumn, 1989。

⑧ 参见 Mo Yan, "Soaring", in *Renditions*, translated by Howard Glodblatt, Spring, 2001。

⑨ 参见 Mo Yan, "My Three American Books", in *World Literature Today*, translated by Sylvia Li-chun Lin, Summer, 2000。

⑩ 参见 Mo Yan, "Frog", in *Granta Magazine*, translated by Howard Goldblatt, Vol 15, No. 10, 2012。

⑪ 参见 Mo Yan, "A Date with the Master", in *Granta Magazine*, translated by Howard Goldblatt, Vol 19, No. 12, 2013。

众的广泛关注。同年，该影片进入《国际电影指南》的世界十大佳片行列，并排在第二位，这也是我国电影首次在国际 A 类电影节上荣获的最高赞誉。1989 年，该影片获第 16 届布鲁塞尔国际电影节广播电台听众评委会最佳影片奖。该影片在有限的时间里完整地浓缩和演绎了小说的精华，以直观的形象、声音去打动观众，其"阅读"方式和观感效果显然要比小说更直接、迅速、强烈。此外，还有根据莫言的《白狗秋千架》改编的电影《暖》，根据《师傅越来越幽默》改编的电影《幸福时光》等。

由此可见，莫言的作品在美国的译介发轫于 20 世纪 90 年代，在 21 世纪迎来了译介的新局面，尤其是 2002 年后，主要以短篇小说和中长篇小说为主。出版社主要集中在美国有着一定历史、出版经验丰富、口碑良好的商业出版社，辅以一些知名大学出版社。译者身份多为汉学家、大学教授、作家，且较为固定，这在一定程度上保证了莫言小说译作的质量。文学作品集和文学期刊收录或登载的多为莫言的短篇小说作品，且在文学界有着广泛的影响力，这对莫言作品的传播起到了一定的推动作用，再加之电影媒介的助推，都使莫言的小说作品在美国得以广泛译介。

二　莫言小说在美国的译介主体

传播主体的"谁"是传播行为的发起者，即传播过程中负责信息收集、处理、加工和传递的"把关人"。[①] 我国文学作品在对外传播过程中，作为译介"把关人"的译介主体是传播的主角与原动力，在整个文学译介过程中起到至关重要的作用，是文学作品对外传播的第一要素。我国文学作品外译的译介主体按身份主要分为三种：中国本土译者、海外华人译者和国外汉学家。[②] 目前，畅销海外的中国文学作品的译介主体主要是由海外著名的汉学家和中西合璧的译者们构成的。与中国本土译者相比，深谙双语及两国文化的海外汉学家以他们较高的知名度和可信度构成的译者社会资本使译介作品更容易进入传播媒介并为西方读者所接受。

---

① 参见 Kurt Lewin. "Channels of Group Life：Social Planning and Action", in *Research Human Relations*, No. 1, 1947。

② 参见谢天振《中国文学走出去"问题与实质"》,《中国比较文学》2014 年第 1 期。

而在此基础上中外译者的合作模式则成为更理想的译者主体模式，在文本选择、翻译决策、出版传播等方面双方相得益彰、优势互补，显示出本土翻译家难以企及的优势，这是使文学作品迈进西方文学殿堂并得到认可的重要原因。

莫言的作品主要是由兼具作家、学者及翻译家三重身份的葛浩文先生翻译完成的，葛浩文先生深谙商业出版运作及英语读者的阅读审美和阅读期待，被美国作家约翰·厄普代称为中国现当代文学的"接生婆"。葛先生将莫言的短篇小说《灵药》翻译并收录到他的首部进入海外的中国新时期作家作品文学集《毛主席会不高兴的：今日中国小说》中，另外还将莫言的短篇小说《马语》《奇遇》等收录到他的《喧哗的麻雀：中国当代小说选译》作品集中。莫言的 10 部英译单行本作品中，有 9 部作品都是由葛浩文翻译完成的。另外大部分被收录到美国知名文学期刊的莫言的作品也都是由葛浩文先生来翻译完成的。葛浩文先生为莫言的小说作品在美国的传播提供了良好的声誉资本。2000 年 3 月，莫言在美国科罗拉多波尔得校区演讲时曾说道："如果没有葛浩文先生杰出的工作，我的小说也可能由别人翻成英文在美国出版，但绝对没有今天这样完美的译本。许多既精通英语又精通汉语的朋友称葛浩文教授的翻译与我的原著是一种旗鼓相当的搭配，但我更愿意相信，他的译本为我的原著增添了光彩……葛浩文教授不但是一个才华横溢的翻译家，而且还是一个作风严谨的翻译家，能与这样的人合作，是我的幸运。"① 此外，莫言的小说作品还得到了美国汉学家、加州大学伯克利分校东亚语言与文化系的安德鲁·琼斯教授、美国北达科他州立大学从事中国文学与文化研究的理查德·哈普森教授的翻译研究。由此可见，从事莫言作品翻译的这些海外知名高等院校汉学家对莫言作品的海外传播发挥了重要的作用。这些海外汉学家既具有较强的双语能力，又熟谙中国文化与西方话语体系，能够在较好地保留原著文学旨趣的同时，确保译本内容符合西方读者的阅读期待和审美习惯，他们是海外研究中国新时期文学的重要力量。莫言的小说作品在海外采用了以汉学家译介主体模式，以读者本位、文学重写的翻译策略，再现了原作的文学性，而且以市场运作机制

---

① 莫言：《美国演讲两篇》，《小说界》2000 年第 5 期。

在国外出版发行，流通渠道畅通，从而为译本真正进入英语阅读界提供了一定的保证。[①] 这同时也为我国文学作品较为合理地利用美国汉学家的翻译资源来助推中国文学走向世界提供了重要启示。

三　莫言小说在美国的译介内容

在信息的传播过程中，作为传播活动核心的传播内容，是指经由传播媒介传递给受众的经过筛选和过滤后的信息。对于译介过程而言，对译介主体和译介受众都有着驱动作用的译介内容，是译介活动赖以发生的动力之源。要实现对译介内容的有效传播，同样需要对其进行分析、筛选和处理。这一译介过程不仅是译介主体的自由选择，译介内容同时还要受到社会、政治、文化、审美情趣等诸多内外因素的影响和制约，其中社会主流意识形态、主流诗学和赞助人三大要素对译介内容在西方社会的接受或拒斥都起到了主导作用。[②] 这些要素同时制约着译者主体在译介内容操作过程中翻译行为的把关和抉择，使译本在忠于原作品文学审美价值的前提下，既要达到西方社会的文学标准，又要符合西方读者对中国文学的期待。

莫言作品的译者主体对其文本的选择正是在符合西方社会的主流意识形态和诗学传统的基础上被西方读者所广泛接受的。莫言是在我国进入全面改革和对外开放的20世纪80年代步入文坛的，此时大量西方文学思潮涌入中国。先锋文学则是在此期间沐浴在"西风"下掀起的一场文学叙事革命，因此莫言在早期创作中深受西方先锋文学思潮的影响。余华初期创作并译介到海外的短篇小说《酒国》和《白狗秋千架》中采用了大量的先锋写作技巧并继承了西方现代派文学鼻祖弗兰兹·卡夫卡解放思想的钥匙，运用卡夫卡西方现代主义小说的叙事方法开启了用最大的创作自由去接近现实写作的宝藏，冲破逻辑叙事形式上的各种限制，西方读者从莫言作品与西方视域的相遇中回归文化母体，所以莫言的作品一经海外出版就能引起西方读者的关注。进入20世纪90年代，莫言的

---

① 参见吕敏宏《中国现当代小说在英语世界传播的背景、现状及译介模式》，《小说评论》2011年第5期。

② 参见 Andre Lefevere, *Translation*, *Rewriting and Manipulation of Literary Fame*, New York：Routledge, 1992, p. 17。

创作风格开始转向平和与理性。以 20 世纪 90 年代中国农村改革为背景的《四十一炮》、讲述中国农村在新中国成立后 50 年变迁的《生死疲劳》等作品中逐步带有明显的情感回归特征，文字风格侧重口语化，转向对人性的探索，用残酷的现实和体恤苦难人生的精神立场及独特的繁复叙事方式描绘了 20 世纪中国社会及底层平民在面对和拯救苦难的过程中所展示出来的非凡勇气和韧性品质，彰显了民族文化底蕴的深邃性，让西方读者在异域的阅读体验中体悟到浓厚的人性关怀和中国社会的历史变迁。因此，莫言的作品既具有超越种族和地域限制的世界文学普适性又具有民族文化与本土经验的异质性，符合不同民族的审美共性，这都是使余华的作品在转型之后能更广泛地被世界所认同和接受的原因。另外，赞助人体系下意识形态对翻译行为的操纵促使了译介主体在译介文本内容的过程中再创造。莫言作为中国当代作家中个人风格最突出的作家之一，作品中对乡土气息的渲染、重复手法和后现代写作技法的运用都无疑使得其作品的翻译充满了挑战。其大部分译本以西方读者的阅读感受作为译介内容的重要依据，采用了美式英语的拼写习惯与词汇表达，按照西方社会的文学标准来呈现莫言的语言风格和叙事特点，体现了译者具有较强的主体意识。

四　莫言小说在美国的译介途径

传播媒介是传播活动过程的重要组成部分，是信息传递的载体、渠道、中介物质、工具或技术手段。[①] 同样，译介途径是译介主体的译介行为得以实现的具体手段，是译介主体与译介受众之间的中介、桥梁与纽带。目前，中国文学的对外译介大致分为以中国本土机构和海外出版机构为主导的"主动译出"和"海外出版"两种途径。莫言的小说作品自从进入海外市场以来主要依托海外出版机构进行传播和推广，主要的译介载体有海外出版社、大众传播媒介、海外书展、国际学术活动等，这为我国文学作品海外传播的有效译介途径提供了宝贵的借鉴。

出版莫言 10 部英语单行本的出版社都具有悠久的历史且在出版界享有盛名，这不但体现出余华作品具有较高的文学价值，而且能积极引导

---

① 　参见郭庆光《传播学教程》，中国人民大学出版社 1999 年版。

大众的阅读兴趣。其中 4 部英语单行本由世界最著名的英语图书出版商企鹅出版集团出版，2 部英语单行本由海鸥书屋出版社出版，还有 1 部英语单行本由美国著名高等学府俄克拉荷马大学出版社出版。前两者是美国的权威商业出版商，企鹅出版集团是世界最大的大众图书出版商之一，也是世界最著名的英语图书出版商，主要出版小说与非小说作品和儿童图书，旗下拥有多林·金德斯利公司、海雀出版社等众多的世界知名出版品牌；美国海鸥书屋出版社主要出版特色作家作品，目前已出版多部世界知名文学作家作品，如爱尔兰作家塞缪尔·贝克特、法国哲学家艾米·奇奥朗、俄国著名作家列夫托尔斯泰的作品等。创建于 1890 年有着悠久历史的美国百年知名公立综合大学俄克拉荷马大学出版社，在出版界也同样享有盛名，这些海外出版社在推广莫言在英语世界的影响力方面起到了很大的作用。

大众传播媒介是大众认识、了解、接受甚至喜爱文学作品的有效译介途径之一。莫言的作品主要通过主流报纸、文学期刊、网上书店等大众传播媒介在海外宣传译介。报道莫言的主流报纸主要有《纽约时报》《纽约时报书评》《华尔街日报》《图书馆日报》《出版商周刊》等，这些美国主流媒体报纸、期刊大多对莫言的作品给予较高的评价。有着相当影响力和良好公信力的《纽约时报》对莫言的《红高粱》评论道："在中国当代小说中是独一无二的……它的独创性和神话色彩，它有着加西亚马尔克斯作品的震撼力和丰富内涵，情节蜿蜒迂回，场景瑰丽多姿，背景熔铸着感情，是一部震撼心灵的小说。"① 创刊于 1986 年、服务于知识分子的《纽约时报书评》刊登了杜迈克的一篇长文对莫言的《天堂蒜薹之歌》进行评论，认为这是"一部风格独特、感人至深、思想深刻成熟的艺术作品……是莫言最有思想性的文本……是二十世纪中国小说中形象地再现农民生活复杂性的最具想象力和艺术造诣的作品。在这部作品中，莫言或许比任何以往写作农村题材的二十世纪中国作家更加系统深入地进入到中国农民的内心，引导我们感受农民的感情，理解他们的

---

① Alice H. Philips, "On China-Red Sorghum: A Novel of China by Mo Yan and Translated by Howard Goldblatt, *New York Times*, September6th, 1993.

生活"①。小说评论家菲利普・甘博恩（Philip Gambone）在创刊于 1889 年的以财经为特色的综合性报纸《华尔街日报》中对莫言的《酒国》发文称该作品"比莫言出版的任何作品都更为独特……《酒国》是一个后现代主义的奇妙组合，里面既有功夫小说和侦探小说的因素，也有中国传统超自然故事和美国西部小说的成分，同时也不乏魔幻现实主义的特色……在基调上更为大胆泼辣，意向丰富，情节离奇，表现出作者宏大的文学视野"②。这些主流媒体的评论都较好地提高了莫言及其作品的知名度，深刻地影响着美国读者对中国文学作品的态度。

　　文学作品的对外译介还有一个不可忽视的途径，即利用国际书展和文化交流等国际化推广平台来加快文学作品"走出去"的步伐。近年来，莫言多次应邀参加了国际大型书展，如法兰克福书展、伦敦书展、美国书展等。2009 年，中国首次成为被誉为"世界出版人奥运会"的法兰克福书展的主宾国。莫言在书展开幕式上发表了演讲。这也成为莫言表达思想、展示自我、推广其作品的重要平台。随着莫言获得诺贝尔文学奖之后在世界文学界影响力的不断扩大，他受邀参加了美国多所著名高等院校如哥伦比亚大学、俄克拉荷马大学的巡回演讲。2013 年至今有围绕着莫言作品的大量国际研讨会，如以"莫言，地方与普世的交汇""讲述中国与对话世界：莫言与中国当代文学国际学术研讨会""莫言与改革开放 40 年的中国文学"等为主题的国际研讨会，吸引了来自美国、英国、法国等国内外知名作家、汉学家云集。此外，莫言还接受多个国际知名文学杂志的采访并多次应邀在国外大学开展文学讲座、主持读书会等。

　　此外，通过将莫言的小说作品改编成电影并获得成功的商业运作和宣传，也是其作品在海外传播的重要译介途径之一。莫言有多部小说作品被改编成电影并获得电影奖项，主要有由张艺谋导演将其小说《红高粱》改编的同名电影获得了第 38 届柏林电影节金熊奖，霍建起导演将其小说《白狗秋千架》改编成电影《暖》获得了东京电影节金麒麟奖，莫言与他人合作编剧将其小说《姑奶奶披红绸》改编成电影《太阳有耳》获得了柏林电影节银熊奖，这一过程中值得我们关注和借鉴的推介策略

---

　　① Duke Michael, "Past, Present, and Future in Mo Yan's Fiction of The Garlic", *The New York Times Book Review*, December10ᵗʰ, 1993.

　　② Philip Gambone, "The Rupublic of Wine", *The Wall Street Journal*, Junuary25ᵗʰ, 2000.

主要有三个方面。第一，民族文化特色与西方文化融合共通的文化策略。电影是"一种足以表现一个民族的个性的艺术，是促进国家文化的工具"①。电影的创作要具有民族化或民族性，这并不是意味着排斥现代的、自闭的民族性，而是要使其具有开放性。由莫言这些小说作品改编而成的这些影片制作正是基于对目前市场和观众需求的详尽调查、精确分析，将带有一定神秘色彩且富有深厚民族文化的中国民族文化展示给观众。《红高粱》的创作者张艺谋在多次的演讲和在接受中外记者的谈话中，都谈到了民族文化对他的创作产生了重要的影响，并为影视的海外传播起到了关键性的作用。剧中的一些颇具民族特色的情节，比如：出嫁时的民间习俗"颠轿"和"拜堂"；敬酒神时演奏的《酒神曲》，还有残忍、血腥的"剥皮"等。这些影片不但对这些民族文化元素进行了渲染，还在对这些民族文化元素的运用中找寻与国际化的契合点，为西方观众提供了一种多元文化融合的新感受，这也展示了华语影片与世界文化相融合的新趋势。第二，彰显生命激情与普适价值观共存的题材策略。著名的美籍亚裔文化学者赛义德（Edward Said）主张"多元文化观"，他曾指出"一切文化中都你中有我，我中有你，没有任何一种文化是孤立单纯的，所有的文化都是杂交性的、混成的、内部千差万别的"②。这体现了全人类最基本的道德判断标准，是全人类共同拥有的善良、正义、忠诚的价值观。正是基于这一重要因素，这些影片才能够跨文化传播并得到西方观众的广泛认可。《红高粱》通过大量渲染热烈红郁、内涵丰富而辨识度极高的红高粱，呈现出"我爷爷""我奶奶"的敢爱敢恨、敢做敢当的性格，刻画了历史战争中珍惜自由、反抗压迫的生命力量，并混合着自由的激情和原始野性与生命力。《白狗秋千架》中的女主人公暖是以男性为尊社会中被侮辱和损害的女性，她用生命的本能与男权社会进行抗争，显示出女性走上真正自由、独立道路的希望，揭示了民族生命的深层动力。这些影片题材的精神主旨和表达方式符合人性的需要，建构了能被全人类普遍认同的文化核心价值观。第三，目的语观众与源语观众共鸣的翻译策略。电影的跨文化传播，不可避免地要解决好"屏幕文本"

---

① 刘习良：《中国电影史》，中国广播电视出版社 2007 年版，第 215 页。

② ［美］爱德华·赛义德：《赛义德自选集》，谢少波、韩刚译，中国社会科学出版社 1999 年版，第 179 页。

的翻译，即字幕翻译的问题，这是跨文化传播的重要桥梁。字幕翻译应遵循西方受众认可并接受的话语方式，在字幕翻译中采取恰当的策略，努力去建立文化上的认同。① 美国著名翻译理论学家韦努蒂（Venuti）提出了归化和异化，即以源语文化为认同的异化翻译策略和以目的语为归宿的归化翻译策略。② 这些影片在处理字幕翻译时，根据具体情况均采用了归化和异化相互交叉、相互融合的翻译策略。在翻译独具中国特色的习语和比喻时，更注重译语的神韵与流畅，此时多采用归化策略，如：红高粱译成 red sorghum、桃木剑译成 peach wood sword、纸老虎译成 paper tiger 等。异化策略则保留了异国文化中原汁原味的成分，可以让外国观众领略更多的中国文化和民俗文化。影片中多处运用了方言词，如"吃拤饼""草莽英雄"等，都泛指去当土匪。这两处的字幕翻译都保留了中国源语文化，将其译成"fist cake"和"a greenwood hero"。因此，影视翻译要针对不同语言及文化差异，把握好归化和异化的"度"，使目的语观众能够真正地与源语观众产生同样的共鸣，对影片中所蕴含的深刻艺术价值和社会价值有着同样的感受，从而达到文化交流的目的。

由此可见，莫言小说作品在海外依托国外知名出版机构、利用国外书刊和报纸等主流媒体、参加国际书展和学术交流、利用电影媒介等国际推广平台来拓展文学在海外的传播渠道，这些译介途径都使其作品在海外传播过程中在传递文学核心价值、减少文化认同障碍、加快作品流通速度上起到推动作用，为中国文学"走出去"的译介途径提供了很好的启示。

五　莫言小说在美国的译介受众

受众是传播学的重要概念，指传播活动中听众、观众、读者等信息接受者。③ 受众在传播中既是"受"的角色，也扮演着"传"的角色，是传播活动对象，也是传播效果的具体体现者。受众是传播所针对的客体和信息接收主体，受众接受信息并不是被动的、任人摆布的，而是主

---

① 参见陈小慰《外宣翻译中"认同"的建立》，《中国翻译》2007 年第 1 期。

② 参见 Lawrence Venuti, *The Translator's Invisibility: A History of Translation*, London: Routledge, 2008.

③ 参见段京肃：《传播学基础理论》，新华出版社 2003 年版。

动的、有选择的。① 对于译介受众的地位，不同的翻译理论家有着不同的看法。韦努蒂主张不要以通顺取悦读者，以大众审美观抹杀了艺术与生活的差别，翻译应该像一面镜子，真实反映原作，原作中无数奇巧美妙、别出心裁之处在译作中应该拥有一席之地。② 尤金·A. 奈达（Eugene A. Nida）把译文读者置于重要地位，认为好的译文应该能使读者正确理解原文信息、译文形式恰当能够吸引读者。佛经翻译者玄奘提出"翻译既须求真，又须喻俗"③；西方《圣经》翻译者为了吸引读者，传播基督教，将"可读性"放在首位；莎剧翻译家朱生豪在《莎士比亚戏剧全集译者自序》中说："每译一段竟必先自拟为读者，查阅译文中有无暧昧不明之处。"④

　　莫言小说在美国的受众主要是以专业人士、美国大学生为主的知识群体和普通受众。这里的专业人士的身份多为母语为译入语国家的、致力于中国文学与文化研究的汉学家、翻译家，他们投身于中国文化传播，同时也致力于翻译莫言的优秀文学作品，并在美国形成了完整的翻译、出版、发行及推销体系。这些专业人士有着洞察文学作品优劣的目光和视野，他们对作者和译介作品的评价、观点和态度直接影响着普通读者对该作品的态度和观点，是美国文学界主流意识的建构者。他们在保证原著语义的同时，能较好地契合西方受众的期待视野和审美意识，使其作品能够满足各个层面的读者，契合大部分阶层的审美趣味。另外，莫言的小说作品已走进美国课堂，成为美国大学生群体了解亚洲文学的教学材料。1996 年由美国哥伦比亚大学出版社出版的《哥伦比亚中国现当代文学作品选集》中收录了莫言的《秋水》《铁屋》，这些作品表现了莫言对民族特质的隐喻描述和现代手法的运用。此外还有 1994 年由美国哥伦比亚大学出版社出版的作品集《狂奔：中国新一代作家》中收录了莫言的《神嫖》等。这些作品集作为中国文学教学的典型教材被美国多所高等院校使用，这一方面加深了美国高层次文化读者群体对中国文学的了解，另一方面也是提高莫言小说作品在美国文化层面影响力的有效

①　参见王杨《译介传播：推动文学"走出去"》，《文艺报》2010 年 8 月 13 日第 5 版。

②　参见 Lawrence Venuti，*The Scandals of Translation*，London & New York：Routledge，1998。

③　罗新璋：《翻译论集》，商务印书馆 2009 年版，第 98 页。

④　参见 Lawrence Venuti，*The Scandals of Translation*，London & New York：Routledge，1998。

方式。此外,普通受众是莫言小说作品在美国译介的主要目标受众,美国大众读者群对莫言作品的接受是译本得以真正广泛传播的前提。莫言的小说作品在美国的译介注重专业人士与大众读者并重的译介受众模式,强调译入语普通受众的可读性和可接受性,使其作品在海外真正地"走出去"。

六　莫言小说在美国的译介效果

传播效果是指传播者将所传递的信息经由一定的传播媒介被受众接收后所产生的有效结果,体现着传播者意图与目的的实现程度。[①] 同样,译介效果是译介受众对译介内容的接受程度和反馈情况,是译介活动对受众及社会产生影响和结果的总和。译介效果作为文学对外传播的终点,多反映为主流传播媒介的权威评论和大众读者的阅读感受,其所形成的译介效果是检验译介活动成败得失的重要尺度。对于中国文学的对外译介,恰当的选择译介主体、译介内容、译介途径,深入了解译介受众,只有当译介作品为西方受众所接受和认可,才能真正产生较好的译介效果。

莫言的小说作品在符合上述译介要素的有效运作模式下,在海外传播取得了较好的译介效果。首先,莫言在海外获得多项国际性荣誉与奖项,这是莫言小说作品译介效果的最直接体现,如 2006 年获日本"福冈亚洲文化奖",2004 年获"法国儒尔·巴泰庸文学奖""法兰西艺术与文学骑士勋章",2005 年获"意大利诺尼诺国际文学奖",2008 年获"美国纽曼华语文学奖",2012 年获韩国"万海文学奖"及文学界最高奖项诺贝尔文学奖。莫言可以堪称是我国在海外翻译出版作品最多、获奖最多、奖项级别最高的中国当代作家。其次,莫言小说作品的全球图书馆收藏量是衡量其作品世界影响力和译介效果的颇有说服力的评估标准。图书馆的馆藏被认为是衡量图书的文化影响、思想价值,检验出版机构知识生产能力、知名度等要素最好的标尺。从建立于 1976 年的全球覆盖范围最广、影响最大的联机计算机图书馆中心(Online Computer Literary Center)的图书馆收藏数据可见,莫言中外文作品出版已有 355 种,外文品

---

① 参见段京肃《传播学基础理论》,新华出版社 2003 年版。

种超过 105 种，包括了英语、法语、越南语、日语、汉语等，其中以英语语种的作品数量最多。馆藏量排名前五位的均是英文版，分别是英文版《红高粱》馆藏量 644 家、《生死疲劳》馆藏量 618 家、《天堂蒜薹之歌》馆藏量 504 家、《酒国》馆藏量 472 家、《师傅越来越幽默》馆藏量 398 家。通过收藏莫言早期成名作品《红高粱家族》英文版的美国图书分布分析，可发现收藏莫言该作品的图书馆分布在美国 50 多个州，其中最多的是美国吉利福尼亚州的 84 家图书馆，其次分别是纽约州的 42 家图书馆、伊利诺伊州的 36 家图书馆、宾夕法尼亚州的 31 家图书馆等。这些图书馆大部分是美国州郡的公共图书馆和大学图书馆，这些图书馆都有着完全免费开放的借阅方式。美国的公共图书馆星罗棋布，是美国普通民众进行文化活动的基本场所。莫言的小说作品是为数不多的能够进入美国公共图书馆系统的中译文图书，这些作品能够与普通美国民众近距离接触，是中国主题图书获得广泛认知的一个重要途径。再次，媒体提及率也是衡量译介效果的一个重要参考。莫言及其作品得到了大部分西方媒体评论人的认可和高度评价。莫言的小说集《师傅越来越幽默》英文版在美国出版后引起了较大反响。美国的《当代小说评论》评价道："莫言的写作特色既表现在文体上，也表现在主题上……他的叙述会突然转向奇异和怪诞，人民常常会把他同两位公认的文学大师马尔克斯和福克纳相比较，尽管莫言的农民主人公使得福克纳的人物看起来更高雅一些。不过，虽然莫言的小说稍显灰暗，但他的描写充满了生命力和幽默感。"[①] 2012 年，莫言获得诺贝尔文学大奖后，美国主流媒体对其提及率不断提高，与其同步的是莫言小说作品译介效果的增强。《纽约时报》发表了多篇对莫言作品的评论文章，有《莫言获诺奖让中国当代文学进入世界视野》《莫言用残酷叙事建立一个隐秘王国》等，称莫言的作品"题材敏感、反思尖锐、风格独特、叙事磅礴，在新时期以来的中国文学创作中独具个人魅力[②]"，"莫言的作品会继续赢得美国读者的青睐，就像昆德拉

---

① Jeffrey Twitchell-Waas, "Shifu, You'll Do Anything for a Laugh", *Review of Contemporary Fiction*, Vol. 22, Fall, 2002.

② Andrew Jacobs and Sarah Lyall, "Afcer Fury Over 2010 Peace Price, China Embraces Nobel Selection", *The New York*, Octorber, 2012.

曾经受到美国读者的喜爱那样"。① 随后美国重量级报刊《华盛顿邮报》《华尔街日报》《基督教科学箴言报》等陆续刊登了关于《生死疲劳》《丰乳肥臀》《蛙》等作品的评论文章，并给予莫言作品较高的评价。权威评论和大众读者的认可充分表明莫言及其作品已成功地走入英语国家，良好的译介效果保证了文学作品在另一个文化空间里的生命张力和价值意义。

中国当代小说作品的对外译介是一个长期而复杂的过程，拉斯韦尔传播模式为构建文学译介模式提供了有效与可行的范本，在此基础上对译介主体、译介内容、译介途径做出科学、有效的决策，深入了解译介受众的阅读习惯和阅读倾向，从而取得理想的译介效果。莫言的作品在对外译介过程中，成功地把握了译介过程中的五个主要因素，因此在英语国家奠定了较为瞩目的文学地位。然而文学的"中学西传"中这样成功的案例并不多，且我国文学的对外译介尚处于探索阶段，莫言作品的有效译介模式为我国文学的对外传播实践提供了有益的参考。在国家大力推动中国文化"走出去"的进程中，通过深入研究文学译介各关键环节，构建符合译入语语言文化要求的译介模式，确保中国文学对译入语世界普通读者的可接受性并在译入语国家逐步形成稳定的持久场域，从而将中国文学推向世界。

---

① Richard Berstein, "Mo Yan Mines a Deep Well of Material in China", *The New York Times*, Octorber, 2012.

第 六 章

中国当代小说的译介走向

中国文学的海外译介是文字翻译成果的延续和传播，是一种文字转成另一种或多种文字之后，在传播面上的进一步扩散。① 根据世界图书馆联机中心书目数据库（OCLC）来源和统计数据，我国近五年来进入国际传播领域的中国图书翻译总品种数量约为9064 种，涉及马克思列宁主义、毛泽东思想，经济，文学，艺术等 11 大类中国文化主题，约 52 个语种。数量最多的是英语类图书，约有4993 种，而其中的文学类图书约有3894 种，占近78%。文学类图书中，当代小说约有 2800 种。② 由此可见，中国当代小说作为中国文学在海外传播的重要主体，其在美国的译介不仅仅是文字的转换输出过程，更重要的是它代表着不同语言文字所表现出的不同文化传统、不同文化体系的互相接触、互相对话、互相理解乃至互相渗透。改革开放后中、美正式建交，为中国当代小说在美国的翻译出版带来了新契机。步入 21 世纪，我国政府部门推出的一系列对外翻译出版计划和工程，如"中国图书对外推广计划""中国当代文学精品译介工程"等，助力我国当代小说的对外译介并取得丰硕成果。

第一节　当代小说译介与中国文学"走出去"

21 世纪是一个人类走向全球化和信息化、交往日益频繁的世纪，文

---

① 参见李景瑞《翻译出版学初探》，该文是作者在 1987 年 12 月香港"当代翻译研讨会"上宣读的论文，后载《出版工作》1988 年第 6 期。

② 通过 OCLC 书目数据库的 First Search 检索系统查阅 70 多个数据库，对 2012 年至 2016 年对中国出版社所出版的各类图书在全球图书馆系统发行传播所涉及主题范畴等进行统计。

学译介作为中国文化"走出去"的一个重要传播媒介和交流载体,为构建融通中外的话语体系、塑造国家形象及提升国家软实力发挥了十分重要的作用。有着独特文学经验的中国当代小说"走出去"既是世界了解中国而被传播的根本原因,又是向世界讲好中国故事的重要途径,所以只有让中国当代小说走向世界,才能真正体现其应有的文化内涵。

中国当代小说作为世界文学不可分割的一部分,虽然目前还存在着西方中心主义的思维模式而被"边缘化"的问题,但是全球化的到来打破了传统的西方中心主义的思维模式,使文化学者在新的语境中反思世界文学的旧问题,同时世界文学在新的全球化语境中也在重新审视自我,世界文学在新时代将被赋予新的文化内涵。著名的欧美比较文学家、哈佛大学的大卫·达姆罗什教授(David Damrosch)和比利时鲁汶大学的西奥·德汉恩教授(Theo D'haen)对世界文学进行了定义和描述,但他们主要是参照西方的实践标准,很少涉及非西方文学。因此,我们有必要从中国的角度重新定义世界文学,来解决中国当代小说与世界文学之间的双向关系:中国当代小说走向世界、世界文学认识和包容中国当代小说。

19世纪20年代,歌德指出:"世界文学时代已经在即……正如现代性在不同的国家以不同的形式表现出来一样,世界文学也同样不是单一的形式。"① 后来这一概念被马克思和恩格斯发展为一种世界性的资产阶级知识生产方式,在他们合著的《共产党宣言》中,使"世界文学"从其单一的领域扩展到知识和文化生产与流通的整个范围。世界文学作为19世纪后半叶比较文学这门新兴学科的源头之一,其目的在于突破民族文学研究的个体分离,探索不同民族文学之间的事实关系。在过去的一百年里,世界文学在很大程度上被赋予了以西方为中心的特征。后来翻译的介入使一些具有民族意义的文学作品成为世界文学的一部分,在另一种语言和文化语境中这些文学作品发生了一定的蜕变或转化,它们的文学新意义及后续的传播都由翻译而产生、发展。在当今全球化的语境中,世界文学已成了一个引起学者们广泛关注与讨论的问题。著名的美

---

① Benjamin, Walter, "The Task of the Translator", *Theories of Translation*: *An Anthology of Essays from Dryden to Derrida*, edited by Rainer Schulte and John Biguenet, Chicago: University of Chicago Press, 1992, p. 82.

国比较文学家大卫·达姆罗什教授从理论和实践两方面对此进行构建，从而使其越来越接近全世界的文学生产和流通。① 对中西方文学都有卓越研究的杜威·福克玛（Douwe Fokkema）认为："世界文学对于不同的学者来说有着不同的意义。在阐述世界文学的二重性时，他强调了世界文学的普遍性和相对性。没有前者，任何国家的文学作品都可以被视为世界文学；没有后者，世界文学将变得更加以欧洲或西方为中心。"② 由此可见，福克玛以世界文学的名义描述了不同国家文学的不公平划分，从某种意义来说，世界文学是由不同的理论家、不同的时代、不同的地区所建构和重构的。我们以此来阐释中国当代小说是如何在世界文学中重塑，从而解构世界文学的单一性形式。自清末以来，中国文学在世界文学版图上基本上处于边缘地位。为了改变这种局面，拉近与世界的距离，中国学者和译者们不断地将西方文化和文学作品翻译成中文，将其视为中国认识世界的重要途径。对于这种全盘西化的影响，即使在今天，相对于西方文学作品的输入，我国优秀的文学作品仍较少地翻译成其他语言在海外传播。中国当代小说的对外翻译还存在着一定的不平衡性，部分是由于缺乏熟练的翻译，部分是由于东西方文学和大众媒体中盛行着东方主义思维模式。虽然全球化时代为中国当代小说在世界的文化兴起提出了挑战，但是另一方面我们也应认识到，全球化在使世界文化同质化的同时也为我们提供了一个将中国当代小说引向世界的宝贵机会。

大卫·达姆罗什教授，在其著作《何为世界文学》（*What Is World Literature*）中提出"世界文学不是无限的、不可理解的经典作品，而是一种文学的阅读和流通的模式……世界文学的流通离不开翻译的中介，没有翻译的参与或干预，我们就无法使民族的文学走向世界。因而，翻译能够帮助我们对世界文学重新进行定位"③。可见，翻译是中国文学走向世界的媒介，这一点可以追溯到歌德早期提出的世界文学的概念，即

---

① 参见 David Damrosch, *What Is World Literature*？, Princeton：Princeton University Press, 2003。

② Douwe Fokkema, "World Literature", *Encyclopedia of Globalization*, edited byRoland Robertson and Jan Aart Scholte, New York：Routledge, 2007, p. 1290.

③ David Damrosch, *What Is World Literature*？, Princeton：Princeton University Press, 2003, p. 140.

"世界文学是翻译文学，翻译文学是世界文学"①。中国当代小说在翻译中实现走进世界文学之中，跨越国家和语言的界限，翻译助推着中国当代小说与世界文学的交流、融合和发展。德国汉学家沃尔夫冈·顾彬（Wolfgang Kubin）曾指出："当代中国小说作家外语水平较低，他们不能从外国文学的语言中学习，他们所能做的只是探索自己的写作方式。"②虽然顾彬的观点有些激进并在一定程度上冒犯了中国当代小说作家，但是他批判中国当代小说作家的出发点并不是中国文学本身，而是世界文学。他在世界文学的大背景下观察中国当代小说作家，并以如此高的标准来评价他们的成就。尽管如此，中国当代小说作家还是尽最大的努力去通过广泛阅读外国文学作品和中国的经典著作，尽可能地提升文学素养。中国当代小说作家余华、莫言、韩少功、王安忆、贾平凹等，都是在继承西方文学作品精髓的基础上，在创作中聚焦了一些人类普遍关注的社会问题，引起了西方汉学家的广泛批判和学术关注。这些中国当代小说作家对世界文学作品的熟悉程度在某种意义上也决定了其作品对海外读者的吸引程度，这将有助于他们创作出被认为是世界文学一部分的优秀文学作品。他们的小说作品被西方译者较准确地翻译后进入了世界文学的行列，这是顾彬所认可称赞的，他本人也与其中的部分作家成了朋友。以我国当代作家巴金和叶君健为例，两者对于外语的熟练程度使前者可以阅读外国文学，后者可以用外国文字来撰写文学作品。显然，叶君健的外语比巴金好得多，但巴金的小说作品在得力译者的帮助下，已经成了世界级的文学作品，而叶君健在当代读者的记忆中，大多数停留在安徒生童话的天才翻译家上。这无疑证明，任何有价值的文学作品，无论用汉语还是用任何其他语言写成的，都可以通过翻译成为世界文学的一部分。这同时也体现了能够直接读懂优秀世界文学原作的重要性，可以使中国当代小说作家更直接地受益于这些世界文学规范下的文学精髓和语言风格，因为译作是不可能完全忠实地再现原作的字里行间微妙

---

① Benjamin, Walter, "The Task of the Translator", *Theories of Translation: An Anthology of Essays from Dryden to Derrida*, edited by Rainer Schulte and John Biguenet, Chicago: University of Chicago Press, 1992, p. 82.

② Wang Ning, "World Literature and the Dynamic Function of Translation", *Modern Language Quarterly*, vol. 71, No. 1, 2010, p. 12.

的文化差异的。由此可见，中国当代小说要走向世界，既需要译介来牵线搭桥，又需要中国小说作家多汲取世界文学之精华，使其创作的小说文本具有国际文学的特质，从而超越民族文化的界限，在世界文学的舞台上绽放光彩。

第二节　当代小说译介与中国文化软实力的输出

全球化背景下中国当代小说的对外译介是向海外讲好中国故事、传播好中国声音的重要途径，也是提升我国文化软实力的重要文化活动。中国当代小说的对外译介为中美文化交流搭建了良好的平台，中国当代小说在美国译介从中华人民共和国成立初期以中国官方的主动对外推介逐步发展成现今中西方共促发展的新局面。

一　"文化软实力说"

"软实力"是相对于国际关系中以易于量化的"硬实力"这一术语来界定和评估的。硬实力通常是指在军事和经济实力的背景下，以强制的形式部署其实力，如使用武力、武力威胁、经济制裁等。与硬实力的强制性相反，软实力描述了利用积极的吸引力和说服力来实现外交政策的目标。软实力摒弃了"胡萝卜加大棒"的传统外交政策工具，转而通过传递令人信服的文化、意识形态和制度等信息建立国际新秩序及扩大在世界范围内的影响力。软实力不仅可以由国家政府来操控，也可以由国际政治中的所有参与者，如非政府组织或国际机构来应用。它也被认为是"权力的第二面"，用权力间接影响他人行为以获得所需要的结果。系统阐释"软实力"概念的第一人、美国哈佛大学肯尼迪学院教授约瑟夫·奈（Joseph S. Nye）在 1990 年出版的《美国定能领导世界吗》（*Bound to Lead：The Changing Nature of American Power*）一书中将软实力的定义概括为"能够左右他人意愿的能力、文化、意识形态及社会制度之间互相联系紧密的无形力量资源"①。他在 2004 年出版的《软实力：世

① 参见 Joseph S. Nye，*Bound to Lead：The Changing Nature of American Power*，New York：Basic Books，1990。

界政治成功的手段》（*Soft Power：The Means to Success in World Politics*）[①]一书中进一步发展了这一概念。从此该术语开始被美国政治家们广泛地应用于维护国家安全的国际事务中，通过增加外交、战略沟通、对外援助等支出来增强美国的软实力。2011 年，约瑟夫·奈在前期研究基础上，在其著作《权利的未来》（*The Future of Power*）一书中更加详细地对"软实力"进行阐释："一个国家的软实力依赖于三种来源：文化（在能对其他国产生吸引力的地方作用），政治价值观（当这个国家在国内和国外生活努力实现这种价值观时），以及外交政策（当政策被认为合法且具有道德权威时）。"[②]"文化软实力"是"软实力"概念的衍生与延伸，是国家软实力的核心因素，也是一个国家综合国力和国际竞争力的重要组成部分。2011 年，党的十七届六中全会把建设社会主义文化强国作为重大战略目标郑重提出。2013 年，习近平总书记在主持中央政治局第十二次集体学习时指出，提高国家文化软实力，关系"两个一百年"奋斗目标和中华民族伟大复兴中国梦的实现。总书记围绕努力夯实国家文化软实力的根基、努力传播当代中国价值观念、努力展示中华文化独特魅力、努力提高国际话语权四个方面所做的精辟阐述，是建设社会主义文化强国、提高国家文化软实力的根本指引。[③] 由此可见，提高国家文化软实力已成为我们党和国家的一项重大战略任务。

二 当代小说译介与文化软实力的关系

约瑟夫·奈教授曾指出："一个国家的综合国力由两种力量组成：一种是国家经济、技术和军事实力所表现出的硬实力，另一种是国家文化和意识形态吸引力所反映出的软实力。"[④] 文化软实力对提升国家软实力具有重要作用，任何国家在提升自身政治、经济、军事硬实力的同时，也要注重提升自身的文化软实力。硬实力和软实力都很重要，但是在当

---

① Joseph S. Nye, *Soft Power：The Means to Success in World Politics*，New York：Public Affairs，2011，p. 27.

② Joseph S. Nye, *The Future of Power*，New York：Public Affairs，2011，p. 84.

③ 习近平：《建设社会主义文化强国着力提高国家文化软实力》2014 年 1 月，党的建设，http：//news. cntv. cn/2014/01/01/ARTI1388523932701912. shtml。

④ Joseph S. Nye, *Bound to Lead：The Changing Nature of American Power*，New York：Basic Books，1990，p. 25.

下的信息化时代，软实力正变得比以往任何时候都更加显著。① 当下在我国大力实施中国文化"走出去"战略下，当代小说作为中国文化的重要载体，其有效的对外译介是促进海外读者进一步了解中国文化、提升国家软实力的重要手段。

译介作为一种重要的文化传播方式，是促成不同民族文学间相互影响的媒介方式之一。近年来，在译介研究领域，随着文化研究的普及和繁荣发展，学者们对传统意义上的译介的理解发生了转变。译介不再被认为仅仅是一种跨语言活动，实质上已成为一种跨文化交际活动。德国翻译学的先驱沃尔夫·拉姆威尔斯（Wolfram Wilss）教授对此向前迈进作出了重要贡献。他在《译者行为的知识与技巧》（*Knowledge and Skills in Translator Behavior*）一书中关注文学译介过程，把文学译介看成"一种连接源语社会和目的语社会的有目的的、社会性质的交际活动……文学译介是所有源文本作者、源文本、译者、目标文本、目标文本读者之间的动态互动表现"②。从这个角度来看，我们可以把当代小说的对外译介看作一种有意识的、具有社会维度的活动，在源语和目标语之间建立关联的一种特定类型的交际行为。英国翻译家玛丽斯内尔·霍恩比（Mary Snell-Hornby）在她的著作《翻译研究：迈向一体化的方法》（*Translation Studies：Toward an Integrated Approach*）中将文学译介定义为"两种文化之间的互动，而不仅仅是发生在两种语言之间的活动"③。从中可见，文学译介根植于语言所处的文化中，不可能是纯粹的语言行为。那么，当代小说的对外译介也应是一种跨文化的信息传递与交流活动。中国当代小说在对外译介过程中，以高质量的翻译作品彰显出我国优秀文化资源的强大吸引力和渗透力，从而改善我们国家的文化软实力，可以优先考虑具有普世价值和民族文化的小说作品来唤起中外读者的共鸣。虽然中西方的文化观念有所差异，但不同的民族和国家对共通的具有普世价值的文学作品却有着相似的文学价值感受，如民主、自由、爱情、和谐、

① 参见 Joseph S. Nye，*Bound to Lead：The Changing Nature of American Power*，New York：Basic Books，1990。

② Wolfram Wilss，*Knowledge and Skills in Translator Behavior*，Amsterdam：John Benjamins Publishing Company，1996，p. 121.

③ M. S. Hornby，*Translation Studies：Toward an Integrated Approach*，Shanghai：Shanghai Foreign Language Education Press，2001，p. 245.

容忍和同情的主题，这些作品主题更容易得到外国读者的认可和接受。《狼图腾》可谓是中国当代小说在国际市场上传播的一部成功之作，该作品以人与自然的和谐共生为主题，使小说超越了民族、年龄、地理界限，这是该作品在海外获得成功的关键。另外，还有蕴含着中国优秀文化积淀的当代小说作家莫言、王安忆、阎连科等的作品，这些作家的作品生动地刻画了中国不同阶层人物的生活，反映了丰富多彩的中国的多元的文化内涵，不断扩大着读者对中国故事的阅读范围，同时也扩大着我国当代小说在世界文学的影响力，进而提升中国的文化软实力。

综上所述，文化传播力是现代社会国家综合国力的一部分，在维护、发展和实现国家利益方面具有特殊作用。一个国家的文化软实力将决定其文化在跨文化交流中的传播能力。因此，当代小说的对外译介作为一种文化传播方式，总是不可避免地受到文化软实力的影响和制约，主要体现在翻译方向、源文本的选择等方面。在这一过程中，当代小说的对外译介活动又促进了文化软实力的提升。在经济全球化的背景下，跨文化交际变得更加活跃和频繁，当代小说的对外交流对提升国家软实力具有深远影响，成为促进国家间对话、增进国家间相互了解、展示国家软实力的主要方式。

第三节　当代小说译介的发展远景及其途径

与近些年我国对外翻译出版发展的规模、速度相比，当前我国学界对于中国当代小说的翻译出版已经取得了一定的成果，逐步进入多角度、多层次、多介质、多题材的发展时期，但还存在亟待改进之处，如对于翻译人才的培养、译介渠道的拓展、译介选材的多样化等仍有待于进一步深入研究。鉴于此，建议未来中国当代小说的对外译介可从六个方面加以强化。

第一，通过优化模式来加强翻译人才培养机制的探索研究。翻译人才作为文化对外交流活动的直接参与者和创造者，是我国文化产品进入国际市场的先行者和生力军。在中华人民共和国成立之初，中国官方的主动对外推介是我国文学海外出版发行的主要力量，因此我国一大批卓有影响力的作家、翻译家成了这一时期文学翻译出版的"把关人"。他们在较好地保证译作忠实原文的同时又要遵循中华人民共和国成立之初的文化政策方针，使译作不可避免地打上他们所代表的主流意识形态和诗学的烙印。进入20世纪80年代，我国改革开放带来的新发展及与美国的正式建交，都吸引着美国学界内外对中国的关注与研究。美国大学体系内以汉学研究机构为依托的汉学家是新时期中国当代小说在海外翻译出版的主力军，他们以学术兴趣为导向，通过撰写学术著作、编译文学选集、创办期刊等形式来推动中国文学的海外传播。除此之外，美国大学体系外以商业出版社的经济效益及读者需求为导向的民间汉学机构及出于对中国文学偏好的自由翻译者也是中国当代文学在海外翻译研究的有益补充。这些海外译者们的译介过程可视为对中国当代小说作品中人物形象、艺术技巧、语言形式的再认识，也包括对小说作品整体价值的把握与探寻。在这种认识、把握与探寻的接受过程中，又不可避免地受到本土政治文化的影响而产生一定的误读现象。针对这一现象，我们可通过进一步深化翻译人才的培养和鼓励机制来吸引、激励更多数量的西方汉学家和本土优秀翻译人才来优化译介主体模式。一方面，应制定鼓励措施吸引更多的海外译者加入中国当代小说的译介活动中。通过设立翻译基金会、具有影响力的翻译奖项、提供政策和资金支持等形式来激发海外译者对中国文学的译介兴趣。另一方面，应加大对国内翻译工作者的培养力度。不仅要切实提高翻译工作者的待遇、地位，还要积极营造有助于优秀翻译人才成长的氛围，建立健全翻译评论体系，让大批优秀译者能够脱颖而出。通过建立翻译质量检查、监督机制，促进翻译出版审核机制的逐步健全，逐步推行翻译质量奖励制、问责制来加强对翻译版权及专有出版权的保护。与此同时，也要加快国内翻译人才的国际化进程，搭建国内外翻译人才的交流渠道和对话平台，促进构建中西合璧的理想译者模式，最大限度地发挥中外译者的语言文化优势，在文本选择、翻译决策、出版传播等方面可以相得益彰、优势互补，从而在跨文化交际中通过切实有效的翻译活动促使国内优秀文学译本走向世界。

第二，通过拓宽视角来构建多元发展的对外译介渠道。译介途径是译介主体的推介行为得以实现的具体手段，是译介主体与读者之间的中介、桥梁与纽带。中国当代小说的对外译介从中华人民共和国成立初期以中国本土的外文出版社、中国政府机构为主导发展到如今以海外出版机构为主导的对外出版模式。目前，出版发行中国当代小说的美国出版机构主要以美国权威商业出版社为主，以美国知名高等院校的学术出版社为辅。相对于美国高等院校的学术出版社以促进教学和科研为目的、侧重出版数量不多的中国文学作品及研究型著作的非营利性出版机构而言，美国商业出版社更倾向于对热销小说作品的出版发行，以取得较好的经济效益为目的。这些权威的商业出版机构如企鹅出版集团、兰登书屋、哈伯·柯林斯出版集团以其在出版行业的较大影响力，不但彰显了所出版作品较高的文学价值，而且积极引导了美国民众的阅读兴趣。这些出版机构承载着翻译出版的各个环节，对中国当代小说作品的海外传播发挥了重要的作用，但也存在一些出版商受到市场利润的驱使，仅依据获奖作品的影响、西方受众的阅读兴趣、他国的传播推介等条件来进行出版文本的筛选，缺乏对我国优秀当代小说作品的出版遴选机制。针对这些问题，可采用三种途径加以改善。一是采用国际化的运营方式进行版权推广，以输出版权的方式与国外知名出版社合作出版，探索出符合国际出版物惯例的版权输出操作模式。在确保图书翻译质量的前提下，注重培养专业版权贸易人才从事版权代理，构筑高效便捷的图书版权交易平台，扩大中国当代小说的国际影响力。版权输出过程还应结合国外图书市场的热点以及读者阅读喜好，选择合适的输出时机，采用许可、转让、合作出版等多样输出方式，以"借船出海"的方式将国内优秀当代小说作品向世界推广。二是利用现代媒体技术展开多途径的中外文化合作输出平台，以数字化出版传播的方式进行推广运营。现代化互联网技术使出版业从传统的纸质出版平台向现代媒体化的融声音、图像和文字等元素为一体的交互性数字平台转化提供了契机，中外出版机构可充分利用新媒体、新技术的传播渠道，共同提升、拓展中国当代小说对外出版的技术含量和传播范围。三是积极利用国际化推广平台，拓宽文学出版渠道。通过国际书展、出版纪念会等文化活动，面对面地与国外出版商、编辑、读者对话，加快中国当代小说"走出去"的步伐。另外，还可以通过创建文学网站，开展国际学术研讨会、读书会等方式，扩大中国文学在海外受众群体的辐射面。

第三，通过扩大选材来强化中国当代小说在海外的全面译介。作为对外译介活动核心的译介选材，是译介活动向前推进的动力之源。因此，对外译介选材是中国当代小说海外传播的重要环节之一，是向世界讲好中国故事的发端。在中华人民共和国成立初期的相对沉寂期，当代小说作品是我国对外翻译出版的选材重点。自改革开放后，我国文学创作领域日益繁荣，作为中国当代文学重要构成部分的当代小说因关注中国社会各阶层特别是社会底层群体的生存状态，加之所具有的鲜明时代特征，吸引着美国读者从阅读中满足其对中国社会发展变迁的好奇心，这也使得当代小说在进入 21 世纪以来仍是中国文学对外翻译出版的选材重点，但其中也不乏一些出版机构倾向于选择对中国特殊"文化大革命"时期描述的当代小说作品进行翻译出版，将其视为政治上的异质"他者"文学来博得美国民众的阅读兴趣。我们既要使译介选材达到西方国家规定的图书出版质量标准、符合西方读者对中国文学的期待规范，又要尽可能地触及中国当代小说的各个领域来进行出版选材。不仅要将现代题材的小说作品加以推广，还要将蕴含着深厚中华文化底蕴的少数民族题材的小说作品、武侠题材的小说作品、历史题材的小说作品等文学形式传播出去，通过这些中华文化经典来传递中国声音，从而在激烈的国际出版竞争中以中国当代小说之特色彰显中国文化在世界舞台不可替代的重要性。为了将这些极具中国文化特色的文学形式全面地在海外出版发行，可采用"本土化"战略，即把选题策划、编辑制作、营销发行等一系列出版环节移至海外，实现出版机构、出版内容及出版专业人员的本土化，这样能创作出既符合国外读者阅读习惯、消费习惯的文学作品，又能全面传递出有着鲜明中国声音的本土化表达。

第四，通过强化"系统科学观"来增进其在对外译介的指导作用。中国当代小说的对外译介是中华文化"走出去"战略下不可缺少的重要助推剂，对此进一步的关注点不仅仅应停留在"对外影响"的讨论上，而是还要重视其内在的"系统科学"的发展，由内涵建设促进外延纵深发展，从而更有效地推动中国文学走向世界。"系统科学观"是将唯物辩证法中普遍联系、运动发展、矛盾统一、质量互变规律等原理在科学研究方法上的具体化。它将研究和处理对象作为一个系统来整体对待，在研究过程中注重掌握对象的整体性、关联性、等级结构性、平衡性及时序性等基本特征。① 系统科学对于促进包括翻译科学在内的各种学科与技术的迅速发展，奠定了理论基础。② 因此，依据系统科学这一方法论去进行对外译介研究，我们可以将这一对外译介过程视为由原作系统、翻译系统和传播系统构成的平行系统，系统之间及各系统要素如材料选择、译者性质、出版路径、接受效果等之间处于动态开放的相互关联中。在对外译介研究中引入系统科学这一个有力的支撑，以系统思维整合对外译介各要素之间的联系，将有效地避免研究对象的零散化或孤立化。

第五，通过扩大影响来强化中国当代小说在海外多国的传播。我国国务院新闻办于 2006 年、2009 年分别启动"中国图书对外推广计划"和"中国文化著作翻译出版工程"，其持续至今推动着一大批精品图书走出国门。目前，已与世界 70 多个国家的 500 多家出版机构展开合作，与不断扩大的海外传播能力齐头并进的应是将中国当代小说的对外翻译出版辐射到全球更多的国家和地区，特别是大量的非通用语种国家。另外，值得一提的是"一带一路"倡议的提出，为中国文化在"一带一路"沿线的非通用语种国家的译介传播构筑了良好的平台。我们应抓住"一带一路"倡议的机遇，通过对中国当代小说在沿线国家的翻译出版来进一步扩大中国发展道路、中国发展经验的传播，将其逐渐成为夯实国家文化软实力，增强中国文化国际影响力的重要途径。

第六，全球化语境下通过当代小说的电影改编扩大海外受众面。全球化是当今时代发展的重要趋势，世界在全球化的推进中正在形成一个多元文化并存的格局，这为小说改编成电影的跨文化传播提供了宏大现实语境。全球化发展的多样性及趋同性深远地影响着电影的发展，同时经典当代小说作品的改编又极大地丰富了电影的创作手法。电影是一门综合艺术，同时又是文化的产物，它与特定的意识形态相连，承担着一定的社会和文化功能。在跨文化传播层面上，电影对传播民族文化发挥了重要的作用。华语电影走出国门，将民族文学与电影艺术手段完美地融合，使得这些影视作品获得世界的广泛关注，展现了我国独具地域特色且积淀深厚的特色民族文化，推动我国的文学资源转化为真正意义的

---

① 参见姜秋霞《文学翻译与社会文化的相互作用关系研究》，外语教学与研究出版社 2009 年版。

② 参见阎德胜《翻译与系统科学》，《中国翻译》1994 年第 9 期。

软实力。将当代小说改编成电影可遵循两个策略。一是兼顾不同语境，注重文化融合。文化融合是不同文化形式之间互相融通、互相促进的过程。电影作为跨文化传播的主力军，一方面，要以本土文化资源为主，积极汲取世界他国的文化，特别是借鉴不同文化模式下的成果；另一方面，大力推进文化体制改革，将翻译、媒体宣传等共同形成跨文化传播的合力，推动中国文化"走出去"。在制作过程中可积极寻求中西方文化的结合点，在影片个性化、民族化的镜头语言中，将西方美学的抒情、写意有机地结合，并运用恰当的翻译策略，完美地展现中西方文化的融合，例如由莫言小说改编的电影《红高粱》，通过对热烈红郁、野性勃勃的红高粱的渲染，既是对外在颜色的表现，又衬托出对生命自由的追求，充满了激情，这为电影提供了精神支柱和理论依据，这也是该影片受到中西方观众广泛认可的重要因素之一。由此可见，当代小说要通过电影走向世界，一方面，在影片制作过程中要深挖本民族的题材资源；另一方面，要按照目标市场受众需求的契合点，多关注国际跨文化方面的题材资源并与之相融合。二是拓展文化优势，着重综合创新。在全球化时代，文学的对外传播可视为两种文化甚至多种文化之间相互发现、相互借鉴的过程。电影的文化优势是以不同国家民族文化的多元性和差异性为基础的，在尊重各国民族文化差异的前提下拓展和延伸本国民族文化的精华。与此同时，要关注世界文化发展的前沿趋势，积极借鉴文化新成果，将外来文化中的精髓进行转换和吸收，从而对电影中的传统文化资源进行创新性的诠释与重构，创造出最具民族精神和特色的传统文化资源。电影在继承借鉴基础上的创新，是对外传播的生命源头和活水。它一方面坚守了本国民族文化立场，展现了民族文化特色和本土文化资源，使得民族文化的特长在电影中发挥到极致；另一方面，将影片所展现的东方故事融入西方现代的审美和价值观，以期与西方观众的期待视野高度重合，促进当代小说在海外的传播。

全球化进程中，中国当代小说的翻译出版为中西方文化搭建了良好的交流平台，中外出版机构及译者在共促世界文化繁荣与发展中相互融合、相互贯通，跨越文化壁垒，让中国文化与世界文化更加良性地交流互动。在全球化时代和科学技术日新月异的今天，世界文学的概念也已经从歌德所做的定义发生了根本性的转变，中国文学也只有进入美国学者大卫·达姆罗什为世界文学重新定义的"自由阅读与流通"的概念中，才能够真正"走出去"，实现在"世界文学空间"中国家文化软实力的真正提升。① 通过对中国当代小说的译介分析及展望，在一定程度上折射出中国文学在走向海外进程中的文化过滤及多重译介要素的影响，其对外译介经验为中国当代小说辐射到全球更多的国家和地区提供了一定的借鉴和启示的同时，也让我们进一步意识到了中国当代小说的对外译介是一个长期而复杂的过程，中国文学在海外的传播之路还有待进一步探索。

① 参见孙宇《文化翻译视阈下葛浩文对莫言小说英译的启示》，《学习与探索》2017 年第 5 期。

参考文献

中文参考文献

（一）著作

［德］伽达默尔：《真理与方法》（上卷），洪汉鼎译，上海译文出版社
 1999 年版。

［法］罗·埃斯卡皮：《文化社会学》，王美华等译，安徽文艺出版社
 1987 年版。

［法］皮埃尔·布尔迪厄：《文化资本与社会炼金术》，包亚明译，上海人
 民出版社 1997 年版。

［美］埃德加·斯诺：《活的中国》，文洁若译，湖南人民出版社 1983
 年版。

［美］安德烈·勒菲弗尔：《翻译、改写以及对文学名声的制控》，上海外
 语教育出版社 2010 年版。

［美］葛浩文：《论中国文学：葛浩文文集》，现代出版社 2014 年版。

［美］葛浩文：《漫谈中国新文学》，世界出版社 1980 年版。

［美］利奥·洛文塔尔：《文学、通俗文化和社会》，甘峰译，中国人民大
 学出版社 2011 年版。

［美］乔舒亚·库柏·雷默：《中国形象：外国学者眼里的中国》，沈晓雷
 等译，社会科学文献出版社 2008 年版。

［美］王德威：《说莫言》，上海书店出版社 2013 年版。

［美］王德威：《想象中国的方法》，生活·读书·新知三联书店 2003
 年版。

［意］伊塔洛·卡尔维诺：《为什么读经典》，黄灿然、李桂蜜译，译林出
 版社 2006 年版。

［英］杰里米·芒迪：《翻译学导论——理论与实践》，李德凤等译，商务印书馆 2007 年版。

巴金：《当代文学翻译百家谈》，北京大学出版社 1989 年版。

鲍绍霖：《西方史学的东方回响》，社会科学文献出版社 2001 年版。

曹聚仁：《文坛五十年》，东方出版中心 1997 年版。

曹顺庆：《中西比较诗学》（修订版），中国人民大学出版社 2010 年版。

查明建、谢天振：《中国 20 世纪外国文学翻译史》（上、下卷），湖北教育出版社 2007 年版。

陈日浓：《中国对外传播史略》，外文出版社 2010 年版。

陈晓明：《莫言研究（2004—2014）》，华夏出版社 2013 年版。

陈永国：《翻译与后现代性》，中国人民大学出版社 2005 年版。

方华文：《20 世纪中国翻译史》，西北大学出版社 2005 年版。

方梦之：《译学辞典》，上海外语教育出版社 2004 年版。

付文慧：《中国女作家作品英译（1979—2010）研究》，对外经济贸易大学出版社 2015 年版。

葛桂录：《跨文化语境中的中外文学关系研究》，上海三联书店 2008 年版。

葛桂录：《他者的眼光——中英文学关系论稿 》，宁夏人民出版社 2003 年版。

葛桂录：《中英文学关系编年史》，上海三联书店 2004 年版。

郭建中：《当代美国翻译理论》，湖北教育出版社 2000 年版。

郭建中：《翻译：理论、实践与教学——郭建中翻译研究论文选》，浙江大学出版社 2010 年版。

何培忠：《当代国外中国学研究》，商务印书馆 2006 年版。

何寅、许光华：《国外汉学史》，上海外语教育出版社 2002 年版。

洪治纲：《余华研究资料》，天津人民出版社 2007 年版。

洪子诚：《中国当代文学概说》，香港：青文书屋 1997 年版。

胡秀明：《文化转型与百年文学〈中国形象〉塑造》，浙江工商大学出版社 2011 年版。

胡志辉：《中国文学作品英译本索引手册》，外文出版社 2011 年版。

姜智芹：《镜像后的文化冲突与文化认同——英美文学中的中国形象》，

中华书局 2008 年版。

姜智芹：《中国新时期文学在国外的传播与研究》，齐鲁书社 2011 年版。

孔范今、施战军：《莫言研究资料》，山东文艺出版社 2006 年版。

孔慧怡、杨承淑：《亚洲翻译传统与现代动向》，北京大学出版社 2000 年版。

乐黛云等主编：《文化传递与文学形象》，北京大学出版社 1999 年版。

雷达：《中国当代文学研究》，河北教育出版社 2006 年版。

刘禾：《跨语际实践：文学、民族文化与被译介的现代性（中国，1900—1937）》，宋伟杰等译，生活·读书·新知三联书店 2008 年版。

刘江凯：《认同与"延异"：中国现当代文学的海外接受》，北京大学出版社 2012 年版。

刘凌庆：《文化翻译论纲》，中国对外翻译出版公司 2007 年版。

龙应台：《人在欧洲》，生活·读书·新知三联书店 1994 年版。

吕敏宏：《葛浩文小说翻译叙事研究》，中国社会科学出版社 2011 年版。

孟繁华、程光炜、陈晓明：《中国当代文学六十年》，北京大学出版社 2015 年版。

孟华主编：《比较文学形象学》，北京大学出版社 2000 年版。

莫言：《红高粱家族》，解放军文艺出版社 1978 年版。

宁明：《海外莫言研究》，山东大学出版社 2013 年版。

裴合作主编：《中国现当代文学》，吉林大学出版社 2009 年版。

彭松：《多向之维：欧美中国现代文学研究论》，光明日报出版社 2008 年版。

邵培仁：《传播学》，高等教育出版社 2000 年版。

申丹、韩加明、王丽亚：《英美小说叙事理论研究》，北京大学出版社 2005 年版。

施建业：《中国文学在世界的传播与影响》，黄河出版社 1993 年版。

宋绍香：《中国新文学 20 世纪域外传播与研究》，学苑出版社 2012 年版。

宋学智：《翻译文学经典的影响与接受》，上海译文出版社 2006 年版。

王宏志：《重释"信、达、雅"——20 世纪中国翻译研究》，清华大学出版社 2007 年版。

王晓路：《北美汉学界的中国文学思想研究》，巴蜀书社 2008 年版。

王兆鹏、尚永亮:《文学传播与接受论丛》（第一辑），中华书局 2006
　　年版。

吴秀明:《文化转型与百年文学"中国形象"塑造》，浙江工商大学出版
　　社 2011 年版。

夏康达、王晓平:《二十世纪国外中国文学研究》，天津人民出版社 2000
　　年版。

夏志清:《中国现代小说史》，刘绍铭等译，复旦大学出版社 2005 年版。

谢天振:《翻译的理论建构和文化透视》，上海外语教育出版社 2000
　　年版。

谢天振:《译介学》，上海外语教育出版社 1999 年版。

徐珺:《汉文化经典外译：理论与实践》，北京大学出版社 2014 年版。

徐林正:《先锋余华》，浙江文艺出版社 2003 年版。

许钧:《翻译论》，湖北教育出版社 2003 年版。

杨扬:《莫言研究资料》，天津人民出版社 2005 年版。

余华:《温暖的旅程——影响我的 10 部短篇小说》，新世界出版社 1999
　　年版。

余华:《余华作品集》，中国社会科学出版社 1995 年版。

愈佳乐:《翻译的社会性研究》，上海译文出版社 2006 年版。

张健:《全球化时代的世界文学与中国》（"当代世界文学与中国"国际
　　学术研讨会论文集），中国社会科学出版社 2010 年版。

张志忠、贺立华:《全球视野与本土经验》，山东大学出版社 2014 年版。

周发祥、李岫:《中外文学交流史》，湖南教育出版社 1999 年版。

周发祥:《西方文论与中国文学》，江苏教育出版社 1997 年版。

周宁:《跨文化研究：以中国形象为方法》，商务印书馆 2011 年版。

周宁:《世界之中国：域外中国形象研究》，南京出版社 2007 年版。

　　（二）学术论文

［澳］杜迈克:《论〈天堂蒜薹之歌〉》，季进、王娟娟译，《当代作家评
　　论》2006 年第 6 期。

［德］顾彬:《从语言角度看中国当代文学》，《南京大学学报》（社会科
　　学版）2009 年第 2 期。

［法］达尼埃尔·亨利·巴柔:《比较文学意义上的形象学》，孟华译，

《中国比较文学》1998 年第 4 期。

［法］让—马克·莫哈：《试论文学形象学的研究史及方法论》，孟华译，《中国比较文学》1995 年第 1 期。

［法］让—马克·莫哈：《试论文学形象学的研究史及方法论（续）》，孟华译，《中国比较文学》1995 年第 2 期。

［美］金介甫：《中国文学（1949—1999）的英译本出版情况述评》，查明建译，《当代作家评论》2006 年第 3 期。

［美］金介甫：《中国文学（1949—1999）的英译本出版情况述评续》，查明建译，《当代作家评论》2006 年第 4 期。

［美］王德威：《英语世界的现代文学研究之报告》，张清芳译，《海南师范大学学报》（社会科学版）2007 年第 3 期。

白杨、刘红英：《民族性·世界性·人类性：莫言小说的核心质素与诗学启示》，《同济大学学报》（社会科学版）2013 年第 5 期。

鲍晓英：《"中学西传"之译介模式研究——以寒山诗在美国的成功译介为例》，《外国语》2012 年第 1 期。

陈东东：《美国的中文教学：从小语种发展到关键语言》，《汉语国际传播研究》2011 年第 2 期。

陈海涛：《用世界的语言讲中国的故事——从莫言作品〈天堂蒜薹之歌〉的英译 翻译的创造性叛逆》，《语文学刊》2013 年第 13 期。

陈岚：《中国现当代文学作品英译研究概述》，《湖南社会科学》2008 年第 3 期。

陈敏：《也谈西方诗歌经典的"摆渡性"》，《外国文学研究》2013 年第 6 期。

程光炜：《当代文学海外传播的几个问题》，《文艺争鸣》2012 年第 8 期。

春树：《Pathlight 照亮走出去的路》，《新周刊》2012 年第 371 期。

崔艳秋：《中国文学海外译介：读者导向及文化导向原则下的变通策略》，《译林》2011 年第 10 期。

丁旭辉、袁洪庚：《"谋杀"抑或"重生"：莫言获诺贝尔奖对中国文学作品翻译的启示》，《西南民族大学学报》（人文社会科学版）2013 年第 8 期。

董静：《从翻译规范论视角浅析〈狼图腾〉英译本》，《甘肃联合大学学报》（社会科学版）2010 年第 4 期。

方爱武、吴秀明：《文学的中国想象与跨域——跨文化语境下的"中国形象"塑造及传播》，《百年中国文学与"中国形象"国际学术研讨会论文集》2010 年 5 月。

付文慧：《从中国"寻根小说"的英译透视意识形态和诗学取向对翻译文本选择的影响》，《中国英汉语比较研究会第七次全国学术研讨会论文集》2006 年 11 月。

付文慧：《新时期中国女作家与异域传播：不同视域与定向诠释》，《河南师范大学学报》（哲学社会科学版）2013 年第 1 期。

高方、毕飞宇：《文学译介、文化交流与中国文化"走出去"——作家毕飞宇访谈录》，《中国翻译》2012 年第 3 期。

高方：《外国汉学家暇中的"异"与"译"——〈和而不同——中法文化对话集〉评析》，《外语与外语教学》，2012 年第 5 期。

高方、许钧：《现状、问题与建议——关于中国文学走出去的思考》，《中国翻译》2010 年第 6 期。

高金萍：《国外媒体如何报道"美丽中国"——2012 年国外主流媒体涉华报道分析》，《中国记者》2013 年第 2 期。

耿强：《文学译介与中国文学"走出去"》，《解放军外国语学院学报》2010 年第 3 期。

古大勇：《沈从文的"被发现"与"美国汉学"——以夏志清和金介甫的沈从文研究为中心》，《民族文学研究》2012 年第 3 期。

郭建玲：《异域的眼光：〈兄弟〉在英语世界的翻译与接受》，《文艺争鸣》2010 年第 23 期。

郭建中：《韦努蒂访谈录》，《中国翻译》2008 年第 3 期。

郝莉：《浅论王安忆英译作品的出版与传播》，《中国出版》2013 年第 6 期。

何碧玉、毕飞宇：《中国文学走向世界的路途很长》，《东方翻译》2011 年第 4 期。

何明星：《欧美翻译出版中国当代文学作品的现状及其特征》，《出版发行研究》2012 年第 3 期。

何明星：《由〈狼图腾〉的世界影响看中国出版的海外发行体系建设》，

《出版发行研究》2012 年第 2 期。

何明星：《中国当代文学海外出版传播 60 年》，《出版广角》2013 年第 7 期。

胡安江：《中国文学"走出去"之译者模式及翻译策略研究——以美国汉学家葛浩文为例》，《中国翻译》2010 年第 6 期。

华燕：《从莫言获奖谈中国当代文学"走出去"的现状》，《探索与争鸣》2012 年第 3 期。

黄德先：《翻译的自律与他律——赫曼斯访谈录》，《外语教学与研究》2007 年第 3 期。

黄立波、朱志瑜：《译者风格的语料库考察——以葛浩文英译现当代中国小说为例》，《外语研究》2012 年第 5 期。

黄万华：《第三元：百年海外华文文学经典化的一种视角》2013 年第 10 期。

季进：《多元文学史的书写——海外中国现代文学研究论之一》，《文学评论》2009 年第 6 期。

季进：《认知与建构——论海外中国现代文学史的书写》，《文艺理论研究》2011 年第 5 期。

季进：《我译故我在——葛浩文访谈录》，《当代作家评论》2009 年第 6 期。

季进：《异邦的荣耀与尴尬——"新世纪文学反思录"之五》，《上海文学》2011 年第 5 期。

姜智芹：《他者的眼光：莫言及其作品在国外》，《中国海洋大学学报》（社会科学版）2006 年第 2 期。

姜智芹：《西方读者视野中的莫言》，《当代论坛》2005 年第 5 期。

姜智芹：《西方读者视野中的莫言》，《当代文坛》2005 年第 5 期。

姜智芹：《中国当代文学海外传播研究的方法及存在的问题》，《青海社会科学》2013 年第 3 期。

孔慧怡：《〈译丛〉三十年》，《香港文学》2003 年第 6 期。

李敬泽：《莫言与中国精神》，《小说评论》2003 年第 1 期。

李永东、李雅博：《论中国新时期文学的西方接受——以英语视界中的〈狼图腾〉为例》，《中国现代文学研究丛刊》2011 年第 4 期。

刘洪涛：《对比较文学形象学的几点思考》，《北京师范大学学报》（社会科学版），1999 年第 3 期。

刘江凯：《本体性、民族性的世界写作：莫言的海外传播与接受》，《当代作家评论》2011 年第 4 期。

刘绍铭：《翻译与归化》，《时代周报》2012 年第 169 期。

刘云虹、许钧：《文学翻译模式与中国文学对外译介——关于葛浩文的翻译》，《外国语》2012 年第 3 期。

卢巧丹：《从皮尔斯符号学角度看翻译对等》，《外语与外语教学》2005 年第 3 期。

卢巧丹：《莫言小说〈檀香刑〉在英语世界的文化行旅》，《小说评论》2015 年第 4 期。

陆敬思：《渴望至高无上——中国现代小说与葛浩文的声音》，《粤海风》2013 年第 4 期。

吕敏宏：《论葛浩文中国现当代小说译介》，《小说评论》2002 年第 5 期。

吕敏宏：《中国现当代小说在英语世界传播的背景、现状及译介模式》，《小说评论》2011 年 5 期。

马会娟：《英语世界中国现当代文学翻译：现状与问题》，《中国翻译》2013 年第 1 期。

马琳：《交流的无奈——中国文学走向世界的传播困境与突围》，《社会科学辑刊》2007 年第 5 期。

彭萍：《中国文学与翻译》，《重庆大学学报》（社会科学版）2012 年第 1 期。

邵璐：《莫言英译者葛浩文翻译中的"忠实"与"伪忠实"》，《中国翻译》2013 年第 3 期。

史国强：《〈废都〉二十年：贾平凹小说在国外的研究》，《东吴学术》2013 年第 6 期。

宋炳辉：《作为文学关系研究范畴的"世界性因索"》，《中国比较文学》2012 年第 2 期。

孙会军：《〈骆驼祥子〉的四个英译本比较研究》，《中国现代文学研究丛刊》2013 年第 11 期。

覃江华、刘军平：《一心翻译梦，万古芳风流——葛浩文的翻译人生与翻译思想》，《东方翻译》2012 年第 6 期。

王斑：《海外中国研究的冷战与东方主义余绪——在常熟理工学院"东吴讲堂"上的讲演》，《东吴学术》2012 年第 12 期。

王建开：《中国现当代文学作品英译的出版传播及研究方法刍议》，《外语教学理论与实践》2012 年第 3 期。

王侃：《中国当代小说在北美的译介和批评》，《文学评论》2012 年第 5 期。

王宁：《翻译与跨文化阐释》，《中国翻译》2012 年第 2 期。

王宁：《全球化、文化研究和中西比较文学研究》，《中国比较文学》2001 年第 2 期。

吴秀明、王嫌：《全球化语境与历史叙事的民族本主立场》，《学术月刊》2005 年第 9 期。

吴旸：《〈中国文学〉的诞生》，载《中国外文局五十年：回忆录》，新星出版社 1999 年版。

谢淼：《新时期文学在德国的传播与德国的中国形象建构》，《中国现代文学研究丛刊》2012 年第 2 期。

谢天振：《论译学观念现代化》，《中国翻译》2004 年第 1 期。

谢天振：《中国文学走出去：问题与实质》，《中国比较文学》2012 年第 1 期。

熊修雨：《中国当代文学的海外影响力因素分析》，《文学评论》2012 年第 1 期。

徐慎贵：《〈中国文学〉对外传播的历史贡献》，《对外大传播》2007 年第 8 期。

许方、许钧：《翻译与创作——许钧教授谈莫言获奖及其作品的翻译》，《小说评论》2013 年第 2 期。

许方、许钧：《关于加强中译研究的几点思考——许钧教授访谈录》，《中国翻译》2014 年第 1 期。

许钧、高方：《"异"与"同"辨——翻译的文化观照》，《南京大学学报》（哲学·人文科学·社会科学版）2004 年第 1 期。

于爽：《汉籍小说在当代的译介（1950—1978）》，《语文学刊》2008 年第 12 期。

张清华：《叙述的极限——论莫言》，《当代作家评论》2003 年第 2 期。

张书群：《为什么重读被经典化了的作家作品——以莫言〈红高粱〉〈酒国〉〈丰乳肥臀〉为例》，《名作欣赏》2014 年第 4 期。

张耀平：《拿汉语读，用英文写——说说葛浩文的翻译》，《中国翻译》2005 年第 3 期。

（三）其他中文文献

［美］白睿文：《中国文学翻译危机重重?》，《中国艺术报》2014 年 2 月 14 日第 3 版。

［美］白睿文：《美国人不看翻译小说是文化失衡》，《新京报》2012 年 8 月 25 日第 5 版。

［美］葛浩文：《中国小说一天比一天好》，《中国新闻出版报》2008 年 3 月 26 日第 4 版。

［美］葛浩文：《中国书正在走出围口》，《北京青年报》2008 年 4 月 1 日第 6 版。

［美］葛浩文：《从翻译视角看中国文学在美国的传播》，《中国文化报》2010 年 1 月 25 日第 3 版。

［美］葛浩文：《作者与译者：一种不安、互惠又偶尔脆弱的关系》，《中国社会科学报》2013 年 11 月 4 日第 B02 版。

［美］葛浩文：《中国文学如何走出去》，《文学报》2014 年 7 月 7 日第 3 版。

［美］李欧梵等：《文学：海外与中国》，《文学自由谈》1986 年第 6 期。

高方、许钧：《中国文学如何走出去》2012 年 12 月，文艺版，http：// www. chinawriter. com. cn。

郭珊：《伦敦书展：透视中国文学输出三大难关》，《南方日报》2012 年 4 月 29 日第 9 版。

胡燕春：《当代海派女作家的美国"表情"——以王安忆、陈丹燕、须兰为例》，《光明日报》2011 年 7 月 11 日第 14 版。

胡燕春：《赢得跨越语际与文化的传播契机》，《光明日报》2012 年 12 月 18 日第 14 版。

华慧、葛浩文：《葛浩文谈中国当代文学在西方》，《东方早报》2009 年 4 月 5 日第 9 版。

洪柏：《让世界上更多的人了解今日的中国文学》，《中国社会科学报》2010 年 1 月 14 日第 17 版。

姜玉琴、乔国强：《葛浩文的"东方主义"翻译观》，《文学报》2014 年 3 月 13 日第 6 版。

李舫：《〈人民文学〉杂志推出英文版 PATHLIGHT》，《人民日报》2011 年 12 月 9 日第 6 版。

李梓新：《JuliaLovell：把鲁迅和张爱玲带进"企鹅经典"》，《外滩画报》2009 年 12 月 16 日。

刘昊：《中国文学发动海外攻势，百余精品 3 年内出英文版》，《北京日报》2010 年 1 月 15 日第 2 版。

木叶：《葛浩文访谈录》，2008 年 3 月，学术中华，http：//www. xschina. org/show. php？id＝1197。

舒晋瑜：《中国文学对外译介蓄势待发》，《中华读书报》2010 年 8 月 18 日第 1 版。

宋炳辉、谢天振：《关于译介学研究的对话》，2009 年 12 月，苏州大学海外汉学（中国文学）研究中心网站，http：//www. zwwhgx. com/content. asp？id＝2940。

谢天振：《莫言作品"外译"成功的启示》，《文汇读书周报》2012 年 12 月 14 日第 5 版。

许钧：《"忠实于原文"还是"连译带改"》，《人民日报》2014 年 8 月 8 日第 8 版。

王杨：《译介传播：推动文学"走出去"》，2010 年 8 月，中国作家网，http：//www. chinawriter. com. cn。

王臻青：《中国小说如何走出去》，《辽宁日报》2012 年 9 月 4 日第 3 版。

英文参考文献

（一）著作

Andre Lefevere, *Translation*, *Rewriting*, *and the Manipulation of Literary Fame*, London and New York：Routledge, 1992.

Andre Lefevere, *Translating Literature*：*Practice and Theory in a Comparative Literature Context*, New York：The Modern Language Association of America, 1992.

Bonnie S. McDougall, *The Literature of China in the Twentieth Century*, London: Hurst & Company, 1997.

Bonnie S. McDougall, *Fictional Authors, Imaginary Audiences: Modern Chinese Literature in the Twentieth Century*, Hong Kong: The Chinese University Press, 2003.

Bonnie McDougall and Kam Louie, "The Literature of China in the Twentieth Century", New York: Columbia University Press, 1997.

C. T. Hsia, et. al, *Modern Chinese Stories and Novellas*, 1919 – 1949, New York: Columbia University Press, 1981.

Chen Xiaomei, *A Theory of Counter-Discourse in Post-Mao China*, Oxford: Oxford University Press, 1995.

Douglas Robinson, *Translation and Empire: Postcolonial Theories Explained*, Beijing: Foreign Language Teaching and Research Press, 2007.

Eugene A. Nida and C. R. Taber, *The Theory and Practice of Translation*, Leiden: E. J. Brill, 1969.

Daniel Shaw, *Transculturation: The Cultural Factors in Translation and Other Communication Tasks*, Pasadena, California: William Carvey Library, 1988.

F. R. Leavis, *The Great Tradition: George Eliot, Henry James, Joseph Conrad*, London: Chatto & Windus, 1948.

GeremieBarme, *A Cadre School Life: Six Chapters*, Hongkong: Joint Publishing Co. , 1982.

Gideon Toury, *Descriptive Translation Studies and Berond*, Amsterdam/Philadelphia: John Benjamins, 1995.

Hsu Kai-yu, *Literature of the People's Republic of China*, Bloomington: Indiana University Press, 1980.

Jeffrey Kinkley, *A Bibliographic Survey of Publications on Chinese Literature in Translation from 1949 – 1999, Chinese Literature in the Second Half, if a Modern Century: A Critical Survey*, Bloomington and Indianapolis: Indiana University Press, 2000.

Jeffrey Kinkley, *The Odyssey of Shen Congwen*, California: Stanford University

Press, 1987.

Joseph Lau & Howard Goldblatt, *The Columbia Anthology of Modern Chinese Literature*, New York: Columbia University Press, 1995.

Joseph Lau, C. T. Hsia, Lee Leo Ou-Fan, *Modern Chinese Stories and Novellas* 1919 – 1949, New York: Columbia University Press, 1981.

John Balcom, *New Penguin Parallel Text*: *Short Stories in Chinese*, New York: Penguin Books, 2013.

Julia Lovell, *The Politics of Cultural Capital*: *China's Quest for a Nobel Prize in Literature*, Honolulu: University of Hawaii Press, 2006.

Jung Chang, *Wild Swans*: *Three Daughters of Chin*, New York: Simon & Schuster, 1991.

Jung Chang and Jon Halliday, *Mao*: *The Unknown Story*, New York: Alfred A. Knopf, 2005.

Laifong Leung, *Morning Sun*: *Interviews with Chinese Writers of the lost Generation* (*Studies on Contemporary China*), New York: M. E. Sharpe Inc. , 1994.

Leo Lee Ou-fan, *The Romantic Generation of Modern Chinese Writers*, Cambridge, Mass: Harvard University Press, 1973.

Leo Lowenthal, *A Historical Preface to the Popular Culture Debate in Mass Media in Modern Society*, New Brunswick: Transaction Publishers, 1992.

Michael Berry and S. Chan, *The Song of Everlasting Sorrow*: *A Novel of Shanghai*, New York: Columbia UniversityPress, 2008.

Michael S. Duke, *Blooming and Contending*: *Chinese Literature in the Post-Mao Era*, Bloomington and Indianapolis: Indiana University Press, 1985.

Michael S. Duke, *Contemporary Chinese Literature*: *An Anthology of Post-Mao Fiction and Poetry*, Armonk, NY: M. E. Sharpe, 1984.

Michael S. Duke, *Worlds of Modern Chinese Fiction*, Armonk, NY: M. E. Sharpe, 1991.

Michel Hockx, *The Literary Field of Twentieth-Century China*, Honolulu: University of Hawaii Press, 1999.

Michel Hocks, *Recent Changes in Print Culture and the Advent of New Media*: *The Cambridge History of Chinese Literature* (*from* 1937 *to Present*) , Cambridge University Press, 2010.

Stephen C. Coong and John Minford, "Trees on the Mountain: An Anthology of New Chinese Writing", HK: Chinese University Press, 1984.

Susan Bassnett and Andre Lefevere, *Translation, History and Culture*, London: Pinter Publishers, 1990.

Theo Hermans, *Translation in System: Descriptive and Systematic Approach Explained*, Manchester, Shanghai Foreign Language Education Press, 2004.

Tom Bradshaw and Bonnie Nichols, *Reading at Risk: A Survey of Literary Reading in America (Research Division Report #46)*, Washington, DC: National Endowment for the Arts, 2004.

Victor Kravchenko, *I Choose Freedom: A Personal and Political Life a Soviet Official*, New York: C. Scribner's Sons, 1946.

Wang Ning, *Translated Modernity: Literary and Cultural Perspectives on Globalization and China*, Toronto: Legas Publishing, 2010.

Wang Yiyan, *Narrating China: Jia Pingwa and His Fictional World*, London and New York: Routledge, 2006.

Walter Benjamin, "The Task of theTranslator", in H. Arendit, ed., *Illuminations: Essays and Reflections*, New York: Schocken, 1969.

Willis Barnstone, *The Poetics of Translation: History, Theory, Practice*, New Haven: Yale University Press, 1993.

Yang Xin, *From Beauty Fear to Beauty Fever: A Critical Study of Chinese Female Writers Born in the 1970s*, New York: Peter Lang, 2011.

Zhang Xudong, *Chinese Modernism in the Era of Reforms: Cultural Fever, Avant-Garde Fiction, and the New Chinese Cinema*, Durham, NC: Duke University Press, 1997.

（二）学术论文

Andre Lefevere, "Translated Literature: An Integrated Theory", *The Bulletin of the Midwest Modern Language Association*, Vol. 14, No. 1, 1981.

Aventurina King, "China's Pop Fiction", *New York Times Book Review*, No. 4, 2008.

Bonnie S. McDougall, "Problems and Possibilities in Translating Contemporary

Chinese Literature ", *The Australian Journal of Chinese Affairs*, No. 25, 1991.

Bonnie S. McDougall, "Self-Narrative as Group Discourse: Female Subjectivity in Wang Anyi's Fiction", *Asian Studies Review*, Vol. 19, No. 2, 1995.

Bonnie S. McDougall, "LiteraryTranslation: ThePleasurePrinciple", *Chinese Translation*, *No. 5*, 2007.

ChristianeNord, "Scopos, Loyalty and Translational Conventions", *Target*, Vol. 3, No. 1, 1991.

Harrison E. Salisbury, "On the Literary Road: American Writers in China", *New York Times*, January 20, 1985.

Howard Goldblatt, "The other story", *World Literature Today*, Vol. 74, No. 4, 2000.

Howard Goldblatt, "Smallwelllane: A contemporary chinese play and oral history", *World Literature Today*, Vol. 77, No. 3, 2003.

Howard Goldblatt, "Border Crossings: Chinese Writing, in Their World and Ours", *Chinese Aesthetics and Literature*, in Corinne Dale, ed. , New York: State University of New York Press, 2004.

Howard Goldblatt, "Mo Yan's novels are wearing me out", *World Literature Today*, Vol. 83, No. 4, 2009.

Howard Goldblatt, " Memory, speak ", *Chinese Literature Today*, No. 2, 2011.

Hsu Kai-yu and TingWang, *Literature of the People's Republic*, Briminton: Indiana University Press, 1980.

I. Even-Zohar, "Polysystem Studies", *Poetics Today*, Vol. 11, No. 1, 1990.

IngeM. Thomas, "Mo Yan Through Western Eyes", *World Literature Today*, Summer 2000.

John Balcom, "Translating Modem Chinese Literature", in Susan Bassnet and Peter Bush, eds. , *The Translator as Writer* , London Continuum, 2006.

John Balcom, "Bridging the Gap: Translating Contemporary Chinese Literature from a Translator's Perspective", *Wasafiri*, 2008.

John H. Boyle, "New Growth From China's Roots SPRING BAMBOO: A Collection of Contemporary Chinese Short Stories", *Los Angeles Times*, No. 4, 1989.

Jon Kowallis, "Review of Diary of a Madman and Other Stories", *The China Quarterly*, Vol. 137, No. 3, 1994.

John Updike, "Bitter Bamboo: Two novels from China", *New Yorker*, No. 5, 2005.

Judith Shapiro, "Scenes from the Kaleidoscope", *New York Times*, No. 10, 1987.

Julia Lovell, "Saturday review: Lives & letters: Great leap forward: Chinese literature is overlooked in the west but a new English edition of a classic novel could change that, writes Julia Lovell: A modem Chinese library", *The Guardian*, No. 6, 2005.

Kirk A. Denton, "Review of Diary of a Madman and Other Stories", *Chinese Literature Essays*, Articles, Reviews, Vol. 15, No. 12, 1993.

Lawrence Venuti, "Translation and the Formation of Cultural Identities, Cultural Functions of Translation", in Christina Schaffner and Helen Kelly-Holmes, eds. , *Multilingual Matters LTD.* , 1995.

Leo Ou-fan Lee, "Contemporary Chinese Literature in Translation-A Review Articl", *The Journal of Asian Studies*, Vol. 44, No. 3, 1985.

Leo Ou-fan Lee, "Under the Thumb of Man", *New York Times Book Review*, No. 1, 1987.

Liu Hongtao, "World Literature and China in a Global Age: Selected Papers of International Conference on 'World Literature Today and China'", *Chinese Literature Today*, Summer 2010.

Michael S. Duke, "The Problematic Nature of Modem and Contemporary Chinese Fiction in English Translation", *World Apart: Recent Chinese Writing and Its Audience*, in Howard Goldblatt, ed. , New York: M. E. Sharpe, Inc. , 1990.

Perry Link, "Book Review of the Panda Books", *New York Times Book Review*, July 6, 1986.

Richard King, "Review of Thirty Years in a Red House: A memoir of Childhood and Youth in Communist China", *China Review International*, Vol. 7, No. 1, Spring 2000.

Sheldon H. Lu, *Chinese Modernity and Global Biopolitics: Studies in Literature and Visual Culture*, Honolulu: University of Hawaii Press, 2007.

ShullEllen, "Living History with Asian Woman: A Review of Two Recent Books", *The English Journal*, Vol. 86, No. 4, 1997.

Timothy Cheek, "The New Number One Counter-Revolutionary inside the Party: Academic Biography as Mass Criticism", *The China Journal*, No. 5, 1999.

Wanda Brooks and Lorraine Savage, "Critiques and Controversies of Street Literature: A Formidable Literary Genre", THE ALAN REVIEW, Vol. 36, No. 2, 2001.

Wang Ban, "Studies of Modern Chinese Literature", Jonathan D. Spence, ed. , *The Search For Modern China*, New York: W. W. Norton & Company, 1999.

Wang, David Der-wei, "The Literary World of Mo Yan", *World Literature Today*, Summer, 2000.

Wang Ning, "Globalizing Chinese Literature: Toward a Rewriting of Contemporary Chinese Literary Culture", *China's Literary and Cultural Scenes at the Turn of the 21st Century*, in Jie Lu, ed. , Routledge: London & New York, 2008.

Wang Xiaoping, "Three Trends in Recent Studies of Modern Chinese Literature and Culture", *China Perspectives*, No. 4, 2009.

（三）其他文献

Alan Riding, "Artistic Odyssey: Film to Fiction to Film", *New York Times*, July 27, 2005.

David Barboza, "A Portrait of China Running Amok", *New York Times*, September 4, 2006.

Ben Blanchard, "Chinese writers fail to find global voice", April 23, 2009, http://uk. reuters. com/article/2009/04/23/uk-china-literature-idUKTRE 53M06620090423.

Howard Goldblatt, "The Writing Life", *The Washington Post*, April 28, 2002.

Howard Goldblatt, "Translator: Writer Everyone Loves to Hate. Where does He Get His Nerve?", *The Washington Post*, March12, 2014, http://search. proquest. com/docview/409256959? accountid = 12457.

Howard W. French, "Survivors' Stories from China", *New York Times*, August 25, 2009.

Jeffrey C. Kinkley, "A Bibliographic Survey of Publications on Chinese Literature in Translation from 1949 to 1999", *Chinese Literature in the Second Half of a Modern Century: A Critical Survey*, in Pang-yuan Chi and David Der-wei Wang, eds. , Bloomington: Indiana University Press, 2000.

LeslieT. Chang, "What do the most industrious people on earth read for fun?", *New Yorker*, February 6, 2012.

Nicholas D. Kristof, *China Takes Hard Line, Waging War on Words*, *New York Times*, Feburary 4th, 1991.

Nicholas D. Kristof, "Writers in China Are Asked to Write, But Not Subversively", New York Times, September 9th, 1990.

Peter Nazareth, "Chinese Literature", *New York Times*, November 15th, 1981.

RichardBernstein, "Books of THE TIMES: Now China Has Its Soaps and Celebrity Authors", *New York Times*, August 2, 1995.

Seymour Topping, "Thaw and Freeze and Thaw again: The Cultural weather in China", *New York Times*, December 27th, 1987.

Timothy Tung, "Chinese Writers", *New York Times*, Auguest 30, 1987.

W. J. F. Jenner, "Insuperable Barriers? Some Thoughts on the Reception of Chinese Writing in English Translation", *World Apart: Recent Chinese Writing and Its Audience*, in Howard Goldblatt, ed. , New York: M. E. Sharpe, Inc. , 1990.

后　记

　　考察、分析中国当代小说在美国的译介与研究是我由来已久的愿望。早在 2008 年攻读硕士学位期间，我就开始从事这方面的研究。我国当代小说在美国的译介历史悠久、文献繁多。进入新时代，中国文学在海外的译介方式更加灵活多样、译研特点也越发的复杂，在国内无法全面充分收集国外对中国当代小说译介与研究的外文资料，因此对这个主题的研究始终无法全面展开，但是我对这个主题的关注从未停止过。

　　2017 年，我幸运地得到了国家留学基金委的资助，赴英国著名高等院校南安普顿大学（Southampton University）开展了为期半年的访学。2016 年暑假期间，我曾在美国新泽西州的肯恩大学（Kean University）进行访学。我充分利用两所海外知名院校的图书馆，收集整理了大量的数据资料。尤其是在建于 1862 年，有着世界百强名校、英国常春藤联盟罗素大学集团成员等多个荣誉头衔的南安普顿大学图书馆中，其丰富的图书馆藏让我为之震撼的同时，也让我陶醉在知识的海洋中。我在英国访学的大部分时间都是在学校的图书馆中度过的，我围绕着研究主题复印相关书籍，利用图书馆现代化的检索系统查询资料，珍惜每一次与相关海外学者交流的机会，以至于在回国的时候从国外带回最多的就是这些整理出的一沓沓厚厚的资料。在访学期间，我申报了 2016 年度湖南省教育厅科学研究项目"莫言小说在美国的译介研究"、湖南省社会科学成果评审委员会 2017 年度课题"跨文化视阈下新时期先锋小说在美国的译介研究"、2017 年度省哲学社会科学基金青年项目"传播学视域下中国先锋小说在美国的译介模式研究"。通过这些项目的研究，进一步扩大了我的研究视野、研究范围，2019 年申报了教育部人文社会科学研究青年基金项目"中国当代小说在美国的译介与研究"。这些项目的成功申报既是对我前期成果的一种肯定，也鞭策着我潜心研究、砥砺前行。此外，我还利用在海外研修的时机，与英美高等院校致力于汉学研究学者就中国当代小说在美国的译介与研究进行交流，了解了他们眼中的中国当代小说，他们选择研究的中国当代小说作家的标准，答案各不同，这也为此研究带回了第一手资料。在此期间，我还参加了多场国际学术研讨会，这些都不断地拓宽着我的研究视野、了解该领域的学术研究前沿，不断优化着我的学术研究体系。

感谢湖南科技学院及外国语学院的领导和同事们，他们尽可能地为我减轻工作负担，为我提供到国外访学进修的机会。感谢我的家人一直以来给予我无限的关怀和动力。感谢我在国内外的老师、同学们，他们从方方面面给予我很多的支持和帮助。感谢《社会科学》、《求索》、《湖南科技大学学报》（社会科学版）、《海南大学学报》（人文社会科学版）、《出版广角》、《电影评介》、《当代电视》等的编辑和审稿人高屋建瓴地提出的宝贵意见，本书相关内容在以上期刊发表。感谢在本著作参考文献中所提到的所有专家学者们，他们的真知灼见带给了我很多启发。我还要感谢中国社会科学出版社的郝玉明女士为本书出版付出的辛苦劳动，她宽广的知识面、高度敬业的态度为本书增色许多。在此，一并致以谢忱。

刘堃

2019 年 2 月 20 日